張持平　著

商周用爵制度論

上海古籍出版社

本書出版經費由胡盈瑩 – 范季融基金會贊助

The publication of this book was made possible
by the Katherine and George Fan Foundation

謹以本書獻給先師

馬承源先生

早期青銅爵（上海博物館藏）

早期青銅爵（二里頭四期）

盤龍城青銅爵

婦好爵

祖丁爵（上海博物馆藏）

亞其爵（上海博物館藏）

亞長爵、觚

鲁侯爵及铭文

孟爵及銘文

序

　　張持平先生的學術著作《商周用爵制度論》即將出版,值得慶賀! 應他的要求作序,我自然慨允。

　　張持平是我 1984 年在復旦大學歷史系讀研究生時的同學,1986 年畢業後一起留校任教。在學校我們是無話不談的好友,曾經在復旦的住處裝修時互相幫助。1990 年他赴美國到伊利諾大學香檳分校陪同夫人留學,擔負起家庭生活的重任,後來又到加拿大多倫多發展,從事與學術基本沒有關係的工作。同年,基於幾乎相同的原因,我也離開復旦到上海博物館從事文物研究,同時繼續擔任在復旦的教學工作。2012 年我曾有機會到多倫多與張持平一起見了面,還訪問了他的新家。

　　在研究生學習期間,張持平的論文導師是著名青銅器專家、上海博物館馬承源館長,學習商周青銅器鑒定和青銅禮器制度研究。馬承源先生指導張持平和許若允用《周禮》的禮器制度比較研究青銅器旳容積制度,思路別具一格。張持平與許若允同學按照馬承源先生的要求,對上海博物館藏的青銅爵和觚進行了容量實測,對青銅爵和青銅觚的容積進行了登記注錄。這對於拓展學生的研究思路是極爲有益的。

　　張持平征得馬承源先生的認可,以商代用爵制度研究作爲碩士學位論文的課題。馬承源先生指導和教導張持平研究用爵制度,多次提示商代有多個用爵用觚的實例證明商代的用爵禮數超過了周代的用鼎禮數。誠然,過去對商周用鼎制度的研究相對比較多,少見論及用爵制度,而系統研究商周時代的用爵制度更爲鮮見。但在馬承源先生的支持之下,張持平完成了《商周用爵制度的提出及初步研究》,並正式發表在《文博研究論集》(吳浩坤、陳克倫主編,上海古籍出版社,1992 年)。積累多年,張持平在退休之後,和我提起了重新研究商周用爵制度的想法,我當時就對

1

張持平熱情鼓勵，最後寫成了他的《商周用爵制度論》一書。

在本書中，張持平對於爵的定名進行了古文字學的梳理，認爲甲骨文的爵字是爵形器的象形文字，但已經有了加爵位的意義，金文的爵字及從爵之字繼續發展了爵器名之外的字義，把商代甲骨文的加爵之義，擴展到了爵位、功名、功勳等的字義。張持平提出商代的用爵禮數，以商代用爵以十二爵爲商王的最高級禮數，在十二爵之下，各級貴族有十、九、七、五、三、二、一的不同級別的用爵制度。張持平闡述了用爵制度的嬗變，認爲爵是最早形成的青銅核心禮器。在中國青銅時代，爵作爲青銅禮器佔據了很長的歷史。到了商代晚期，青銅爵成了用來表示身份之貴最重要的器物，至西周中期爵基本上退出了禮器的行列。難能可貴的是，書中還對商周時期方國的禮器制度和用爵制度進行了探討。最後，作者對商代用爵制度和周代的用鼎制度進行了比較研究，提出周代以用鼎代替了用爵制度，禮數基本采用了商代用爵禮數的觀點。

張持平先生在離開專業數十年後還對學術孜孜以求的態度感動了我。此書的出版可以説是對他學術理想的一種回報，也是他對先師的匯報。

本書的出版得到范季融先生的資助，在此表示衷心的感謝！

陳光伯

2024 年 2 月 15 日

2

目　録

1

第一章　爵字與爵形器的命名

第一節　爵字及其字形、字音的演變

　　關于爵字和爵形器的關係,應該以《説文解字》的解釋作爲依據。《説文·鬯部》説:"爵(■),禮器也。象爵之形,中有鬯酒,又,持之也。所以飲器象爵者,取其鳴節節足足也。■,古文爵,象形。"根據篆文,許慎把爵字的字符從上到下分成三個部分:一是説其上部的字符■(這在金文作■),是象爵之形;二是説其下的左邊字符鬯(金文作■),是會意"中有鬯酒";三是説到了"又","持之也"。這個篆文爵(■)和金文爵(■)極其相似,即上部是象爵之形,下部左鬯右又,分別表示"中有鬯酒"和"持之也"。這個金文■出自西周晚期的伯公父爵(見圖1-1),因爲它和篆文爵很像,所以可以説是金文"爵"字的偏晚的字形。

　　"爵"字的早期或原初的字形屬于圖畫文字的類型,即爵形器的圖畫象形字。甲骨文所見的"爵"字,據不完全統計,約有47種(見圖1-2)①,

_____

　　① 參見漢典網·爵字條·字源字形·甲骨文(https://www.zdic.net/zd/zx/jg/%E7%88%B5)。

1

圖 1-1　伯公父爵及銘文

這 47 種甲骨文"爵"字字形大多數都是爵形器的圖畫象形,不从鬯也不从又,只有爵形器的象形。個別"爵"的象形字已經有聲符,比如从卩的

😀 😀 😀①,也有从収的 😀。

😀 😀 😀 😀 😀 😀 😀 😀 😀 😀 😀 😀 😀 😀 😀 😀②

早期的金文"爵"字比甲骨文"爵"更具圖畫文字的結構特徵:

😀 😀 😀 😀 😀 😀

---

①　參見張持平《商周用爵制度的提出及初步研究》,載吳浩坤、陳克倫編《文博研究論集》,上海古籍出版社,1992 年;閻步克《由〈三禮圖〉中的雀杯爵推論"爵名三遷、爵有四名"器物》,《北京大學學報》2019 年第 6 期。

②　所有甲骨文和金文爵字,除特別注出之外,主要引自漢典網・爵字條・字形字源(https://www.zdic.net/zd/zx/jg/%E7%88%B5)。

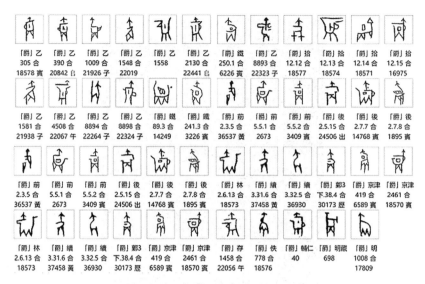

圖 1-2　漢典網所録收甲骨文爵字

　　這些字形有的是用作族徽象形文字,但已經變化出從又的字符,如

㸤和**㸤**。從圖畫文字上講,**㸤**和**㸤**比甲骨文的圖畫象形爵字更爲

形象逼真,但從又的字符又可以把這兩個圖畫文字性質的"爵"字和後來

的從又從鬯的"爵"字歸爲同一個字,又的字符在這裏和《説文》所説的

"持之也"是同義的,它不是聲符,但是"持之"的會意,表示爵形器是把在

手中的飲酒器,而**㸤**不僅是**㸤**的本字,也是**㸤**的聲符,讀爵。青銅爵

以爵字或有爵字符的字自名的銅器有魯侯爵、燕侯旨作父丁爵、伯公父金

爵,而在金文裏,以爵字作爲器名的有小盂鼎、史亳觚和史獸鼎等銅器。

　　屬于西周中期的縣改簋(見圖 1-3)也有一個爵字,作**㸤**,它把甲骨文的

爵字和金文的爵字之間的演變關係揭示了出來,表明下列的金文之從爵的文

字所從的爵的字符和上列甲骨文和金文的本字(爵)是同一個字,即不看從

日、從収、從丂、從正、從鬯和從又等字符,這些從爵的字符和**㸤**都是同一個字:

㸤——**㸤**、**㸤**、**㸤**、**㸤**、**㸤**、**㸤**、**㸤**、**㸤** ①

---

　　①　從左至右:縣改簋、魯侯爵、父辛爵、毛公鼎、史獸鼎、盂爵、伯公父爵、父辛爵 B、師
毁簋、説文篆文爵。

圖 1-3　縣改簋銘文

這些爵字字符不僅和  都是同一字義,也是同一字音。也就是說,諸如 、、、、 以及  等字的从爵字符,和  及  是同音字,其漸次衍變出來的从月、从収、从万、从正、从邑和从又等的字符或聲符,或者會改變這些从爵从某聲符之字的字音,但因爲都保留了从爵的字形,它們仍然保留了爵的字義,其去掉聲符的从爵字符也保留了爵字的本音。發展到  字,就是一個从  从邑从又, 亦聲的爵字。確認這些从爵之字的字音、字義,對于爵形器的叫法和定名有著重要的意義,特別是學界存在著以从爵的後起字的字音訓讀爵字本字的字音的傾向,對于這些从爵之字符的本音反而不予關注,比如把某個从爵某聲的字絕對化,認爲从爵的字符就讀若从月、从万、从正等的聲符的字音,這種把後起字的字音當作原生字的本字本音的觀點,是不符合古文字學的邏輯的。爵的字音必須從它的原生本字中去尋找,而不是後起的衍生字。

4

例如,从丂的 、和 (見伯爵簋:"白(伯) 乍(作)寶彝。")給了這些从爵之字一個从丂的聲符,从丂的丂聲就不可能是从爵的字符的本音。而且,从丂既可以是从易,也可能是从示,因爲丂和示的古文字體是難以區分的,以甲骨文所見裸字的 和 、等字體爲例,很難説其中的丂是易,而不是示。从丂的 、出自魯侯爵,有學者根據 、从丂,而丂是易之省,就讀从丂的 、爲觴,這固然可以成立,但進而以爲所有的"三足爵形器"都必須改名,把它們都叫作"觴"①,那就顯得太武斷和草率了。

魯侯爵②有兩行銘文(見圖1-4),共十字:

魯侯作爵鬯瓚,

用尊祭盟。

圖1-4　魯侯爵及銘文

---

①　李春桃《從斗形器的稱謂到三足爵的命名》(以下簡稱《從稱謂到命名》),《"中研院"歷史語言研究所集刊》第八十九本,2018年,第47—148頁。

②　魯侯爵藏于故宫博物院,爵體略長而優美,流尾上翹,爵壁較直,無柱(唐蘭先生認爲是附柱的,只是柱折了,被人磨平了),鋬較小,飾有獸頭,圓底,刀形足外撇。腹上下飾二層雲雷紋帶,中間隔以凸起的弦紋。參見故宫博物院的鏈接:https://www.dpm.org.cn/collection/bronze/228163.html。

第一行第四字█和第六字█因爲是器名用詞,引起了争論。郭沫若先生的釋文打亂了銘文的文字次序,他所作的釋文是"魯侯作爵,用尊茜凼,臨盟"①。郭沫若先生何以把銘文第五字"凼"讀到了第八字,又把他讀若茜的第六字讀成第七字?對此,一個可能的推斷,當是印刷錯誤所致。該字文術發先生認爲是觴②,他釋讀銘文爲"魯侯作觴,凼觴,用尊、祼、盟"。李春桃先生引用了大量的資料考證,對文術發先生的觀點作了著力的闡發③,他認爲:

> M1(█)、N1(█)兩形所从的"丂"并不是《说文》訓爲"氣欲舒出"的"丂"("考"字聲符),而是"易"字省形,在形體中作爲聲符,并引《说文》中"觴"字籀文作█,从爵省、易聲爲證。

根據銘文,把魯侯爵的█和█兩字的字符分解開來,則兩字分別是从█聲和从██聲,即是说,█、█可以看作是█和█的聲符,但這并不意味著█和█就讀若"丂"(█)。對此,文術發先生雖然認爲"丂"是"易"之省,而█是一個从爵易聲的字,應該讀若"觴",但這個字的主體█是什麼字的問題并沒有解決,所以文氏對觴的主體(█)讀什麼的問題作了謹慎的保留,说"魯侯所作酒器實爲爵,稱觴,其泛稱也"。對于文術發先生這點保留,李春桃先生沒有採納,堅持認爲去掉了丂(易之省)的█也讀觴。

　　根據銘文的上下文,如文術發先生所提示的,█這個字仍然是爵的字義,其讀若觴,是因爲它是█字的聲符,而不是█字符的本音。但文術發说觴是爵的泛稱,仍然有把後起字说成本字之泛稱之嫌。

　　去掉了█的█作爲甲骨、金文的爵字演變序列中的一個字形,應

---

① 郭沫若《殷周青銅器銘文研究》,科學出版社,1954 年。
② 文術發《魯侯爵銘文考釋》,《中山大學研究生學刊(社會科學版)》1997 年第 3 期。
③ 李春桃《從斗形爵的稱謂談到三足爵的命名》,《"中研院"歷史語言研究所集刊》第八十九本,2018 年,第 47—118 頁。

該是和甲骨金文的爵字讀若同音,它比更早,是不可能反過來成爲的泛稱字的。

上已述及,舉凡甲骨文、金文所見的爵字,有的从冂,有的从丂,有的从正,有的从凸,有的从又,有的从収,但一個基本事實就是,從爵字的最早字形圖畫文字,到伯公父爵的爵(),再到《説文》的篆文爵(),這些不同時期的爵字都讀若今字之爵,而既然可以加入爵字自甲骨文、金文到篆文,再到今字的演變序列,那麼,這個去掉聲符的,就一定是一個讀若爵的字符。

——爵

稍微説開一點,這個字出現在伯公父爵的爵字之前,除了丂的聲符,沒有今爵字的凸和又的字符,尚處在三足象形"爵"字和从凸从又會意的"爵"字之間。事實上,和已經告訴我們,从又之爵是一個更古老的字形,它可能保留了先周時代,即商代使用爵形器的禮俗記憶,也保留了與一樣的字音。

　　周代的爵字在伯公父爵之前,用作爵形器自名的,有(燕侯)旨爵,旨爵出自大河口霸國的 M1 墓地①。銘文説"旨作父辛爵",爵字从爵从正,和魯侯爵一樣,旨爵的爵字也是一個有从正字符的爵字(),正在這個字裏是不是作爲聲符,尚難確説,如果是作爲聲符,那麼,這個和另一個飲酒器的自名讀音相近。燕侯瓠銘文"燕侯作瓚",這個瓚字和字音近,可以作爲的字音的參考。這個在旨爵是用若器名的。伯公父爵

----

①　山西翼城大河口西周墓地于 2007—2008 年發掘,其中的 M1 的材料先後流傳出來,但在正式發掘報告發表之前,由於所傳資料不全,一些學者引用時,發生了不少錯漏。幸好《考古學報》2020 年第 2 期發表了《山西翼城大河口西周墓地一號墓發掘》,使錯漏得以糾正。

的爵字還有一個標志性字符，就是從鬯，這個字符產生在西周，是因爲周代把鬯酒當成了"國酒"，作爲祭祀先王先祖必備的美酒。但這個字符加入爵字之中，要到西周晚期才完成，也就是說，鬯字符加入爵字中時，爵字已經發生了兩個變化：一、因爲鬯的加入，爵字的象擬酒盞的字符失去了足部的象形部分，變成了無足爵的象形＋鬯字符的結構；二、由于酒盞的圈足器逐漸替代了三足器，個別爵字的表示足部的字形變成了從皿的字形（毛公鼎）和（師毀簋①，見圖 1－5）。

圖 1－5　師毀簋

爵字的這個從三足到二足、再到燕尾形、最後是圈足象形的字形演進過程，説明了爵象形字足部細節刻畫的變化。把魯侯爵第四字的聲符拿掉，就有了，是來自爵形器圖畫文字和象形文字以及燕尾形爵字的演進，而這個剪裁了聲符的讀若爵，而不是有的（觴），的字形、字音和字義都是爵。

因此，觴不是，也不是爵（）的泛稱，它只能是爵的別稱。魯侯

---

　　①　師毀簋著録於宋代《博古圖》，其爵字的用例與大克鼎和逨鼎略同，作"有爵于我家"，《博古圖》釋爲"有婚于我家"，《博古圖録》卷十六葉廿七。伊藤道治先生釋爲"有勞于我家"，參見伊藤道治《中国古代国家の支配構造》，中央公論社，1987 年，第 368 頁。感謝上博葛亮先生爲我提供了師毀簋銘文摹本的照片，經過目驗，可以確認是"有爵于我家"。

爵的器形與没有[丁]的[字]的字形象形是相符合的,作銘者用了从丂的聲符只是爲了表示這個爵形器也叫觴。而在燕侯旨那裏,這種三足爵叫"壘"。這種叫爵、叫壘與叫觴的差别,接近于今語的酒盞和酒杯的差别。所以,第四字其實是一個以爵爲原字的觴,其以[丁]爲聲符,極可能是因爲不同時代不同地區對于同一類器物(爵)的不同叫法,合理的文字演進的順序是先有[字],再有[字],[字]是比[字]晚的後起字。所以,根據[字]的字義是爵,應該是可以把魯侯器稱爲魯侯爵的,當然,如果喜歡用文術發先生考釋的觴這個别稱,也可以叫這個器爲"魯侯觴"。

銘文第五字是甾字,第六字是[甹],因爲[甹]在用字前面,按照金文語例,用字之前通常是器名,例如,敔簋有句"敔作寶簋,**用餗父孫子**,厥不吉其福",暊作父辛簋:"暊作父辛□弘寶尊彝,**用旅巩止**",太保簋有"王侃太保,易錫休呆土,**用兹彝對令**"。敔簋和暊作父辛簋的用字之前都是器名。

文術發先生認爲這個[甹]是動詞,甾觴就是裝滿甾酒的意思。李春桃先生則認爲這個字仍然是器名,這是對的。和甾連讀,就是"甾觴"或"甾爵"。

从[甹][丂]聲的[甹],在金文中有相近的[庚],這是出自所謂的"伯丂庚簋","丂庚"是一個字,从[庚]丂聲,當作[庚]。而[庚]與[甹]是同一個字,只不過[庚]的聲符丂寫在上面,[甹]的聲符[丁]在下面。這個可以讀若觴的[甹]字,上部是一個讀若爵的字符([甹]),下部是聲符[丁],所以該字就是从[甹][丁]聲的字。如此,[甹]和[庚]也應該加入爵字演進的行列,作爲字符,它們和[字]同音同義,讀若爵,也釋作爵。

總而言之,凡是金文所見有聲符的从爵之字,其字義都是爵,字音則讀若聲符。所以[甹]與[甹]一樣,也是爵字的别寫,而所謂的"伯丂庚簋"的正確名字應該叫"伯觴簋"或"伯爵簋"[①]。這兩個字都是聲觴義爵的爵字。與甾連讀,用字義,就是甾爵,用字音,就是甾觴。甾觴不見經傳,甾

---

① 其上面的从丂的字符因爲離下面的爵字符稍遠,而被誤讀爲丂和庚兩個字,這種情況也發生在盂爵銘文。詳見下文。

爵倒是習見經傳的,鄭玄注"圭瓚,鬯爵也"①。因此,銘文的第四字到第六字應該連讀,作"觵鬯爵",或者,"爵鬯觵",或者,"爵鬯爵",或者,"觵爵觵"。意思相同的四種讀法,爵或觵都是作爲器名,器名連讀,與金文"寶尊彝"之類的語例略同。

這樣,魯侯作觵鬯爵就是這件傳世文物的自名。根據聲符,這個字可以讀觵,但字義是爵,觵只是爵的別稱和別寫。魯侯爵是迄今最早的自銘爲"觵鬯爵"的爵形器,它是商周時期唯一的一件同時自銘稱觵和鬯爵的青銅爵形器,因而比西周中期的自銘金爵的伯公父爵更有文物學價值,它同時把古文字的爵和觵用如同一器類的器名,從而證明了鄭玄的"圭瓚,鬯爵也"之説是有古代禮制的依據的。

此外,金文中被隸定爲祼字,不少都應該是爵的意思,有的甚至應該讀若爵。例如史獸鼎銘文(見圖1-6)有一個🐿和一個壘,🐿字被讀若祼,壘字被讀若爵,根據燕侯旨爵自銘爲"壘",把壘讀若爵是通的。但是把🐿讀若祼就有問題了。這個🐿字,分解起來,是一個從🐚從🐝從又的字,對比于伯公父爵的爵,從🍂從🐝從又,🐚對應于🍂,都是從爵之省,🐚是省卻了象形爵字的上部,🍂是省卻了象形爵字的下部,🐝和🐝,都是從鬯之字,兩字又都從又,所以史獸鼎這個🐿字和伯公父

圖1-6　史獸鼎銘文

尹令史獸立工
于成周十又一月
癸未史獸獻工
于尹咸獻工尹
賞史獸爵易豕
鼎一壘一對揚皇尹
不顯休用作父
庚永寶尊彝

---

① 《禮記·王制》:"諸侯賜圭瓚,然後爲鬯。"鄭注:"圭瓚,鬯爵也。"

爵的爵字一樣，也應該釋爲爵，再從字義上講，舊讀釋爲祼，也是講不通的。銘文説"尹賞史獸□，賜豕鼎一、爵（斝）一"，這個□如果是祭名的祼，和下文就無法讀通，因爲它是賞的賓語，與豕鼎和爵是同位語，豕鼎和爵是所賜的具體的禮器，□是所賞的賞賜物的總稱，所以釋爲祭名的祼不如釋爲器物名稱的爵更合乎文義，□就是爵，這裏用作賞賜物的總稱。

　　同樣的用例也見于内史亳觚（見圖1-7），内史亳觚有兩個□字，舊讀也讀作祼，這個字從示從爵，從爵部分和史獸鼎的爵字如出一轍，也是一個從爵省從邑從又的爵字，第一個□和豐連用，"豐□"。第二個□和同連用，"□同"。豐就是禮，在這裏是賜的賓語，也應該釋爲器物名稱，而不是祭祀名，所以讀若器名的爵更通，豐□就是禮爵。□同，因爲這件觚自名同，所以□同就是爵同，爵同聯稱，和考古學上發現的爵觚聯用是一致的。因此這兩個□字都不應該讀爲祼，而應該讀作爵。

成王賜内
史亳豐爵
弗敢虎作
爵同

圖1-7　内史亳觚銘文

第二節　爵字的字音與爵形器的定名

　　爲了進一步説明第一節中從正、從𦈈、從丂等的字符不影響爵字符本字的字義和字音，再來看如下爵字的演變序列。

　　1. 金文爵字所見從又的字符不具聲符作用，但指示了爵形器的使用方式。由此證明今字爵和从又的 以及 是同一字音。

2. 由此也證明了从又的 以及 ，和从𡇢的 也是同義同音字。

3. 甲骨文、金文所見从収的爵字，収字符仍然不改變字音，但和又一樣，也指示爵形器的用法。

4. 从 的字符或亦作聲符。但从 不改變所从爵字符的字義①：

5. 从丂字符作爲聲符，不是所从爵字符的本音，亦不改變所从爵字符的字義：

6. 𨑎字是一個从爵从正的字，可能是爵義正聲。

上述爵字所从的聲符、字符，就字義而言，没一個是改變所从爵字字符的字義的，因此，這些字符所从的是爵字的本字，都有一個本音，這就是爵。因爲爵的本義和本音的一致，這些字即使从了某一個聲符字，在具體使用的實例之中，仍然可以用如同一個字，例如，師克盨和四十三年逨鼎都有"有爵于周邦"的句子，但師克盨的爵字从月作 ，而四十三年逨鼎的爵作 ，不从月，顯然，从月不从月是不影響這兩個爵字的字義的，并且，如果从月是作爲 的聲符，那麼，不从月的 就是一個从収爵聲的字。這就是說，兩個字的字義都是爵，而字音既可能是兩讀，或也可以說 是一個多音字，所以在"有爵于周邦"這一例句中， 和 都讀爵。相同的例子還見于逨盤和逨鼎，詳見下文。

因此，無論這些从不同字符又从爵的字有多少不同的字音，它們的共

---

① 關于這一點可引逨盤逨鼎銘文爲證，四十二年逨鼎和逨盤爵字从月，但是四十三年逨鼎的爵不从月。三個爵字的語句都是"爵勤大命"，可見爵字从月不从月不影響爵字的字音和字義，這一點在下文還將展開。

同字義就是爵,而爵的最早字體來自三足爵形器的象形圖畫文字,從字形、字義和字音,都説明三足爵形器就叫 🦅 和 🦅,也就是 🦅 和今字的爵。根據古文字學關于爵字的認識,有關宋代金石學以來對于爵形器的命名之爲爵,應該説是一個準確的恰如其分的命名。

　　爵字的字義,按照其字最古的字形,就是三足爵之名,比對最早的爵字和最早的爵形器,不難發現,這些最早的甲骨文爵字的圖形文字形象是取自二里頭期(見圖1-8)、盤龍城期和二里崗期的爵形器(見圖1-9)的造型的 🦅🦅🦅🦅 (從左至右:乙 4508 合 22067 午、拾 12.13 合 18574、乙 1558、存 1458 合 22056 午):

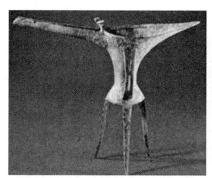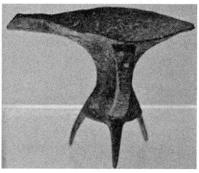

圖1-8　二里頭爵

圖1-9　盤龍城與隨州銅爵

商周金文的爵字最早也是出自圖形文字,雖然這些圖形金文爵很早就有了從又的字符,其象擬爵形器的部分卻是逼真的爵形器象形:

比較金文早期爵字字形和爵形器的器形,不難發現,這些圖形文字最早是取自三足爵形器的造型,而根據這些圖形文字,可以確認,爵就是這些三足爵形器的名字。

爵又有玉質的。文獻上有琖,從玉作琖,《說文·玉部》:琖,“玉爵也,夏曰琖,殷曰斝,周曰爵。盞,或從皿”。許慎說琖是“玉爵”也,又說周稱琖爲爵,其實西周銘文就有“玉爵”,見於榮簋銘文(見圖1-10)。榮簋銘文如下:

惟正月甲申,榮

格。王休,賜厥臣

父榮瓚、玉爵、

貝百朋。對揚天子

休。用作寶尊彝。

惟正月甲申榮
各王休賜厥臣
父榮瓚玉爵
貝百朋對揚天子
休用作寶尊彝

圖1-10　榮簋銘文

14

"厥臣父榮"，榮可能是王的父輩，故稱爲"父榮"，毛公鼎有父暗，與此略同。瓚，與其他金文瓚從昌有別，此瓚字從玉，可以理解爲玉瓚。玉爵，金文玉王形近，舊讀若王，但此字在瓚字和爵字之間，釋作王實在無法與上下文搭上關聯，且其字與從玉之瓚的玉字符相似，而與王休之王略見差異，比較下來，不難發現王字下面一橫是金文習見的似鉞形狀，玉字下面一橫比較平直而與瓚字所從玉字更加接近，所以，這個字應該是玉。爵，舊注讀祼，其原因可能有二：一是因爲把上一字誤讀爲王，王主語，就必須接一個謂語，所以讀爵爲祼，祼解釋成賜的意思，就可以和下文的貝聯繫了（貝是賓語）。二是這個爵字的字形也屬少見，從上到下，最上面是象從爵之省、從邕、從圈足象形，從収，這樣一個字更應該讀作爵。

上已述及，伯公父爵和史獸鼎的爵字已經衍變到和篆文爵相差無幾的字形，而伯公父爵的器形是一款寬尾柄圈足爵的器形，上引毛公鼎的爵字從収從爵，但爵字符衍變成從皿的爵字（字形作），另外，師嫠簋的爵作，其爵字符也衍變成了從皿的爵之省（），這兩個從皿的爵解釋了伯公父爵何以自銘爲爵。正是因爲類似伯公父爵之類的爵發生了圈足爵最後取代了三足爵的演變過程，才可能在爵字的衍變上，也留下了從三足象形到圈足象形這麼一個變化的印記，從而可以確認這一類圈足飲酒器是西周晚期出現的圈足爵。這一類圈足爵一律有寬尾長柄（臺灣"故宮博物院"藏一件作寬尾短柄），有的前面有鳥首飾件，有的無飾物，有的有龍首鋬。多數出土于窖藏，西周晚期作品居多。1978年，山東省滕州市城南的薛國故城 4 號墓出土了銅鼎十一件、銅簋六件、銅鬲六件、銅簠二件、銅壺三件、銅盉一件、銅盤二件、銅匜一件、銅鑒一件、銅舟一件、銅矛一件、陶罍六件。該墓是一座七鼎六簋的大型墓，年代屬于春秋早中期①。在銅鼎與銅壺之間，發現了兩件鳥首寬尾長

---

① 嚴志斌《薛國故城出土鳥形杯小議》，《考古》2018 年第 2 期。

柄圈足爵(見圖1-11),這是考古發現的首例墓葬隨葬的圈足爵,説明這類圈足爵和三足爵一樣,也作爲喪葬禮器用于喪葬。不過,薛國故城 M4是一座七鼎六簋級别的大型墓,隨葬的這兩件圈足爵顯然與七鼎六簋的級别不相稱,這反映到了春秋時代,爵已經徹底失去了青銅禮器核心之器的地位。

圖 1-11　薛國故城 M4 出土鳥首寬尾長柄圈足爵

第三節　爵字字義及其爵位象徵意味的由來

甲骨文所見的爵字,最早是以爵的器名作爲名詞出現的,漸次地,它也用作地名和人名,再後來就作爲動詞出現在卜辭之中,李孝定説:"卜辭爵字或用爲動詞,疑即以爵位加人之意,辭云'戊辰卜,韋卜,爵子禽。'(《藏》241.3、《佚》42)'口亥卜,亘貞,禽口爵子伯。'(《前》5.25)是也,或爲人名……或爲地名……或即爲彝器之名,'庚戌卜,來壬申,王曰口其爵用。'(《乙》21.30)'丁,子辝爵屮(侑)且口。'(《乙》48.45)是也。"[1]商代的爵字主要見于甲骨文字。周代金文所見的爵字,和甲骨文所見的爵字一樣,分别有用作地名或人名、用作器名和用若名詞和動詞三種用法。

---

① 李孝定《甲骨文字集釋》爵字條,"中研院"歷史語言研究所,1982 年,第 1757—1759 頁。

用若人名的例子有上述的"伯觸簋"。過去這件簋的 ⿰ 字曾誤讀爲丂和庚二字,因而把該器定名爲"伯丂庚簋", ⿰ 从爵丂聲,讀若觸,伯觸是人名,這就是說,金文中的爵或从爵之字。和甲骨文一樣,金文爵也存在用作人名或地名的用法。

其次是用若器名的用法。這一類用法見于史獸鼎,父辛爵(壘、 ⿰)、魯侯爵、内史亳瓯、伯公父爵等。上已述及,史獸鼎的壘字从爵从正,銘文把壘和鼎對舉(豕鼎一,壘一),因此該壘字是器名是可以確定的,至于从正,正是否亦聲,且這個字是不是指爵,留待下文討論。這裏討論史獸鼎的另一個字 ⿰ 。史獸鼎銘文的釋文如下:

尹令史獸立工
于成周,十又一月
癸未,史獸獻工(功)
于尹。咸獻獻工(功),尹
商(賞)史獸 ⿰ ,易(賜)豕
鼎一、爵一,對揚皇尹
丕顯休,用乍父
庚永寶尊彝。

⿰ 字過去釋祼,但再讀銘文,"尹賞史獸 ⿰ ,賜豕鼎一,爵一", ⿰ 是尹賞給史獸禮器(豕鼎一、爵一)的同位語,即是作爲豕鼎和爵的總稱出現在銘文裏的,所以這個 ⿰ 釋祼,從上下文來看,很難解釋得通。比較伯公父爵的爵和 ⿰ ,不難發現兩字極其接近: ⿰ 、 ⿰ 。兩字的上部分別是 ⿰ 和 ⿰ ,都是从爵省,史獸鼎的 ⿰ 省略了爵字符的上部,但有下部爵足的變異象形:伯公父爵的 ⿰ 保留了爵字象形的上部,但省略了爵字下部象形爵足部的部分。兩字有一個共同點,就是都从凵从又。據此,把一個字訓爲祼(⿰)、另一個字訓爲爵(⿰),顯然不合字理。尤其是 ⿰ 出現在器名(鼎和爵)的同位語的位置,用祼這樣一個祭祀禮儀用字來解讀,實

17

在太過勉强。不如訓爲爵,作爲鼎和爵的總稱,就順當得多了。所以, 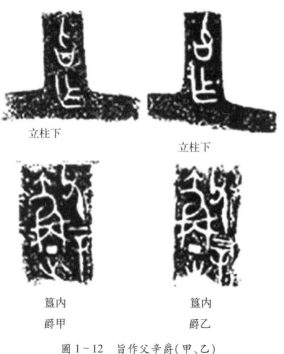 應該是作爲器名名詞的爵,而不是作爲祭名的祼。史獸鼎銘文下文的鼚字從爵從正,也與 不是同一個字,作銘者選用兩個字于同一篇銘文裹,應該是知道兩個字的差別的:顯然,他是把 用若器皿的總稱,而把鼚用若器名的專稱的。

魯侯爵的兩個從爵之字都是又從丂的字,其字音有可能與爵有異,但作爲器名是没有問題的,而且其字義就是爵,與魯侯爵的器形也是相符合的,這在上文已有述及。

旨作父辛爵。這是山西翼城縣大河口西周墓地 M1 出土的銅器中,燕侯旨所作的器物,共兩件,都是三足銅爵,2008 年的發掘報告中僅披露其銘文内容爲"旨作父辛鼚",其中一件傳出了只有"父辛鼚"三字的拓片。2020 年的發掘報告發表了這兩件爵銘的全部銘文。附録如下(見圖 1−12)。

立柱下　　　　　　　立柱下

簋内　　　　　　　　簋内

爵甲　　　　　　　　爵乙

圖 1−12　旨作父辛爵(甲、乙)

從銘文看，這兩個从爵从正的字，即壘①，兩見于兩件三足爵的自銘，則壘字作爲三足爵形器的器名是肯定的，因爲壘从爵从正，正亦聲，聲符變了字音而不改字義，所以壘字是音讀正而義釋爵，也是毋庸置疑的。論者認爲這個壘是爵的別稱，是正確的②。由此反觀史獸鼎的壘，史獸鼎的壘是與鼎對舉的，它應該和父辛爵一樣，也是指爵形器。這就是説，壘从爵从正，正亦聲，和 等字从万一樣，万和正都不是爵本字的本音，也没有奪走爵字的本義。爵既不讀若万（易之省），也不讀若正，不能因爲 讀若觴，就説去掉了万符的 也讀觴，也不能因爲壘讀若正，就説去掉了正符的爵也讀正③，這在古文字學的邏輯是説不通的。

内史亳觚。内史亳同是一件把觚自銘爲"同"的觚形器。其銘文釋文如下：

成王賜内
史亳豐祼，
弗敢虎，作
祼同。

上已述及，銘文中舊讀釋爲祼的字，兩見，都是从示从爵，作 ，説它从爵是因爲去掉示字符，它和上述的 完全相似。根據古文字从示之字與不从示的本字往往可以相通的規律，這個 字可以讀若祼，也可以通作不从示的爵。銘文先説，成王賜給内史亳一件"豐 "，接著説内史亳把它用作" 同"，兩處都是把 當作器名，所以和上述史獸鼎的 一樣，這個 也應該釋爲爵，這樣語氣更順。豐通醴，豐爵就是醴爵；同理， 同

---

① 謝明文《談談青銅酒器中所謂三足爵形器的一種別稱》（http://www.gwz.fudan.edu.cn/SrcShow.asp？Src_ID＝2479，2015.04.01）。又見《出土文獻》（第7輯），中西書局，2015年。

② 同第9頁注①。

③ 李春桃的《從稱謂到命名》就持這樣的觀點。該文堅持認爲所有聲符爲万所从的爵字，不是从爵万聲之字的本字，相反，从爵万聲讀若觴的字就是爵字的本音字。

就是"爵同"。有意思的是,這件自銘"同"的銅器的器形是觚形器,按照傳統的關于觚形器的叫法,"爵同"也可以叫"爵觚"。不管是"爵同"還是"爵觚",都是兩種彝器名稱連讀,這與金文習見的"尊彝"連讀的語例是一致的。而銘文釋文也應該改作如下:

> 成王賜內
> 史亳豐爵,
> 弗敢虒,作
> 爵同。

伯公父爵告訴了我們寬尾長柄圈足飲酒器也叫爵。上文已有論述,兹不重複。

從上述五器銘文所見爵或從爵之字的字形、字義來看,都證明了爵是這些字的本義字,其字形來自三足爵的象形字,其音或因聲符而有變,其字義仍是爵。

第三,用若其他名詞和動詞的爵及從爵之字。這方面的銅器有縣改簋、師克盨(見圖1-13)、逨鼎、毛公鼎,如下根據這五器銘文有關爵字的例句,逐一分析它們的字義。

縣改簋:易女婦爵,叭之戈,玥、璜……這個"婦爵"疑即指女爵,與戈、玉黃等并列,賜予縣改婦爵時,要賜予玉戈等玉器,作爲女爵的象徵儀物,其意義當在這件"婦爵"所象徵的女爵的爵位。上文有"白犀父休于縣改,曰:乃功縣伯室",這個婦爵應該就是爲了嘉獎縣改的輔佐家族之功。已知甲骨文所見爵字已經有加爵的字義,縣改簋所説的賜汝婦爵,與加爵的意思是一樣的。對此,下文將有專節討論。

師克盨:"唯閉乃先祖考,有爵于周邦。"上面説過,師克盨這個爵字從冃、從収、從爵,其聲符或從冃。例句中,有爵略等于有爵勛,即有功勛之謂。這個有爵的字義,應當是來自爵位,是爵字衍變成加爵的動詞之後的動詞名詞化,字義已經脱離了器名的意思,具有功名的意思。

20

圖1-13　師克盨銘文

單氏家族的逨器是宣王時期的銅器,它們的銘文也見有關爵和從爵之字的例句。

四十二年逨鼎:"則繇唯乃先聖祖考,夾紹先王,爵勤大命,奠周邦。""余唯閉乃先祖考,有爵于周邦。"

四十三年逨鼎:"則繇唯乃先聖祖考,夾紹先王,爵勤大命,奠周邦。""今余唯經乃先祖考,有爵于周邦,申就乃命……"

逨盤:"則繇唯乃先聖祖考,夾紹先王,爵董大命。"

四十二年逨鼎、四十三年逨鼎和師克盨一樣,都有"有爵于周邦"例句,上已述及,兩件逨鼎銘文的爵字的字體都和師克盨的爵不同,師克盨的爵字從冃、從廾、從爵,四十三年逨鼎銘文的爵字不從冃,但從廾,從爵。見于逨盤和兩件逨鼎的"爵董大命"(作 ![]) 是習語式例句,亦見于毛公鼎(作 ![])。非常有意思的是逨盤的爵和師克盨的爵一樣,從冃、從廾、從

21

爵,同一個逨,在鼎銘用了 ,在盤銘用了 ,都是用若"爵勤大命"的爵,這至少說明了從曰、從攵、從爵的  是一個雙聲字,其從曰,曰亦聲符,其不從曰,作 ,則爵爲聲符。大概,在師克和逨以及毛公的眼中,  和  兩個字都是爵,其寫法不同,就如茴香豆的茴有四種寫法一樣,今人在學界爲之爭論再多,也改變不了它們的一致的字義——爵。

"有爵于周邦"的爵,詞性是名詞,意思如上所述,是功名、功勞的意思。何尊所記的成王誥語有"有爵于天",其字從曰不從攵,應該是功烈、功業的意思。"爵勤大命"的爵是動詞,但爵勤的意思與加爵的意思有所不同,有爲了爵位的榮耀勤勉努力的意思。

盂爵:"王命盂寗鄧爵伯。"盂爵是一件有銘三足爵中銘文最長的爵(見圖1-14)[①]。它的銘文過去認爲是21字,釋讀如下:

佳王初萃于

成周,王命盂

寗鄧白,賓

貝用作父寶尊彝。

佳王初萃于
成周王命盂
寗爵伯賓彝
貝用作父寶尊

圖1-14　盂爵及盂爵銘文

①　楊寬先生稱爲"登爵",參見《西周史》第463頁。

但盂爵銘文實際是 22 字,鑄于通高僅 20 釐米爵杯的爵尾上,其四行銘文因爲空間太過緊湊,不僅無法保持字距,甚至連字序也不得不顛倒,其本來應該在第四行的尊字之後的彝被擠到了第三行賓字之後,而第三行的白字被擠在"鄧"和"賓"之間,沒有一點字距,初看還像是和賓結爲一體的字。父字下無空間銘日名,便在父字的一捺中間凸出一圓點,加在父字的一捺裏,表示該凸出圓點是"父丁"之丁,〔字〕。由此,原來讀成 21 字的銘文,因爲這個凸出的"圓丁"實際成了 22 字。這 22 字的銘文受如此緊湊的排版的影響,造成原來的釋文誤把窞和丂讀成了一字,作〔字〕,整句讀成了"王命盂寧鄧白",并有據以命名這件爵爲"登爵"的。但是,衆所周知,從"丁"的寧字是後起字,其古文本字作窞,這在金文裏是有實據的,例如史牆盤和毛公鼎都有窞,都不從"丁",史牆盤的窞修飾天子,作"窞天子",毛公鼎的窞是苟安的意思,語句作"毋敢妄窞"。而且把〔丁〕讀若丁,這在周代金文的語例中,也是難以説通的。盂爵是周初的康王時期的器,比史牆盤和毛公鼎早,它這個窞字是不應該也不可能從〔丁〕的。通過目驗銘文照片,窞和〔丁〕之間,字距也顯過大,所以,〔丁〕當下屬。

被讀作鄧或登的〔字〕,其實更像一個從収從爵省的爵字。〔字〕去掉從収部分,就是〔字〕,這個字符和〔字〕①和〔字〕②相比,上部在〔丁〕之下,象〔字〕之省,雖然〔字〕的象爵杯之形,在〔字〕變成了"曰",但它和〔字〕(杯身象形也作曰)是一樣的。如此,〔丁〕當下屬,而與被讀作鄧的〔字〕的字符結爲一字,這就是〔字〕。這是一個從収從爵省〔丁〕聲的字,字義是爵,字音和魯侯爵的兩個從〔丁〕的"觶"一樣。所以,盂爵銘文釋文應該讀若如下:

　　佳王初㝅于

---

①　此字符截取自毛公鼎的爵字。
②　此字符取自伯公父爵的爵字。

成周。王命盂

盇爵伯,賔

貝。用作父丁寶尊彝。

原來讀作"王命盂寧鄧白"的句子,正確的讀解應該是"王命盂盇爵伯",盇,安、定,盇爵伯,就是定爵于伯的意思。王命盂盇爵伯就是王賜命盂的爵位定爲伯的意思。盂和大盂鼎的盂是同一個人,在西周早期立下過赫赫戰功,周王賜定他的爵位爲伯,就是以功賜命他爲伯爵。由此,盂爵的爵字與縣改簋的爵字一樣,也是名詞,字義是爵位。這樣的字義的爵字出現在一件三足爵形器的銘文中,説明周初的爵(觴)字不僅用作器名(魯侯爵),也用作爵位字義的名詞(關于盂被賜命爲伯爵,將在曾國一節有專文討論)。由此可見,西周金文的爵字及從爵之字已經衍生出器名之外的字義,這個字義是把商代甲骨文的加爵之義,擴展到了爵位、功名、功勛等的字義,詞性上產生了用若爲了爵位的榮耀勤勉努力意義上的動詞和功名爵位意義上的名詞。可以這麼説,原本作爲器名的爵字衍生出這種功名爵位的意義,很大程度上是因爲人們在使用爵形器的漫長歷史中,形成了有關爵的禮儀,并逐漸沉澱到爵字的字義中去。特別是殷商文化的用爵制度,使青銅爵成爲等級制度的象徵和化身。從而,爵,代表了等級尊貴;爵,就是爵位。

如上,通過系統考察爵字從圖形文字、象形文字、古字到今字的演變過程,基本可以得出這樣的結論,即爵從一開始是得自三足爵形器的造型,其字形像擬爵形器,字義最早是作爲爵形器的器名,字音是來自三足爵形器器名的字音,爵的使用在不同區域、不同族人和不同時代給爵帶來了不同的叫法和寫法,產生了不同的從爵丂聲、從爵正聲,從爵從廾、從爵從 𠬞 、從爵省從㐅從又等字形,而爵形器的使用制度等因素影響到了爵字的字義,衍生出了爵字的新字義,這種新字義起始于甲骨文,到了周代金文,已經引申出用若"有爵于天"(㝬尊)等字義,反映了用爵的制度和禮俗使爵字積澱了類似于"功爵""爵位"等的新的字義。

第二章　爵·用爵數位· 用爵制度

第一節　爵的流行(二里頭— 盤龍城—二里崗)

　　考古學上最早的青銅爵來自哪裹？傳統的説法認爲是來自二里頭文化的第三、四期地層,近年的研究證明,盤龍城文化也是最早發現青銅爵的青銅文化,盤龍城的二至七期墓葬不僅發現有青銅爵,而且還發現了最早的成禮器組合的青銅爵。過去,由于"夏代考古"先取得了二里頭"夏代城堡和宫殿"遺址的考古學年代,即二里頭文化一期爲前1750—前1680年,二期爲前1680—前1610年,三期爲前1610—前1560年,四期爲前1560—前1520年,加上二里頭遺址被認爲是"夏都遺址",所以一直以來,學界都認爲盤龍城青銅文化比二里頭文化要晚,是一支受二里頭—二里崗青銅文明影響發展起來的"地方青銅文化"。近年考古界獲得了盤龍城文化的碳-14測定的數據,發現其年代也是在公元前18世紀到公元前14世紀之間,與二里頭文化不分前後,更因爲盤龍城發現了大規模的青銅冶煉和鑄造遺址,而二里頭迄今尚無任何當地冶煉青銅的遺跡,二里頭文化的青銅成分分析也證明了其銅礦不是來源本地。重要的是,第一,盤龍城在年代上和二里頭是同一時間(兩者最早的地層年代都在公元前18世紀),分不出先後,盤龍城的考古學絕對年代最早是公元前1700年①,比二里頭三期和二里崗文化下層的絕對年代早。第二,盤龍城有大規模的青銅冶煉和青銅鑄造的遺址,證明了這裏的青銅文化是當地獨立發展起來的,前後延續時間約在三四百年左右。第三,盤龍城青銅文化波及的範圍遠大於二里頭青銅文化的分佈範圍,盤龍城特色的青銅文化沿長江往上至江陵,往下到九江附近,往南到長江南岸,往北或與二里崗文化和鄭州商城文化有所聯繫,因此基本可以確認,盤龍城青銅文化是一支和黃河流域的二里頭—二里崗并存并起的青銅文化②。第四,盤龍城發現了中國青銅時代最早的以青銅爵爲核心器的禮器組合,證明了時間上盤龍城并不比二里頭晚,其青銅文化發展水平自成體系、獨立發展,而且比二里頭發達和成熟。

就爵的發現而論,陶爵無疑是比銅爵更可靠的參照實物,但是考古學發現,實際存在"仿銅陶爵"和"仿陶銅爵"兩種情形,陶爵也可能是在青銅匱之情況下的銅爵的替代品,因爲器形的仿製,這種陶爵其實只是"仿銅陶爵",其時代和銅爵相比還可能更晚。圖2-1是二里頭陶爵,其器口沿做成的佟邊明顯就是仿製了同時期的青銅爵。圖2-2是盤龍城王家嘴的74號探坑所出,其束腰和薄壁的構造也明顯和同時期、同地區的銅爵的風格是一致的。圖2-3是殷墟四期安鋼M233的陶爵,是一件嚴格按照青銅爵仿製的陶爵,墓主可能沒有銅爵隨葬,只能用陶爵湊數③。

---

① 武漢市文物考古研究所、盤龍城遺址博物院《盤龍城遺址宮城區2014至2016年考古勘探簡報》,《江漢考古》2017年第3期。郭立新、郭靜雲《盤龍城國家的興衰暨同時代的歷史地圖》,載於《盤龍城與長江文明國際學術研討會論文集》,科學出版社,2016年。又見:https://kknews.cc/history/nm8bz5q.html。

② 《武漢盤龍城發現大規模鑄銅遺址係夏商都城之外首次發現》,《湖北日報》第一版,2018年10月22日。

③ 中國國家博物館收藏,圖採自《土與火的藝術:中國陶瓷系列·陶爵》,http://www.fotoe.com/sub/106548。

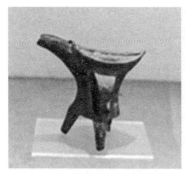

圖 2－1　河南鞏義陶爵　　　　圖 2－2　盤龍城王家嘴 T47 所出陶爵

圖 2－3　殷墟安鋼 M233 所出陶爵　　　圖 2－4　盤龍城楊家灣陶爵

相比這類"仿銅陶爵",還存在一類被銅器仿製的陶爵,它們的時代可能比銅爵要早。圖 2－4 是盤龍城楊家灣"平民墓葬"出土的陶爵[①],形態比河南鞏義的陶爵要古拙,和粗陋的早期青銅爵的粗陋風格相似,這類陶爵可能是同時期的銅爵的仿製原品,而這種粗陋式的青銅爵也因此可以稱爲"仿陶銅爵",圖 2－5 是上海博物館館藏的青銅爵,短足、平底,長鋬,無柱,束腰,流槽狹細,流與杯口銜接處尚無明顯摺痕,足端内斂,器壁

① 採自騰訊《考古詞條・盤龍城遺址》,https://new.qq.com/omn/20190730/20190730A0NCK200.html? pc。

圖 2-5　上海博物館藏仿陶銅爵

極薄,素面無紋飾,但造型與盤龍城的陶爵(圖2-4)風格略同。

　　這種仿陶銅爵仿佛是以一陶爵翻模製作而成,代表了比二里頭和盤龍城的青銅爵更早的風格。根據盤龍城陶爵的古拙形態,可以推知這種仿陶銅爵或者脫胎于盤龍城地區的陶爵。圖2-6是二里頭出土的早期青銅爵,與盤龍城陶爵和上海博物館藏青銅爵相比,也是無柱、素面和足部內斂等特點,差異是流與器口接合處有明顯的摺痕,口沿并有加厚的侈邊。這種二里頭式的素面無柱爵和上海博物館藏仿陶銅爵和盤龍城陶爵具有明顯不同的風格,盤龍城的陶爵和早期仿陶銅爵,足部都有一個內斂的特徵,不似二里頭式爵的三足那樣,足端都作外撇狀,雖然也是無柱,但流與器口銜接處有明顯的摺痕,可以看出它與盤龍城陶爵的差異。圖2-7的無柱爵,流與器口銜接有摺痕,鋬有鏤孔裝飾,三足直而足端外撇,風格也和上海博物館的仿陶銅爵完全不同。

　　這種無柱爵的變化型式就如圖2-7所示,繼續保持素面、束腰和無柱的特徵,但足部已經不再內斂,變成了細長而直,且稍有外撇。重要的變化在鋬和流,鋬開始有三個鏤孔裝飾,流則開始上揚,而尾與流相對應,也有翹起。這類二里頭無柱爵和盤龍城陶爵以及上博仿陶銅爵相比,流與器口接合處有折收是其明顯的地方特徵,而與盤龍城陶爵及上博仿陶銅爵有所區別。仿陶銅爵和二里頭無柱爵,給人的印象就是這是兩類不

圖2-6 二里頭無柱爵　　　　圖2-7 二里頭無柱爵

同風格的青銅爵。這種風格上的不同,在陶爵造型上也有體現。二里頭的陶爵即使造型古拙、粗陋,也已經有仿銅爵的影子,例如圖2-1的陶爵,流上揚,流端口修平,明顯具有仿銅爵的特點,流與器接合處,有凸起的柱痕,也像是仿銅爵的柱。而二里頭的無柱陶爵,早期形式具短流、三足外撇、素面的特點(見圖2-8),晚期的則有直綫紋于腰間,流器接合處如銅爵一樣,明顯折收,三足也是外撇(見圖2-9)。

圖2-8 洛陽東馬溝白陶爵(1、2)和陶爵(3)

　　流從器口折收後伸出的製造特點,不見于盤龍城陶爵,盤龍城陶爵的流從器口伸出,并沒有明顯的折收的綫條痕跡,而是從器口到流口相對緩合地作流綫型的由寬到窄的收起(見圖2-4),這種特點一直保持到盤龍

圖 2-9　二里頭長流陶爵

城晚期的陶爵的器形上(見圖 2-2)。

所以,根據盤龍城和二里頭的陶爵的不同風格以及它們的考古年代,基本可以説,兩地的陶爵發展到青銅爵,有著各自發展起來的不同的特點,彼此不存在一地是青銅文化中心,一地是受該中心影響而發展起來的青銅文化這樣一種"中心—邊緣"的發展關係。傳統上,因爲先發現二里頭而形成的二里頭青銅文化中心説,應該予以重新評價,而盤龍城青銅文化在江漢及長江中下游地區的本地中心地位應當得以確認。

一個不可忽視的問題是,二里頭本地并没有發現冶煉青銅的遺址,二

里頭青銅成分的檢測分析也提示其銅礦來源可能來自山東甚至内蒙古等地。由于原料來自别的地區必然帶來青銅原料的稀缺,加上鑄造技術的草創和生疏,導致二里頭文化的大多數青銅器的器壁細薄到只有 0.1 釐米。這些都説明史前河南的青銅器或來自别的區域,對于河南來説,青銅文明可能是外來文明。

上海博物館藏有一件管流爵(見圖 2-10),其形制是一角形器在器腹斜插一管狀流,因爲有管狀流與盤龍城的管流

圖 2-10　上海博物館藏管流爵

爵相同風格,而定名爲管流爵。天津博物館藏的無柱爵,流似一開口的管狀流,兩頭呈包圓內斂狀,中間一段開裂,是爵形器的前流後尾的"標準設計",上海博物館所藏這件"爵",流從器腹下部向上斜出,器身如角,細腰,下接有鏤空圓孔紋飾的圈足,圈足下再接三足,鋬爲素面扁平鋬。天津博物館所藏的爵(見圖 2-11),前流後尾,流與器口接合處呈包圓狀,與盤龍城李家嘴 M1 的管流爵的管狀流與器口接合處相似,它的鋬作上、中、下三個長方形鏤孔裝飾,與二里頭四期的爵相同(見圖 2-12)。但它的器身和足部和上海博物館的管流爵相同,也是細腰、下接帶圓鏤孔裝飾的圈足,圈足下再接三足。比較兩器,器口一作角形器狀,一作爵形器狀,但根據天津博物館藏二里頭爵的圈足接三足的設計,可以推定上海博物館這件管狀流爵也是屬于二里頭文化的銅器。

圖 2-11　天津博物館藏無柱爵

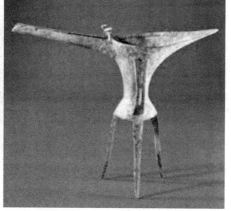

圖 2-12　二里頭四期爵

　　管狀流青銅爵,傳世的還有一種款式①(圖 2-13)。這件爵器身也是角形器狀,素面無紋飾,流作管狀從腰身處斜出,鋬也是素面扁平鋬。平

---

① 採自 Jessica Rawson《大勢之變:從北方草原銅兵器、佩飾到中國青銅容器的轉換》(From the Weapons and Ornaments of the Steppe to Chinese Bronze Ritual Vessels, A Major Transformation),北京大學考古文博學院講座,2016 年 9 月 23 日。見 https://archaeology. pku.edu.cn/info/1031/1635.htm。

底,三足與器底接合似肩凸出。從器形特徵看,與内蒙古紅山文化的帶管
狀流陶爵如出一轍(見圖2-14),所以,學界因此有認爲這件青銅爵可能
來自内蒙古的紅山文化[1],考慮到二里頭的青銅來源有來自内蒙古的因
素,這一看法或可備爲一説。

圖 2-13 傳世青銅管流爵　　圖 2-14 内蒙古敖滿旗大甸子陶爵

　　這件爵和上海博物館藏管流爵的差別在足部,上博藏爵是器身下接
鼓出的圈足,再接三足,這件爵是器底側接三個如肩凸出的尖足。兩器相
似之處是器身都作橢圓器身,器口俯視都作橄欖型。器身從器口到器底,
都作橄欖型或橢圓形,是爵形器的基本特徵。上海博物館和天津博物館
的爵的足部都是圈足接三足,如果没有三足,就是圈足爵,是圈足的爵下
面加三足,這可以視作圈足爵的濫觴。盤龍城楊家灣M17出土了一件圈
足角,原報告因爲這件角是圈足,就把它定名爲"有鋬觚"(圖2-15),這
是不準確的,因爲觚形器一般都是正圓形,器口作齊平的喇叭口。而該器
通高19釐米,器口如角形,兩端翹起,且略見高低,似角形器的兩個
"角",俯視作橢圓形的喇叭口,兩角之間的長徑超過底部橢圓圈足長徑
的長度,器口橢圓長徑最長約爲13釐米,橢圓圈足長徑約爲9釐米,上下
口沿和圈足短徑約爲5.5釐米左右,圈足高度約5釐米,器深最凹處約爲

---

①　見 Jessica Rawson《大勢之變: 從北方草原銅兵器、佩飾到中國青銅容器的轉換》。

圖 2-15　楊家灣 M11 出土的圈足角

10 釐米,最高處約爲 14 釐米。有鋬,鋬上部有牛首獸面紋,牛首獸面紋飾下爲素面扁平鋬。器身過鋬處有一圈上下爲凸弦紋相間的乳釘紋,圈足上有四個十字孔,在圈足上裝飾有一圈單綫饕餮紋,這是本地圈足器(觚)所常見的紋飾裝飾。如果不算圈足的高度,器身(杯身)通高約爲 15 釐米。圖 2-14 是管狀流陶爵,出自紅山文化的内蒙古敖漢旗大甸子,其通高 18.5 釐米,上海博物館藏的管狀流爵高 20.6 釐米、口長 16.5 釐米,都與盤龍城楊家灣 M17 的圈足角的通高相仿。如果都不算足高,三器器身的通高也是相近的,説明那時的這一類器的高度都是有一定的規制的。把盤龍城的管狀流爵(圖 2-13)和圈足角聯繫起來看,似乎都是上海博物館的管狀流爵的變體,李家嘴 M1 的管流爵(見圖 2-16)和上博的管狀流爵在管狀流上都有鈎狀裝飾,可以判斷李家嘴 M1

圖 2-16　李家嘴 M1
出土管流爵

的管狀流爵是上海博物館管狀流角的發展,是把管狀流從器身下部做到了口沿,而楊家灣 M11 的圈足角則是去掉了管狀流和圈足下的三足,做成了圈足角形器(詳下)。

但是,二里頭的青銅爵大多發現于墓葬陪葬,顯示二里頭和盤龍城一樣,也是最先把銅爵用作爲墓葬的陪葬青銅禮器地區之一。由此也可以説二里頭青銅爵和盤龍城文化一樣,已經形成爲墓葬禮器。而二里頭最有代表性的青銅爵卻并不是出自墓葬,而是出自宮殿遺址,這就是被稱爲"華夏第一爵"的大型青銅爵(圖 2 - 12)。這件青銅爵出自 1975 年發掘的二里頭宮殿遺址,又稱"乳釘紋銅爵",這件乳釘紋銅爵高 22.5 釐米,流、尾長 31.3 釐米,壁厚 0.1 釐米,窄長流、尖長尾,針狀雙柱矮小、細腰、瘦腹,扁帶狀鋬,三棱錐狀足。腰腹正面裝飾一排 5 顆乳釘,夾在兩道凸弦紋之間。這種乳釘紋夾凸弦紋是早期青銅器上最先出現的紋飾,代表了這件大型青銅爵已經禮器化,而青銅器禮器化,是中國青銅時代的基本的特徵。從造型上講,這件爵狹長流、尖細尾,高瘦體,細長足,已經脱離了實用爵的風格,更像是一件專門爲喪葬禮儀製作的青銅禮器。這在中國青銅器的發展史上,具有格外重要的象徵意義,即中國青銅從一開始就走著青銅禮器化的道路,二里頭的這件爵堪稱中國青銅時代的禮器特徵的里程碑。

這種大型的禮器化的青銅爵,雖然不見于盤龍城遺址,爲二里頭遺址僅見,卻未必就是證明二里頭青銅文化早于盤龍城青銅文化的遺物證據,考古學已經證明,二里頭三、四期與盤龍城的三、四期相當,兩地都出現青銅器,而盤龍城自三期出現銅爵,四、五期較多。圖 2 - 17 是盤龍城地區和二里頭—二里崗地區青銅爵分期比較圖,盤龍城三期 1 件,頸短粗,弧腹較寬,平底,頸部飾一周饕餮,壁極薄,僅厚 0.1 釐米,重 0.15 千克。四、五期爵較多,以折腹爵爲主,也有少量弧腹爵。四期部分器腹略淺,流較平,柱較矮,頸部飾饕餮、折綫等。五期柱變高,柱頂出現明紋,流稍仰,頸飾饕餮。六期、七期弧腹爵常見,折腹爵略少,六期後亦見有直腹爵。自六期開始,出現頸、腹兩圈主紋帶,腹部出現大的明紋,七期明紋略變小。

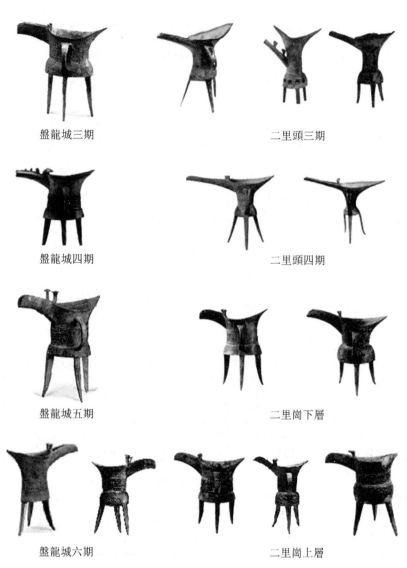

盤龍城三期　　　　　　　　　　二里頭三期

盤龍城四期　　　　　　　　　　二里頭四期

盤龍城五期　　　　　　　　　　二里崗下層

盤龍城六期　　　　　　　　　　二里崗上層

圖 2-17　盤龍城地區和二里頭—二里崗地區青銅爵分期比較圖

　　相比之下,二里頭三期始見銅爵,器形有其自身特色,流細而長,短柱,尾尖,流尾寬大于器高;束腰,腰較細,細三稜錐足,足外撇;扁平鋬,多出數個鏤孔。此後,此種風格的銅爵絕傳。至二里崗下層二期,此時偶見之銅爵,折腹、釘狀柱,風格與盤龍城四、五期類似,當係盤龍城的影響所致,或直接自盤龍城輸入。二里崗上層的銅爵,同時混雜有盤龍城四、五、六期風格的器物。如二里崗上層一期楊莊出土的單杜褢底爵與盤龍城六期爵相似;同屬二里崗上層一期的豫 C8:1439 腹較淺,其風格與盤龍城四期所出銅爵相似①。

因此,盤龍城文化是從一期至七期一脈相承,連續發展。盤龍城器物群的主導因素,無論造型還是紋飾,均係本土傳承;其文化發展與演化的主流是自我内生演化而非外來影響。與此相對照的是,二里頭文化和二里崗文化不斷吸收來自南方盤龍城的因素而變遷,後者是促使二里頭文化和二里崗文化不斷發展和演化的重要推動力量(參見表 2-1,2-2)②。

表 2-1　二里頭—二里崗文化分期斷代③

文化分期	日曆年代 (公元前)	對應的碳十四年代數據(5568,BP1950)
二里頭一期	1735—1705	3450—3400
二里頭二期	1704—1650	3410—3300(主要分佈於 3500—3310 區間)
二里頭三期	1610—1555	3350—3270
二里頭四期	1560—1520	3350—3240
二里崗下層一期	1509—1645	3300—3150(主要分佈于 6250 上下)
二里崗下層二期	1465—1415	3272—3140(主要分佈于 3200 上下)
二里崗上層一期	1415—1392	3263—3120(主要分佈于 3130 上下)
二里崗上層二期	1392—1300	3180—3030(主要分佈于 3050 上下)

---

① 郭静雲、郭立新《盤龍城與二里頭、二里崗的年代學與器型學探討》,選自《盤龍城國家的興衰及同時代的歷史地圖》,載《盤龍城與長江文明國際學術研討會論文集》,科學出版社,2016 年。原文網址見 https://kknews.cc/culture/3vkr3vy.html。

② 同上。

③ 表 2-3 採自郭静雲、郭立新《盤龍城與二里頭、二里崗的年代學與器型學探討》,原文注:根據已公佈的碳十四數據歸納,波動範圍取各個碳十四測年數據的中位值,并將明顯的異衆值排除在外。

表 2 - 2 盤龍城碳十四測年數表

實驗室編號	出土地點和層位	碳十四年代 5568, BP1950	Oxcal V3.5校正年代 1σ	Calib V7.0校正年代 1σ	Calpal	備注
ZK-3001	97HPT6-3	3400±60		1770BC(1.00)1619BC	1711±81	
ZK-3002	97HPT6-2	3330±60		1683BC(0.61)1596BC 1588BC(0.39)1532BC	1617±73	
BA97077	PWZT72-8	3350±60	1730BC(0.04)1720BC 1630BC(0.087)1490BC 1480BC(0.09)1450BC	1733BC(0.081)1718BC 1694BC(0.0672)1602BC 1584BC(0.227)1543BC 1539BC(0.02)1535BC	1639±79	盤龍城二期
BA97076	PWZT36-8	3275±60	1680BC(0.06)1560BC 1530BC(0.87)1370BC 1340BC(0.07)1310BC	1625BC(0.99)1497BC 1467BC(0.01)1466BC	1562±67	盤龍城二期
BA97079	PYWT35-6	3185±85	1600BC(0.61)1560BC 1530BC(0.087)1370BC 1340BC(0.07)1310BC	1606BC(0.075)1583BC 1558BC(0.009)1554BC 1545BC(0.834)1385BC 1340BC(0.082)1316BC	1468±98	盤龍城四期
BA97078	PYZT8-5	3195±65	1530BC(1.00)1390BC	1598BC(0.048)1587BC 1533BC(0.952)1404BC	1484±64	盤龍城五期

　　與此形成顯明對比的是,河南的二里頭文化的青銅器的紋飾只有簡單的乳釘紋、凸弦紋和網格紋,以及鏤空圓孔裝飾。其三、四期與二里崗文化下層重合,説明出現青銅器的二里頭三四期就如曇花一現,很快就爲河南的二里崗文化替代,并且兩者之間存在很明顯的文化水準的差異,如果説,二里頭文化的青銅器是屬于銅石交錯時代留下的草創型青銅器,那麼二里崗文化的青銅器就是青銅時代的趨于成熟型的青銅器,兩者之間文明程度的跳躍感是十分明顯的,除了同處在河南這麼一層空間聯繫之外,二里頭青銅器和二里崗青銅器之間,存在發展序列的斷層,是非常明顯的,無論是原料來源,青銅合金鑄造技術的成熟①,以及青銅器達到的文明程度,兩者之間都缺乏可比性,很難説清它們之間存在任何聯繫,換言之,兩者更像是來自兩個不同發展階段的不同的文化。從考古年代而言,二里頭文化一期爲前1750—前1680年,二期爲前1680—前1610年,三期爲前1610—前1560年,四期爲前1560—前1520年。二里崗文化較可靠的年代范圍是公元前1600—前1300年。二里頭文化的三、四期的考古年代與二里崗的考古年代或有重疊,也表明出現青銅器的二里頭三、四期與二里崗的青銅文化不是來自同一個時空的青銅文明,以二里頭三、四期和二里崗下層同處在前1600年至前1300年之間,則兩者之間存在的斷層,毋寧説,更像是反映了一種二里崗征服取代了二里頭的征服關係。

　　盤龍城青銅文化與二里頭—二里崗不同,它存在自身獨立發展的系統性和傳承性,從第一期到第七期前後連貫,而且盤龍城青銅文化也是最早形成以爵爲核心的墓葬禮器制度的青銅文化,在盤龍城四期已經出現了五爵墓(李家嘴M2)。圖2-18採自郭静雲、郭立新的《盤龍城國家的興衰暨同時代的歷史地圖》一文,經過盤龍城與二里頭、二里崗的青銅器的比較,得出了在這樣的結論:見諸盤龍城、二里頭和二里崗的各種青銅

---

① 李明滇《商周青銅器合金成分》,載《中國考古網》2011年9月2日。網址見 http://www.kaogu.cn/cn/kaoguyuandi/kaogubaike/2013/1025/34306.html。

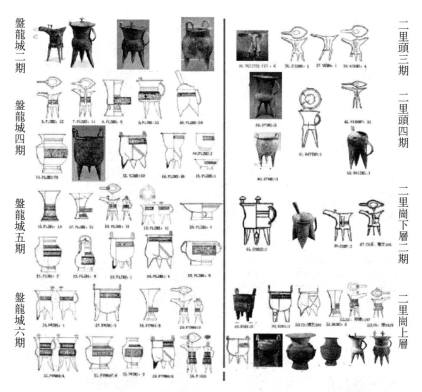

圖 2-18　盤龍城與二里頭、二里崗的青銅器比較圖

器,盤龍城的比二里頭和二里崗的要早和全,并有著完整的自身發展演變的軌跡,即縱觀盤龍城的青銅器,類型齊全。盤龍城青銅器按器類有容器、兵器、工具之分,器皿則有 36 種,其中容器 12 種,計有觚、爵、斝、盉、尊、罍、卣、鼎、鬲、甗、簋、盤(圖 2-19);兵器分爲 11 種,計有戈、矛、鉞、刀、勾刀、鈹、殳、鏃、鐏、鐓;工具 8 種,計有臿、斫、錛、鏟、斧、鑿、鋸、魚鈎(圖 2-20);其他 5 種,計有菱形器、構件、泡、獸面具、銅塊等。盤龍城二期有鏃等兵器,三期始見爵、斝、鬲等大型銅容器,範鑄技術已經較爲成熟。據此推測,將來或許會發現更早的青銅容器①。

───────────────

① 郭静雲、郭立新《盤龍城與二里頭、二里崗的年代學與器型學探討》,選自《盤龍城國家的興衰及同時代的歷史地圖》,載《盤龍城與長江文明國際學術研討會論文集》,科學出版社,2016 年。原文網址見 https://kknews.cc/culture/3vkr3vy.html。

39

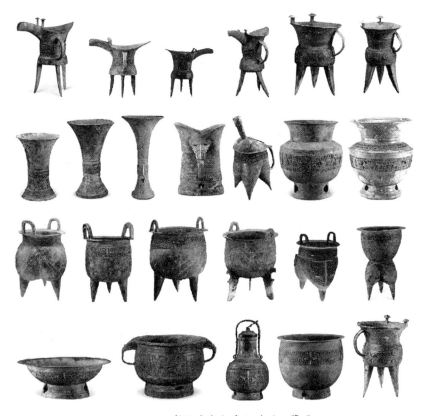

圖 2－19　盤龍城各類青銅禮器一覽圖

　　盤龍城出土的與爵構成組合的其他各種器型,從三期的爵、斝組合,到四期的爵、斝、觚組合,再到五、六期的爵、斝、觚、鼎組合,都顯示了爵在盤龍城墓葬禮器的核心禮器的地位,以至于盤龍城最早出現了有"五爵之尊"的李家嘴 M2,盤龍城之外,五爵組合隨葬于一墓,要晚到四五百年之後的殷墟時期(殷墟小屯 M18)。李家嘴 M2 的五爵墓對于中國青銅時代的禮器化的歷史具有十分重要的意義。這是一座與北方商代早中期同期的墓葬,在北方的二里崗下層還只有零星的隨葬一兩件青銅器的墓葬,這座五爵墓已經隨葬了二十三件青銅禮器,其中的十三件是五爵、五斝和三觚的組合。這種禮器組合在北方要在二里崗上層才開始出現,這意味

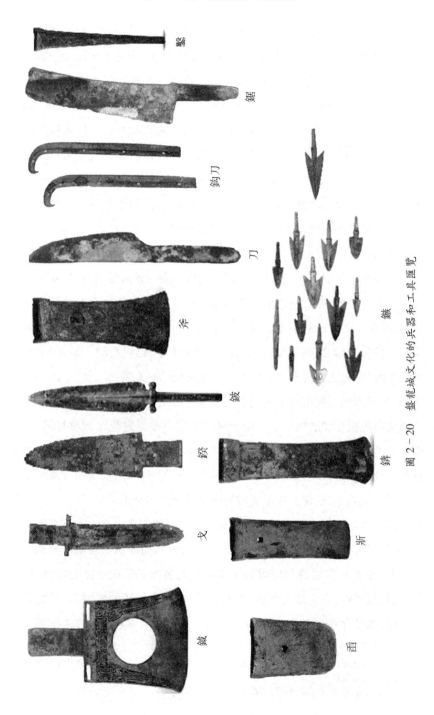

圖 2 - 20　盤龍城文化的兵器和工具匯覽

著盤龍城比商代北方地區更早地進入青銅器禮器化的時代。如果中國青銅時代的典型特徵就是青銅器的禮器化特徵,那麽,率先展示這樣一個典型特徵的,恰恰是盤龍城的青銅文化。而作爲一個獨立于北方青銅文化的南方方國,盤龍城不僅在青銅文化水平上領先于北方,更以李家嘴 M2 的五爵墓爲代表,引領了以禮器化爲特徵的中國青銅時代。盤龍城的李家嘴 M2 作爲當地最高等級的墓葬,最先以五爵作爲其當地最高等級的象徵,從一開始就展現了中國青銅禮器制度的地方特徵和方國特徵,嗣後才是由方國禮器等級制度走向王朝的禮器制度,這對于認識北方的以用爵爲核心的禮器制度,無疑,是一把入門的鑰匙。

在另一方面,從器型種類到紋飾設計,盤龍城青銅器也都比二里頭、二里崗領先了數百年,二里頭三期還只有青銅爵一種銅器的時候,盤龍城三期已經有了爵、斝、鼎;二里頭四期還只有爵、斝、鼎、盉和角五種器形的時候,盤龍城四期已經出現了爵、斝、尊、罍、鼎、甗、鬲、盂、盉、盤和角形器等十一種容器類型;盤龍城五期在四期的基礎上,已經新增了觚、卣和簋等器型種類,與之相應的二里崗下層二期還仍然只有爵、斝、盉、鼎四種容器;盤龍城六期已經出現了瘦型細長體等三款觚,與之相應的二里崗上層才開始出現粗矮體的觚。二里崗上層出土的方鼎是盤龍城所沒有的,表現了與盤龍城不同的文化底蘊①,其餘青銅容器都與盤龍城的青銅容器具有一致的風格,以盤龍城早于二里崗數百年的時間差,傳統的有關二里崗早于盤龍城,二里崗影響盤龍城的觀點看來必須修正了。

盤龍城是最早出現中國青銅觚的地區。觚的定名也是宋代金石學家定的,有學者因爲青銅觚有自銘"爵同"的孤例②,而認爲這類觚形器應該叫"同",這是沒有注意到商周對于器皿的定名尚未形成一律的特點,固然,同是飲酒器,在文獻上有所證明,但是,像觚這一類的飲酒器,其實和爵一樣,也是存在多名的現象的。大河口西周墓葬 M1 出土的燕侯觚就

---

① 與二里崗方鼎風格相同的方鼎雖然不見于盤龍城,卻見于受盤龍城文化影響的江西新幹大型商代遺址。

② 內史亳觚,因爲自名爵同,而被學者稱爲"內史亳同"。

是把觚稱爲瓚的,這個觚叫“瓚”,等于推倒了觚形器名只有“同”一説的説法,至少,在瓚和同之間,兩個名稱是彼此彼此,不分對錯的。許慎説:琖,“玉爵也,夏曰琖,殷曰斝,周曰爵。盞,或从皿”。琖从玉戔聲,戔也表示字義,所以它還可从酉爲醆,从皿爲盞,从木爲棧。从金爲錢,錢古有二音,其一就是戔聲,讀若盞,《字彙補》: 錢“古與盞通。酒器也。《續鐘鼎銘》有‘雀錢’”。雀錢,就是爵盞。另外,還有从角的GS和从缶的錢。所以戔在這些字裏面,既作爲聲符,也作爲義符,戔的字義就是酒器,从木、玉、金的棧、琖、錢,是表示不同材料做成的酒器,醆是表示這是個酒杯,而盞是表示這個酒杯的器形从皿。這就是説,戔在古文字裏面是一個飲酒器的專用字,而根據《字彙補》所引的《續鐘鼎銘》記載,戔還和爵連用,作“雀錢”,也就是“爵盞”。這就是説,戔作爲爵的别稱,可以从玉、也可以从酉,可以从皿、也可以从金,而根據宜侯夨簋,這個字還可以从鬯。

宜侯夨簋有“錫鬯一卣、商瓚一䩄”。這個䩄字過去有人隸定爲从専从戈的𢧢字,經過目驗銘文照片,此字左邊下部似不从専,卻似从鬯,右邊上部顯示像戈字上部,但至中部已經收筆,下部似另作一戈,故右邊似戔,所以這是一個从鬯戔聲的字,應該是䩄,䩄與醆是相通的字,差别只是在从酉和从鬯,由此,這個从鬯戔聲的字是表示有一種專門裝鬯酒的酒盞叫䩄,而在宜侯夨簋的銘文裏,這個䩄是用作量詞的,“商瓚一䩄”。作爲瓚的量詞,説明䩄的詞性和瓚的詞性是相通的,即只有在瓚和䩄都是酒盞的前提下,䩄才可能作爲瓚的量詞,䩄的字符从鬯,瓚在其他銅器銘文裏稱“圭瓚”。圭瓚也稱鬯爵,所以,䩄成爲瓚的量詞,可能不只是因爲䩄戔聲,還因爲从鬯,和瓚是鬯爵的字義是相通的,正如琖在周曰爵一樣,从鬯的䩄就它是从鬯戔聲而言,很可能如許慎所説,是爵的别稱,因此,“商瓚一䩄”就是“賞瓚一爵”的意思。即是説,根據宜侯夨簋“商瓚一䩄”的賜命的語境,䩄通爵,而爵可以作爲瓚的量詞。䩄作爲瓚的量詞的前提,是䩄和瓚都是飲酒器,這個前提在燕侯觚的銘文裏得到了印證,這説明,觚形器確實也存在多名。所以,本書仍然沿用宋儒的傳統叫法,姑稱之爲觚。觚在殷墟文化時期已經成爲與爵固定組合的青銅禮器,但以盤龍城的發現爲證,觚當是長江流域青銅文化的産物,北方使用觚比盤龍城要晚數百年。最先出現的觚是粗矮體觚,出自盤龍城第五期,相當于二里崗下層二期,後者還只有爵、斝兩種器型。盤龍城五期的觚已經有矮粗和中粗兩種形制,其基本的形制特徵是器體正圓,喇叭口,口沿齊平,口徑大于足徑。六期的觚口徑是足徑的二至三倍。束腰,圈足,亦作喇叭口。觚也是飲酒器,早期的觚因爲過于矮粗,或有配上鋬或柄的形制,以便把執(見圖 2 - 21、2 - 22)。

圖 2 - 21　盤龍城五、六期的青銅觚

圖 2 - 22　有鋬觚和有柄觚

　　盤龍城已見的青銅觚分爲三種型式:矮粗式、中粗式和瘦細長式(圖 2 - 22),矮粗式通高在 16.8 釐米左右,中粗式通高在 18.8 釐米左右,瘦細長式僅有一件,通高是 40 釐米。中粗式分Ⅰ型和Ⅱ型,中粗Ⅰ型圈足爲喇叭形,中粗Ⅱ型爲高圈足喇叭型。盤龍城李家嘴 M1 的矮粗式口徑 12.6 釐米,腰徑 6.2 釐米,足徑 10 釐米。西城垣 M1 的中粗Ⅱ式口徑是

12.4 釐米,腰徑約爲 4 釐米,足徑約爲 6 釐米。如上所述,這些觚出現在盤龍城文化的五期,接近于二里頭四期而相當于二里崗下層二期。而二里崗文化要到二里崗上層才有觚的出現,根據表 2－1 和表 2－2①,盤龍城五期比二里崗上層要早約二百年,這些年代數據提示著的不只是兩地出現觚的年代的先後,還提示了二里崗文化的青銅觚的來源或與早于它兩百年的盤龍城文化相關。

觚形器因爲内史亳同自銘稱"同"而被認爲這類飲酒器應該叫同。文獻中,也確實有叫同的飲酒器,《尚書·顧命》記載西周召公向康王册命授王爵時,用的就是同:

> 王麻冕黼裳,由賓階隮。卿士邦君麻冕蟻裳,入即位。太保、太史、太宗皆麻冕彤裳。太保承介圭,上宗奉同瑁,由阼階隮。太史秉書,由賓階隮,御王册命。
>
> ……
>
> (太保)乃授同瑁。王三宿,三祭,三詫。上宗曰:"饗!"太保受同,降,盥以異同,秉璋以酢,授宗人同,拜,王答拜。
>
> 太保受同,祭嚌宅。授宗人同,拜。王答拜。太保降,收。諸侯出廟門,俟。

關于同是什麽樣的酒杯,注家都説是爵。許慎也認爲是爵,詫這個字,《今文尚書》作"詫",也作宅,許慎認爲應該是"詫",《説文·宀部》:"詫,奠爵酒也。从宀託聲。《周書》曰:'王三宿,三祭,三詫。'"通過許慎對詫的解釋,知道詫就是用爵奠酒,即秉爵直身撒酒的意思,説明詫的時候,手中的酒杯叫爵,也就是説,在許慎的解釋中,詫同就是詫爵,爵和同,并没有很嚴格的區分,但是《尚書·顧命》明明説是以同進行"詫"的環節的,所以許慎説詫是用爵奠酒是不準確的。

---

① 二表採自郭静雲、郭立新《盤龍城與二里頭、二里崗的年代學與器型學探討》。

　　但是西周早期確實存在爵同連稱的例子,成王時期的内史亳觚的銘文末就是把爵和同連稱的,作"爵同"。這也説明《顧命》的同或者就是指觚形器,觚形器在康王時期,已經開始逐漸退出青銅禮器的行列,食器的鼎已經和爵一起成爲青銅禮器組合的核心之器。内史亳觚以"爵同"連稱作爲這件觚形器的自銘,顯然是把爵和同歸爲一類器。不管怎麼説,許慎關於訊字的解釋,是用爵解釋在奠酒時的同的,雖不準確,但也證明爵和同是可以互訓的,上述宜侯夨簋的"商瓚一卣",瓚卣對舉,卣通爵,這是以卣即爵作爲瓚的量詞,也證明兩字在酒盞字義是相通的,爵(卣)和瓚可以互訓。燕侯觚稱觚爲瓚,觚杯内有插件殘留,根據梁帶村西周墓地的 M27 發現的帶插件觚形器的形制,燕侯觚應該是和它一樣的,這種帶插件觚叫"瓚",金文有圖畫文字,可以視爲這種帶插件觚的象形: 　　。

　　　　這兩個字是從　　　　上截取的,字形完全可以説是梁帶村 M27 的帶插件觚的象形字。這個　字過去被讀若裸,但金文裸字從示從爵,把這個從瓚從卩的字讀成從爵從示的裸,太過勉强。這個字的字形更像是一個人以一件觚形器奠祭,根據上文所引許慎對古文《顧命》的訊的解釋,訊是"以同奠酒"的意思,從字形而言,這個字不如解釋爲"訊"更加合適。

　　至于太保召公以成王之尸主向康王授爵同之後,康王"三宿,三祭,三訊",接著,召公再次"受(授)同,(康王)祭嚌宅"。説明康王的即位典禮使用了兩套同,一套九同,一套三同。九同是三宿,三祭,三訊,即三同用于宿,放在成王之尸主前;三同用于祭,與三宿相對,再置裝滿酒的三同祭奠成王之靈。三同用于訊,即康王再用三同,直身撒酒于階上。這個環節是表示先王向新王授命授位。

　　下一個環節是新王受命即位自饗,用三同:一同祭,祭新王即位之新酒;一同嚌,新王嘗新酒;一同宅,即訊,用一同裝酒後,直身撒酒在階上,以新王之酒向先王酬饗,表示自己已經即位。三宿、三祭、三訊的九同和祭嚌訊的三同,總數是十二同,這是周王繼位典禮用到的禮器的"禮之大數"。上已述及,同爵可以互訓,且爵同有連稱,所以,十二同也可以稱爲"十二爵同"。爵同在殷墟時期形成了核心禮器的組合,一個特徵就是爵和同(觚)同數組合,"十二爵同"在即位典禮上分爲九和三兩套,可能按照生活禮器的禮俗使用的,這一點還將在下文再作展開。

第二節　與爵形成組合的青銅禮器

從二里頭三期和盤龍城二、三期墓葬開始出現隨葬青銅爵,到盤龍城三期就有同時出現隨葬爵、斝、鬲等青銅器的墓葬,其範鑄技術已經較爲成熟[①],同時期的二里頭三期還只有爵一種器形。至盤龍城五期,盤龍城地區的各種青銅容器達到將近一百四十件,在青銅容器中,爵、觚、斝所代表的酒器佔到絕對比例。爵、觚、斝已經明顯構成組合而出現在墓葬當中,其中,觚是盤龍城青銅器新出現的新器種,爵、觚、斝通常一起出土于墓葬,形成盤龍城青銅器的核心組合。這是盤龍城青銅器已經發展成爲青銅禮器制度的重要標志,體現了盤龍城青銅文明已經有著一個重酒組合的禮器傳統,而爵作爲酒器組合的核心之器,也已經出現了若干個類似禮數規定的數級現象。例如李家嘴2號墓未經擾亂,隨葬青銅禮器有鼎、簋、鬲、甗、罍、盉、斝、爵、觚、盤等共二十三件,還有鉞、戈、矛、刀等兵器,其陪葬墓也隨葬有刀、錛、鑿、鋸、鏃等青銅工具和兵器。李家嘴1號墓雖然被擾亂過,仍然發現了四爵,墓中出土的提梁卣鑄造精細、紋飾精美,是中國已知最早使用分鑄法鑄成的青銅禮器;楊家灣11號墓出土的青銅大圓鼎,高85釐米,是中國迄今發現的最大的同時期的青銅圓鼎;李家嘴2號墓出土的青銅鉞,通高41.4釐米、刃寬26.7釐米,是目前所見同時期最大的一件青銅鉞[②]。李家嘴M2隨葬爵、斝各五件,觚三件,係兩套五件成套的爵、斝和一套三件成套的觚,飲酒器佔的比例近57%。李家嘴M2是

---

①　郭立新、郭靜雲《盤龍城國家的興衰暨同時代的歷史地圖》,載《盤龍城與長江文明國際學術研討會論文集》,科學出版社,2016年。

②　劉柯《江漢地區最早出現中原體系青銅器》,網址見 http://read01.com/P53o42G. html。

迄今所見盤龍城墓葬中成套用爵、斝隨葬的等級最高的,也是同時期發現的中國各地最早的用爵數級達到五爵和爵、斝、觚形成酒器組合的墓葬①。盤龍城出現的"五爵墓"比殷墟文化時期所見五爵墓早近三百年。可以説,李家嘴 M2 的五爵五斝組合,是以飲酒器的銅器組合套數象徵尊貴級別爲特徵的禮器制度的最早形態。

盤龍城的墓葬分佈在李家嘴、楊家灣和樓子灣、王家嘴以及西城垣等幾個遺址,大型墓葬一般分佈在大型宮殿遺址附近,具有一種"墓居合一"的聚落文化特徵,其墓葬等級按照墓室面積劃分的話,大致上高級大型墓葬面積在 10—12 米² 左右,中級墓葬面積在 2—3 米² 左右,一般小墓在 1 米² 左右。分等的另一個參照標準就是青銅器,其中最具象徵意義的,就是青銅爵,已經可以根據青銅爵的有無和數量來區分,一般小墓基本没有銅器隨葬;中級墓葬有一至三四件青銅器,但必有一件是爵;大型高級墓葬如李家嘴 M2,有青銅器五十五件,青銅容器二十三件,其中十三件是飲酒器,即五爵五斝三觚。李家嘴 M1 是一座被擾亂過的墓葬,隨葬有四爵三斝二觚,因爲這座墓出土了最早的提梁卣和兩隻鼎,青銅容器總數二十五件,比 M2 還多,所以其實際所葬的青銅爵應該不會少于 M2。大型墓葬級別高于中級墓葬,五爵顯然是和大型高級墓葬的級別相符合的,所以這類高級大型墓葬也可以稱爲"五爵墓"。因爲它們和宮殿遺址在一個區域,所以,可以説它們是當地最高級別的墓葬,而發現的五爵也可以説是當地最高等級的象徵。

這種"五爵墓"未見于二里崗文化區域,顯示著盤龍城青銅文化遠比二里崗青銅文化發達、成熟。二里頭文化—二里崗文化的墓葬隨葬銅器,迄今尚未發現超過 10 件青銅器的墓葬,在二里崗文化區域,一般而言,隨葬銅器超過 5 件以上者,就已經算高級水平了,這説明二里崗的青銅文化在時間上比盤龍城發展要晚,其青銅文化的整體水平遠遠落後于盤龍城。

---

① 湖北省博物館盤龍城發掘隊、北京大學考古專業盤龍城發掘隊《盤龍城一九七四年田野考古紀要》,《文物》1976 年第 2 期。

表 2－3　盤龍城地區墓葬隨葬青銅器概覽

墓葬編號	墓室面積 M²	銅葬器總數	爵	斝	觚	角	鼎	鬲	甗	瓿	簋	盉	罍	尊	卣	盤	殉人數	備注
李家嘴 M2	11.99	23	5	5	3		2	1	1	1	1	1	1	1			3	墓完好,鉞1
李家嘴 M1	10+	25	4	3	2		4	1	1	2	1				1	6		有破壞,鉞1
李家嘴 M3				1														有破壞
楊家灣 M1					1													有破壞
楊家灣 M4		3	1	1	1													
楊家灣 M11	10+				1		1											鼎高85釐米
楊家灣 M17						1												
西城垣 M1							1											
樓子灣 M1		3	1	1	1													
樓子灣 M2			1															
樓子灣 M3		4	1	1	1		1											
樓子灣 M4		4	1	1			1	1										
樓子灣 M5		3	1	1	1													

表 2-4 河南二里崗文化時期的墓葬的隨葬銅器概覽①

墓葬編號	考古分期	墓室面積 M²	殉葬人數	銅器總數	爵	斝	觚	鼎	盉	罍	尊	斚	甂	盤	備注
二里頭 80UM2	二里頭 3 期			2	2										
二里頭 84M11	二里頭四期			1	1										
二里頭 VIIM7	二里頭四期			1	1										
二里頭 IIIKM6	二里頭三期			1	1										
二里頭 87M57	二里頭四期			1											有銅牌
二里頭 VIM6	二里頭四期			1		1									
二里頭 LVM1				2		1		1							
二里頭 VKM8				1	1										
二里頭 84M6				1	1										
二里頭 84M9	二里頭四期			2	1	1									

① 材料主要取自張特平《商周用爵制度的提出及初步研究》,《文博研究論集》,上海古籍出版社,1992年。吳十洲《兩周禮器制度研究》,商務印書館,2016年,第290—296頁。

續表

墓葬編號	考古分期	墓室面積 M²	殉葬人數	銅器總數	爵	斝	觚	鼎	盃	罍	尊	盉	瓶	盤	備注
潁陽西史村 M2	二里崗下層			1	1										
鄭州黃河醫院 M32	二里崗下層			2	1	1									
鄭州中醫院商墓	二里崗下層			2	1				1						
登封裴橋商墓	二里崗下層			2	1	1									
王城崗 M49	二里崗下層			2	1	1									
中牟黃店	二里崗下層			2	1				1						
鄭北二七 M4	二里崗上層			1	1										
鄭商業局商墓	二里崗上層			2	1	1									
鄭銘功路 M4	二里崗上層			2	1		1								
鄭北二七 M2	二里崗上層			4	1	2	1								
鄭東里路 M39	二里崗上層			2	1		1	1							
鄭銘功路 M2	二里崗上層			6	2	2	1	1							

續表

墓葬編號	考古分期	墓室面積 M²	殉葬人數	銅器總數	爵	觶	觚	鼎	盉	罍	尊	斝	瓶	盤	備注
鄭白家莊 M2	二里崗上層			5	1	1		1		1				1	同出象牙觚
鄭白家莊 M3	二里崗上層			7	2	1	2	1			1				
輝縣琉璃閣 M10	二里崗上層			4	1	1	1					1			
鄭銘功路 M146	二里崗上層			4	1	1	1	1							
武陟大賀村	二里崗上層			4	1	1	1	1							
新鄭望京樓	二里崗上層			5	1	1	1	1				1			
許昌大路陳村	二里崗上層			7	2	2		3							有擾亂
臨汝李樓村 M1	二里崗上層			4	1	1	1					1			
臨汝李樓村 M2	二里崗上層			4	1	1	1					1			
藁城臺西 M14	二里崗上層			3	1	1	1								
長清前平村	二里崗上層			2	1								1		
岐山京當村	二里崗山曾			4	1	1	1					1			

根據表 2-3 和表 2-4,可以看到盤龍城和二里崗都出現了幾種墓葬隨葬青銅器的禮器組合,按照時間早晚,它們依次是爵、爵斝、爵斝觚和爵觚,青銅禮器組合從盤龍城二期以及二里頭三期到二里崗上層的二里崗文化晚期,出現了爵、斝組合向爵、觚組合過渡的趨勢,説明斝正在退出飲酒器禮器組合的行列,而斝的器形開始大型化,也預示著斝不再作爲飲酒器的趨勢,觚正在逐漸取代斝的飲酒器禮器的地位。在這樣一個斝、觚更代的過程中,爵作爲飲酒器組合的核心禮器的地位一直沒有動搖,因此,可以説,爵是飲酒器禮器組合的重中之重,而且,爵作爲核心禮器的歷史,比斝和觚作爲禮器的歷史都長,由此,講到這種飲酒器禮器組合,準確的叫法應該符合考古發現的實際,以爵爲核心之器,稱爲"爵、斝組合""爵、斝、觚組合"或"爵、觚組合",而不是倒過來,叫成"斝、爵組合"或"觚、爵組合",那是與考古發現的實際相違背的。

爵、觚組合到了殷墟文化時期成爲隨葬青銅禮器的核心組合,爵爲主,觚爲輔,即觚在與爵組合時,數量通常與爵相同,但也可以或多或少于爵,例如殷墟婦好墓的墓室面積 22.4 米^2,殉葬人十六人,出土青銅器二百一十四件,其中爵四十件、觚五十三件、斝十二件,銘文爲"婦好"的爵十二件,同銘爲"婦好"的觚二十二件,銘文爲"婦好"的斝和方斝十二件;銘文爲"司娉母癸"的爵九件,同銘爲"司娉母癸"的觚十一件;銘文爲"亞其"的爵九件,同銘爲"亞其"的觚十件;銘文爲"子束泉"的爵九件,同銘爲"子束泉"的觚十件;銘文爲"宜兑"的爵一件(見表 2-5)。

表 2-5　婦好墓有銘文的成套爵、斝、觚的數量統計表

銘文器組	身份	爵	觚	斝	同銘其他青銅器	重要青銅禮器
婦好	王后	12	22	12	57	尊 12 卣 2 斗 8 罍 2 觥 8 盉 6 方彝 5 鼎 31 簋 5 甗 10 盤 2 盂 1 瓶 3 壺 4 缶 2 罐 1 瓿 1 爐 1 箕 1
司娉母癸	王妃	9	11	2	6	方尊 2 方罍 2 尊 2

銘文器組	身份	爵	觚	斝	同銘其他青銅器	重要青銅禮器
亞其	母族、諸侯	9	10	2		
子束泉	王子	9	10	1	2	尊2
宜兑	貼身近臣	1				

　　根據銘文分出來的婦好墓的五組爵、觚(見圖2－23),四組都是觚多于爵,一組(宜兑)只有爵。其中婦好組二十二觚,按照爵觚同數來分,應該是兩組:一組十二爵配十二觚;一組十觚,少于十二爵級別。有人因爲十二件婦好爵有兩件器型過大,而將這兩件大型爵剔除,認爲婦好只有十爵,她的用爵等級是十爵十觚,由此來證明關于商代用爵的禮數最高數級是十爵的推論①。其實,器型的大小不影響同銘銅器構成禮器組合。大型爵依然是禮器爵,這在二里頭文化已有所見,而喪葬用器以大小不同器形的爵構成一套禮器,是中國青銅時代墓葬禮器習見的慣例,更在盤龍城李家嘴M2("五爵墓")就已經出現。婦好十二爵中,二件通高37.3釐米,十件通高23釐米,流尾長21釐米,都刻有"婦好"銘文,説明這十二爵分明是同屬婦好擁有的一套十二爵,不能因爲尺寸有大小而把它們人爲地分割成兩套。而且,大型爵從二里頭時期開始就作爲禮器,禮器尺寸愈大愈表示其貴重,愈表示其權力之大和級別之高,何況文獻上(《尚書·顧命》)也有九三組合的十二同的記載,所以硬把婦好組一套十二爵分成10爵和2大爵兩組,只認爲其中的十爵才是婦好的身份的象徵,兩件大型爵不構成婦好身份等級的標志,是毫無根據的②。毋寧説,婦好爵十和二的

---

　　① 黄銘崇《從考古發現看西周墓葬的"分器"現象與西周時代禮器制度的類型與階段》,2012年;又見《"中研院"歷史語言研究所集刊》1983年第4期、1984年第1期。
　　② 黄銘崇《從考古發現看西周墓葬的"分器"現象與西周時代禮器制度的類型與階段》。

組合與康王即位的九和三的組合具有同樣的意義,那就是它們都意味著商周王及王后的用禮之數是十二,是王爵的象徵。

圖 2-23　婦好爵

關于婦好墓隨葬的爵、觚禮器還有一個爵、觚的數字組合問題,即在爵、觚數字不一樣的情況下,是不是觚數可以用來湊爵數的問題。表 2-5 的司婍母癸組有九爵十一觚,論者説第 11 件觚是爲了替代第十爵,這樣司婍母癸組就可以湊成十觚十爵了,由此婦好墓就有了兩套"最高的十觚十爵"[1]。在喪葬禮器制度中,通常核心之器可以用來界標墓葬等級,當核心組合是爵、斝,就可以用爵、斝的套數來界標墓葬的等級,比如李家嘴 M2 是五爵五斝,就可以分級爲"五爵墓",表 2-4 的二里頭 80M2(二爵)、鄭銘功路 M2(二爵二斝一觚)和鄭白家莊 M3(二爵一斝二觚)都出土了二爵,都可以稱爲"二爵墓"。爵作爲墓葬級別的核心標志,一般是不可能讓别的器類所替代的,也不能把鄭銘功路 M2 稱爲"二斝墓",把鄭白家莊 M3 稱爲"二觚墓"。這也就是説,討論墓葬級別的用爵制度,爵爲主,斝和觚爲輔,只有爵象徵等級和級別。從二里頭和盤龍城,到二里崗,再到殷墟文化期,爵作爲墓葬等級的標志,已經有了幾百年的歷史傳統。根據這樣一個傳統,婦好墓中,婦好有十二爵二十二觚十二斝,她的身份

---

[1]　黄銘崇《從考古發現看西周墓葬的"分器"現象與西周時代禮器制度的類型與階段》。

等級就是十二爵;司娉母癸有九爵十一觚
二斝,司娉母癸的身份等級就是九爵;子束
泉有九爵十觚一斝,子束泉的身份等級就
是九爵;亞其有九爵十觚二斝,亞其的身份
等級就是九爵;宜兄有 1 爵,他的身份等級
就是一爵。九爵的等級也見于亞長墓(花
園莊 M54 見圖 2－24),亞其、亞長都是亞
一級的高級將官,一個爲婦好獻祭用了九
爵,一個隨葬用了九爵,證明了亞級將官的
身份等級是有九爵這一級的,九爵就是一
個高級爵位的象徵。

圖 2－24　花園莊 M54 亞長爵

由此可見,所謂的司娉母癸的十一觚之一觚是替補司娉母癸的九爵之
外的第十爵的説法,是一種近乎推論過當的説法,正如婦好有二十二觚十二
爵一樣,二十二觚是不能影響婦好的十二爵的級別的,司娉母癸的十一觚同
樣也不能影響到司娉母癸的九爵級別。在爵爲核心之器的酒器組合中,斝
和觚始終都是爲輔的酒器,如果説爵象徵著身份等級,是貴的標志,那麼,斝
和觚就可能是富的標志,象徵著財富的級別。這也就是在爵、斝、觚組合中,
斝和觚的數量可以和爵一樣,也可以比爵多或少的原因吧。婦好可以享用
二十二觚,但她的身份等級只能到十二爵。司娉母癸可以獻祭十一觚,但她
的身份等級決定了她只能獻祭九爵。亞其組和子束泉組都是九爵十觚,他
們的身份等級都是九爵,所以只能獻祭九爵,但用到觚獻祭時,他們可以用
到十觚,這是因爲爵有比觚更爲森嚴的等級規定,而觚和斝則不受這種禮儀
規定的限制,既可以和爵一樣數目,也可以比爵多或少。

第三節　用爵制度的形成

用爵制度是指形成于殷墟時期的以爵爲核心禮器的墓葬禮器制度,

是以墓葬隨葬的爵數位體現墓主的社會等級,以爵的數位構成的商代社會的禮器爵位制度。用爵制度也是禮器組合制度,禮器組合在盤龍城二期、二里頭三期,以及二里崗下層形成了爵的組合,盤龍城三期率先形成爵斝、爵斝觚和爵觚這三種酒器組合,這種禮器的核心組合到了殷墟時期增加了食器,殷墟的核心青銅禮器組合形成了"爵觚鼎簋組合",斝到了殷墟時期基本退出核心禮器組合,鼎簋開始加入固定的禮器組合,逐漸地出現了爵鼎同數位的趨勢。但因爲商代的重酒組合的傳統,爵作爲象徵爵位等級的核心之器,一直標示著商代社會的等級高低和地位的尊卑,爵的數位開始制度化,喪葬禮器的多寡,特別是觚形器,繼續作爲財富的象徵,但是等級制度化的爵的數位則標示著商王朝從王到各級貴族的王位和爵位。而這種用爵制度的形成,是在商代的殷墟時期。

　　表2-6是殷墟文化時期的殷墟及殷墟之外的各地的墓葬隨葬青銅器的數目統計表①。通過這個表可以發現,商代到了殷墟文化時期,爵保持了作爲隨葬禮器的核心之器的地位,特別是到了殷墟中期,以婦好墓爲代表,一墓之中分等級出現了一組主葬禮器和四組獻祭助葬禮器,按照爵的數位來分,就是十二爵一組,九爵三組,一爵一組,這五組不同數位的爵代表了三個不同的等級,也可以稱之爲三個不同的爵位。而大量的一爵一觚墓中,有三座是陪葬墓,這就是武官村大墓的三座陪葬墓:武官E9、武官E10和W1;二爵二觚墓中,武官W8也是陪葬墓。這些陪葬墓與主墓之間的關係,不僅是主人和侍從或臣僕的關係,也有低爵位服侍高爵位的關係,以二爵墓而論,陪葬的武官W8與一般的二爵墓相比,W8墓主當是一個握有二爵的陪葬臣僕,是以臣僕身份爲主人陪葬的,他和一般的二爵墓不同,後者雖然爵位低於三爵、五爵、七爵、九爵和十爵等級別的墓葬,但其身份仍然是小貴族;W8的這個二爵陪葬人可能與他的主人存在

_____

① 主要參照張持平《商周用爵制度的提出及初步研究》,載吳浩坤、陳克倫主編《文博研究論集》,上海古籍出版社,1992年。黃銘崇《從考古發現看西周墓葬的"分器"現象與西周時代禮器制度的類型與階段》。

著某種隸屬和依附關係，其所擁有的爵可能是以體現這種依附隸屬關係爲主。而一般二爵墓的墓主則可能更多地體現其自由人意義上的小貴族的獨立人格。兩者的一或二的爵位雖然相同，但他們的人格關係卻不盡相同，這可能意味著就其所象徵的等級關係而言，爵制本身存在兩個系統，一個是縱向的上下隸屬關係的系統，一個是不同等級的家族或氏族之間的橫向等級關係，也就是貴族之間的等級關係。一爵所象徵的身份等級的不同，體現在武官 E9、E10 和 W1 三墓的一爵與婦好墓隨葬的宜兑爵之間，武官村大墓的三座陪葬墓的一爵是三個陪葬人的身份的象徵，而婦好墓隨葬的宜兑爵，卻意味著宜兑具有一爵的級別，并有向王妃或王后獻祭的資格，説明一爵這一等級與九爵乃至十二爵之間的等級關係，既可以是上下隸屬關係，也可以是高低貴族之間的橫向的等級關係。

　　婦好墓除了宜兑爵，還有一組十二爵和三組九爵，分別是婦好組十二爵和司媜癸母組九爵、亞其九爵以及子束泉組九爵。關于司媜癸母與婦好的關係，應該是王后與王妃的關係，司媜癸母可能是武丁的另一個王妃，婦好是武丁的正妃，即王后，享用十二爵的王爵的級別，司媜癸母向婦好獻祭禮器，級別只能是次妃的九爵，這種正次妃之間的關係，實際是一種橫向的等級關係，司媜癸母來自司媜癸母的母族，婦好來自婦好的母族，兩族的關係不是隸屬關係，但婦好與司媜癸母有爵位的高低。亞其是高級將官，婦好除了王后的身份，也是女將軍，作爲女將，婦好率領打仗的兵，一是可能來自商王之師，另一可能是來自她的母族娘家，從甲骨卜辭記載來看，婦好所率之軍來自她的母族的可能性更大，而亞其極有可能就是婦好母族的將領，他向婦好獻祭，代表了婦好的娘家母族，他的級別必須與他的身份相符，所以也是九爵。王后和母族的關係，略等于商王和諸侯的等級關係，王后十二爵，母族的亞其九爵，是商王和諸侯的橫向的等級關係。子束泉組也是九爵，很可能是王子的級別，王子和商王、商王后之間是級別"下其君一等"的上下關係，王后十二爵、王子九爵就是這種父王母后與王子的關係的體現。

表 2−6　殷墟文化時期的各地墓葬隨葬青銅器概覽表

墓葬編號	墓室面積 M²	殉葬人數	銅騎總數	爵	斝	觚	角	觶	尊	壺	盉	罍	盃	卣	甗	鼎	簋	瓬	盆	盤	斗	備注
阜南月兒河			21?	2	2	2			2			1							5			水中墓葬
小屯 M232	7.82	8	10	2	2	2			1					1		1				1		
小屯 M333	4.8	3	10	2	2	2			2							2						
小屯 M388	8.64	3	10	2	2	2		1				1		1			1					
小屯 M331	6.08	6	18	3	3	3			3			1		1		2	1				1	
三家莊 M1	1.97		2	1	1																	
三家莊 M2	5.85		4	1	1	1										1						
小屯 M188	1.93	2	8	1	2	1								2		1	1					
武官 59M1	7.40	6	9	2	1	2								1		2	1					
武官 E10			2	1		1																陪葬墓
武官 E9	1.60		4	1														1	1			陪葬墓
武官 W1	1.05		2	1		1																陪葬墓

續 表

墓葬編號	墓室面積 M^2	殉葬人數	銅器總數	爵	斝	觚	角	觶	尊	壺	舫	罍	盉	卣	甑	鼎	簋	瓿	甗	盤	斗	備注
武官 W8	1.65		5	2		2										1						陪葬墓
司空 53N157	4.64		2	1		1																
西區 M161	4.60		2	1		1																
西區 M354	2.28		2	1		1																
西區 M391	6.86		2	1		1																
西區 M413	3.12		2	1		1																
西區 M627	2.42		2	1		1																
西區 M613	6.37		3	1		1											1					
西區 M2575	3.96		3	1		1										1						
小屯 M17	5.58	2	3	1	1	1																
小屯 M238	2.45	5	12	3	2	3							1				1	2				方彝 2
小屯 M18	10.58	5	23	5	2	5			2				1	1		3	1	2		1		

續　表

墓葬編號	墓室面積 M²	殉葬人數	銅騎總數	爵	斝	觚	角	觶	尊	盉	觥	罍	盃	卣	瓿	鼎	簋	甗	盤	斗	備注
司空 80M359	5.96	1	12	2	1	2		1	1					1	1	1			1		
司空 58M51	4.25		14	2	1	2			1					2		2	1				鉞3
司空 53M233	2.51		2	1		1								1							
司空 53M300	3.30		2	1		1								1							
司空 53M304	4.95		2	1		1								1							
司空 62M53	4.27		7	2		2								2		2	1				
司空 M663	3.9	4	43	2		2			1		1			2	1	2	2		1		鉞鈇彝各1
薛莊 57M8	6.90		12	1	1	1			1		1			1		2	2				鉞3
溫縣小南張			12	3	1	2							1			1	1			1	鉞3
苗圃 M172	5.08		5	1		1				1						1	1				
苗圃 82M41	3.94		7	2		2							1	1		2	1				
四盤磨 M8	2.44		2	1		1															

續　表

墓葬編號	墓室面積 M²	殉葬人數	銅器總數	爵	斝	觚	角	觶	尊	壺	觥	罍	盉	盂	瓿	鼎	簋	甗	盤	斗	備注
西區 M907	2.53	1	11	1	1	2		1					1				1			3	
西區 M875	5.44	2	6	1	1	1							1			1	1			1	
西區 M355	3.94		5	1		1									1		1				
西區 M268	4.90		4	1		1										1	1				
西區 M271	3.36		4	1		1										1	1				
西區 M279	3.55		4	1		1										1	1				
西區 M1127	5.38		4	1		1										1	1				
西區 M2508	7.20		4	1		1										1	1				
西區 M874	3.36		4	1		1										1	1				
西區 M976	4.34		3	1		1										1					
西區 M1125	4.20		3	1		1										1					
西區 M198	1.76		3	1	1	1															

62

續　表

墓葬編號	墓室面積 M²	殉葬人數	銅騏總數	爵	斝	觚	角	觶	尊	壺	盉	罍	盃	卣	鼎	簋	瓿	盤高	盤	斗	備注
西區 M764	1.68		1													1					
西區 M64	2.17		2	1		1															
西區 M74	3.99		2	1		1															
西區 M122	2.18		2	1		1															
西區 M170	1.69		2	1		1															
西區 M294	4.96		2	1		1															
西區 M356	3.12		2	1		1															
西區 M363	4.18		2	1		1															
西區 M626	4.50		2	1		1															
西區 M777	3.38		2	1		1															
西區 M824	3.51		2	1		1															
西區 M1116	3.31		2	1		1															

續表

墓葬編號	墓室面積 M²	殉葬人數	銅器總數	爵	斝	觚	角	觶	尊	壺	罍	觥	盉	卣	甑	鼎	簋	甗	匜	盤	斗	備注
西區 M2579	5.33		12	2	1	2		1	1					1		1	1	1		1		
西區 M1015	2.92		6	1		1			1					1		1	1					
西區 M263	2.80		6	1		1			1					1		1	1					
西區 M269	4.08		6	1	1	1			1					1			1					
西區 M11135	2.76		4	1		1			1					1								
西區 M793	2.97		3	1		1		1														
西區 M275	3.69		2													1	1					
西區 M284	3.00		1													1						
西區 M121	3.38		2	1		1																
西區 M122	2.18		2	1		1																
西區 M124	3.43		2	1		1																
西區 M234	3.80		2	1		1																

續　表

墓葬編號	墓室面積 M²	殉葬人數	銅器總數	爵	斝	觚	角	觶	尊	壺	觥	罍	盉	卣	瓶	鼎	瓿	鬲	盤	斗	備注
西區 M733	3.86		2	1		1															
西區 M781	4.50		2	1		1															
西區 M856	4.43		2	1		1															
西區 M757	3.25		2	1		1															
郭家莊 M160	13.5		44		3	10	10	1	3		3	1	1	1	1	6			1	1	鐃3 爐1 和兵器291件
司空 M303	8.71		42	10	2	6		1	2			2	2	3	1	7			1	2	鐃3
長子口墓	59.67	15	78	10	3	8		5	3			1	3	7	3	23		2	1	4	鐃6 +中字墓
滕介村 M1	8.52	1	21	10	1	4		1	1				1	2		2					矛5 戈2 鈴3
滕介村 M2	7.48	1	18	10		4					2	1	1	1		1					戈11 矛19
花園莊 M54	16.50	15	200 以上	9	1	9	2	2	2			1	2		1	8					鐃3 斧1 盂6 大鉞1 鉞6
劉家莊 M1046	9.46	8	31	7	2	3	2	2	3			1	2	3	1	6			1	1	方彝1 勺1

續 表

墓葬編號	墓室面積 M²	殉葬人數	銅器總數	爵	觶	觚	角	罍	尊	壺	盉	盂	卣	甑	鼎	簋	瓿	甬	盤	斗	備注
前掌大 M11	7.62	1	30	7	1	4	2		1		1	1	3		8	1	1		1	1	胄10 戈23
酒務頭 M1	20.04。有墓道甲字墓	1	120	6		5															鉞3
大河口 M1	17.39		63	6	6	1			2		1		4		22	9	1	6	1	1	方鼎2 罍1 鐘8
大河口 M1017	17		47	7	2	3			3	1	1	1	3	1	8	6	1	1	2	1	方鼎5 盉1 盂1 甬鐘3
小屯 M18	10.58	5	24	5	1	5			2		1		1		5		3	2			
羅山天湖 M1	15.98		17	5	1	5			2		1		1		3	1	1	1			戈8 矛1
壽光古城	擾動，未詳		22	5		3			2		1		2		5	1	1			1	戈10 矛4 刀3
前掌大 M38	8.01		21	4	1	4		1	1		1		2		3	1	1	2		1	
前掌大 M120	7.73		18	4	1	2		1	1			1	2		3	1	1	1		1	

續　表

墓葬編號	墓室面積 M²	殉葬人數	銅器總數	爵	斝	觚	角	觶	尊	壺	觥	盉	卣	瓿	鼎	簋	瓶	高	盤	斗	備注
前掌大 M21	5.90		14	3	1	3	1	2	1				1		1	1					
前掌大 M119	7.67		12			2	4	1	1				1		1	1				1	
蘇埠屯 M8			18	4	1	2	1	1	1				1		5	1				1	鏃 3 鉞 2 刀 2
蘇埠屯 M7			8	3		3									1	1					
羅山天湖 M28			11	3		2		3	1		1		2		3	2					鉞 1 戈 3
江陵萬城			17	3				3	1	1	2		1		2	2	2				勺 1—西周
鶴壁龐村			15	3		2			1				1	1	3	3	1	1			勺 1—西周
惠民蘭家村			5	2		2							1								
濟南劉家莊 M1				3		2			1				1		1						
羅山天湖 M6	13.72		10	2	1	2		1	1				1		3						戈 2 矛 3
羅山天湖 M41			9	2	1	2			1				1		1						戈 1

續　表

墓葬編號	墓室面積 M²	殉葬人數	銅器總數	爵	斝	觚	角	觶	尊	壺	觥	罍	盉	盂	瓿	鼎	簋	瓶	盤	斗	備注
平頂山應國 M8			58	3				2	3	4			3			10	9		8	4	盨4簋2豆3 方彝3 鼎7盤6
羅山天湖 M8			7	2	1	2							1			1					戈1矛1
羅山天湖 M12			7	2	1	2							1			1		1			戈3矛3
羅山天湖 M11			6	2	1	2							1			1					
司空 M663	3.90	4	9	2		2							、		1	2	1				鐃3彝1 鉞1戈11 矛7鈴3
洛陽東 M3-01			8	2	1	1		1	1				1			1					
洛路局工廠			10	2	1	1		1	2							2	1	1			
洛陽北窰			9	2	1	1		1	1							1	1	1			
上蔡田莊			9	2	1	1		1	1							1	1	1			

續表

墓葬編號	墓室面積 M²	殉葬人數	銅器總數	爵	斝	觚	角	觶	尊	壺	觥	罍	盉	卣	瓿	鼎	簋	瓶	盨	盤	斗	備注
順文牛欄山			8	2		2		1	1					1		1						
長花 M15			11	2				1	2					2		2	2					
長花 M17			14	2		1		2	1		1		1			2	2	1		1		
襄縣靠村			7	2				1	1				1			1	1					
元民西張			10	2		1			1		1		1	2		1	1					
張家坡 M87			9	2			1	1	1			1				2	1					
長安馬王村			9	2							1		1			2	1	1			1	
普渡長甶墓			19	2			2			1	1	1		1		4	2	1	2	1	1	鐘 3
扶風雲塘 M20			8	2					1					1		1	2		1			
長安普渡 M2			8	2					1							1	1		2		1	
扶風雲塘 M13			7	2				1	1					1		1			1			

續表

墓葬編號	墓室面積M²	殉葬人數	銅器總數	爵	斝	觚	角	觶	尊	壺	罍	盂	卣	甑	鼎	簋	甗	盤	斗	備注
靈臺白草坡 M1			23	1	1	1	1	1	2			1		3	7	3	1		2	
靈臺白草坡 M2			11	1				1	1			1		2	2	2	1			
涇陽高家堡			13	2				1	1			2		2	2	2	1	1		
65 歸城姜家 M			8	2				1	1			1		1	2		1			
扶風齊家 M19			12	2				1	1		1	1		1	2	2	1			
扶風莊白家 M1			14	2				1	1	1		1		2	3	3	1	1		飲壺 2
扶風劉家村丰姬墓			20	1				3	2	1	3			3	3	3	1	1		
8485 澧西 M15			5	1					1				1		1	1	1			
蒼山東高堯			8	2					1				2	1		1	1			
薛國故城 M4			3	3								1		2	11	6	6	2	2	簠 2 壺 3 匜 1 鑑 1 舟 1

商代的十二爵的王爵等級與九爵等級之間,還有一個十爵的等級。已知這一等級的大墓有五座:兩座在殷墟地區,郭家莊 M160(十角十觚)和司空 M303(十爵六觚);三座在殷墟地區之外,長子口墓(十爵八觚)、旌介 M1(十爵四觚)和旌介 M2(十爵四觚)。在殷墟地區的兩座,屬于商代晚期,三座在殷墟之外的十爵墓,時間介于殷末周初。這五座大墓只有郭家莊 M160 是十爵十觚,其餘四墓都是爵觚不等數(觚少于爵),預示著觚即將退出墓葬核心禮器的行列。

郭家莊 M160 的十爵十觚,實際是以角代爵,十角十觚,又以方觚、方斝代觚、罍,提供了一個十角(爵)十觚的組合(見圖 2-25)。司空 M303 是十爵六觚墓,旌介 M1、M2 都是十爵四觚,這種觚少于爵的組合在商末已經是一個趨勢。例如,和婦好墓差不多同時期的花園莊 M54 亞長墓保持著九爵九觚,但低于九爵的三座七爵墓,因爲時代偏晚,都是觚少于爵,如劉家莊 M1046 是七爵三觚,前掌大 M11 是七爵四觚,大河口 M1017 的七爵三觚。劉家莊 M1046 和前掌大 M11 是商代墓葬,大河口 M1017 是周初墓葬,七爵三觚之外,還有五方鼎八圓鼎。特別的例子有酒務頭 M1(見圖 2-26)和大河口 M1。酒務頭 M1 是一座商代六爵五觚墓,酒務頭 M1 的青銅器銘文有"夆"和"匡敂"[①],六爵同銘"夆",所以酒務頭 M1 是一座六爵五觚墓。酒務頭 M1 的墓室面積是 20 米^2,而且是甲字墓,出土青銅器總數在一百二十件以上,是五爵的小屯 M18 隨葬青銅器總數的 5 倍。酒務頭 M1 擁有的爵位級別更接近于七爵的前掌大 M11,是方國系統的七爵爵位,這是五爵的小屯 M18 和羅山天湖 M1 所不能比擬的。大河口 M1 是周初的六爵一觚墓,墓室面積 17.39 米^2,隨葬青銅禮器除了六爵一觚,還有方鼎二件、圓鼎二十三件,隨葬青銅禮器總數四十七件,超過了七爵的大河口 M1017,因此,酒務頭 M1 和大河口 M1 都應該列爲七爵墓這一級。

---

① 夆,原報告隸定爲文,銘文字形从人从文,姑隸定爲"夆"。"匡敂"的敂从雙聿从攴,雙聿的下部似比,姑定之爲"敂"。

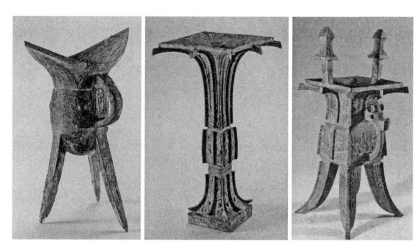

圖 2-25　郭家莊 M160 的角、方觚和方斝

圖 2-26　酒務頭 M1 的六爵五觚

　　五爵墓：盤龍城已經有李家嘴 M2 的五爵五斝三觚，到了殷墟時期，有小屯 M18 和羅山天湖 M1 的五爵五觚，到了商末周初的壽光古城，有五爵三觚。比較盤龍城李家嘴 M2、小屯 M18、羅山天湖 M1，墓室面積李家嘴 M1 和小屯 M18 面積都是 10 米^2 左右，羅山天湖 M1 面積是 15 米^2；就隨葬青銅器總數而言，李家嘴 M2 有二十三件，小屯 M18 有二十四件，羅山天湖 M1 有十七件。同一等級的壽光古城的西周墓葬中有五爵五鼎三

觚,隨葬青銅禮器總數是二十三件①。

比較這些五爵墓,盤龍城李家嘴 M2 比殷墟時期的五爵墓早了四百年。盤龍城李家嘴 M2 是與宮殿區聚集在一處的墓葬,這些宮殿建築與墓葬的關係是陽居與陰宅的關係還是墓上建築和地下墓葬的關係,尚難確説,但至少盤龍城的這些建築遺址和墓葬聚集在一區,是這些墓主的地位和權力的證明。比盤龍城 M2 晚了幾百年的殷墟,只有級別達到如殷墟 M5 和花園莊 M54 這樣的大型墓葬上面才有大型的墓上建築的遺跡,五爵的殷墟小屯 M18 是不可能有墓上建築的。所以李家嘴 M2 的主人在他的時代擁有的五爵所實際代表的爵位,是小屯 M18 的墓主所不能比擬的。而且,盤龍城的五爵級別,是先于殷墟時期的高級墓葬級別,是盤龍城方國的最高等級的象徵,其時河南的二里崗文化的下層只有一爵,上層比盤龍城 M2 晚了二三百年,也僅有二爵級別的墓葬,根本未有達到五爵級別的墓葬。李家嘴 M2 是迄今所見中國青銅時代最早的五爵墓墓葬,而且與宮殿區處在同一區域,屬于獨立于商國之外的方國國君的墓葬,也是與盤龍城 M2 同時期各個方國(包括商國)之中所見的最高的爵位,這是同時期的各個各地貴族,甚至包括商國諸侯所不能企及的爵位,而這還反映了用爵制度的一個特點,這就是它最早的制度來源可能是盤龍城這麼一個與商國并立的獨立的方國,盤龍城五爵是盤龍城方國的最高首領的等級、地位和權力的象徵。

小屯 M18 的五爵不僅不能與李家嘴 M2 的五爵同日而語的,它的墓室面積也小于羅山天湖 M1。羅山天湖 M1 是殷墟時期的方國息國的墓葬。按照方國諸侯的墓葬等級,羅山天湖 M1 的墓葬級別高于小屯 M18,是因爲羅山天湖 M1 墓主的五爵象徵的是一個方國諸侯的爵位。息國的五爵的意義應該更加和李家嘴 M2 的五爵等級相同,是息國諸侯的最高爵位的象徵,是商王朝體制之内的方國諸侯的爵位。

商王朝是一個方國諸侯聯盟,商朝統治王畿和四方的權力體系,分爲

---

① 參見《文物》1985 年第 3 期。

商朝內服王畿和外服四方諸侯的兩個系統，它的爵位等級的制度，實際存在內服系統和外服系統的差別。內服系統的小屯 M18 所得到的五爵爵位更可能是屬于直接隸屬于商王朝的內服命官系統的爵位，它的墓葬等級、禮器等級都相應于內服的命官等級、爵位和地位，所以在墓室面積、禮器總數等方面都低于或少于外服的五爵諸侯。而外服的羅山天湖 M1 的爵位體系可能更和這些爵位等級乃是方國當地的最高級別相關，也就是說，在內服五爵不可能是最高的爵位，因爲還有更高機的爵位，直至王爵，但在外服的方國，五爵就可能是當地最高的爵位，是當地諸侯地位的象徵。像李家嘴 M2 可以早于殷墟幾百年就有五爵，完全是因爲在當時已經以五爵之尊象徵當地的最高等級，所以墓葬和當地的宮殿遺址處在一地。毋寧說，一方面，來自方國加入商國之前的本地自身的等級系統的外服爵位，在方國加入商朝之後，形成了王朝諸侯方國的爵位的高低差別，不同方國諸侯的爵位在商王朝王爵之下形成了集不同級別的諸侯爵位爲一體的王朝諸侯爵位體系。另一方面，商王朝的縱向體系的內服命官的爵位系統經過和橫向體系的諸侯爵位系統的糅合，特別是諸侯到王畿地區受封擔任王朝的命官，形成了外服爵位等級轉換成內服命官的爵位等級的制度，從而出現了爲婦好獻祭的九爵亞其和在內服以九爵之禮下葬的花園莊 M54 的亞長，九爵亞其代表的是婦好母族的爵位，應該屬于外服系統，九爵亞長葬在殷墟花園莊王畿內，應該是屬于王畿命官的墓葬，其九爵爵位屬于內服系統的爵位。與此相同，羅山天湖 M1 和小屯 M18 兩座墓的五爵級別也分別是外服和內服的爵位，一個是外服諸侯的爵位，一個是內服命官的爵位。爵位對于內服命官和外服諸侯具有不同的象徵意義，在內服，爵位象徵著命官的等級，在外服，爵位象徵著諸侯的方國權力。

五爵墓之下，在方國墓葬中出現了四爵，在蘇埠屯商墓群，但該墓群的蘇埠屯 M1 是一座亞字型大墓（見圖 2－27），雖然被盜掘一空，但是它的爵位級別一定比蘇埠屯墓地其他墓葬要高得多，同墓地的 M8 出了四爵，青銅器總數 18，另有三件鐃，級別上更像是五爵的級別。同樣,前掌大墓地的 M38、M120(四爵)、M119(四爵)也都是四爵墓。如果以殷墟王都地區的墓葬爵位等級爲標準,那麼高于三爵的就是五爵。但是殷墟地區没有四爵墓。殷墟之外有四座四爵墓,三座在前掌大薛國墓地——前掌大 M38、M120 和 M119(四爵),一座在蘇埠屯商墓群——蘇埠屯 M8。這些四爵墓葬出土的青銅禮器總數接近于五爵墓的青銅禮器總數,它們都不是當地最高的墓葬等級,可以視爲當地次一級貴族的爵位等級,其爲四爵,可能是相對于殷墟内服貴族的五爵等級的"禮減一等"。

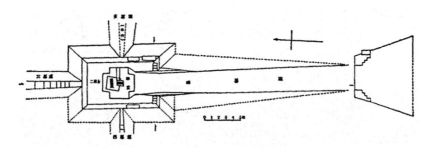

圖 2-27　蘇埠屯 M1 平面圖

　　三爵墓有小屯 M331、小屯 M238、温縣小南張、羅山天湖 M28、蘇埠屯 M7、江陵萬城、鶴壁龐村、濟南劉家莊 M121(見圖 2-28)和前掌大M21 等九座。三爵墓同樣存在王畿内服貴族墓葬和外服諸侯墓葬兩類墓葬,小屯 M331、小屯 M238 屬于王畿内服墓葬,按照殷墟的墓葬規制,都是中小型墓葬。小屯 M331 墓室面積 6.08 米^2,殉葬人 6 人。小屯 M231 墓室面積 2.45 米^2,殉葬人 5 人。在殷墟,高于小屯 M331 和M238 的爵位的有小屯 M18(五爵)、劉家莊 M1046(七爵)、花園莊 M54(九爵)、郭家莊 M160 及司空 M303(十爵)和小屯 M5(十二爵)。在羅山天湖的息國墓地,高于羅山天湖 M28 的三爵墓有羅山天湖 M1(五爵)。蘇埠屯 M7 是三爵墓,高于 M7 的有 M1(亞字型大墓)和 M8(四爵)。而前掌大墓地中高于三爵的 M21 的有 M11(七爵)和 M38、M119、M120(四爵)。殷墟的三爵應該是内服命官的爵位等級,但

M331 和 M238 兩座墓有明顯的等級差異。M331 墓室面積 6.8 米²，隨
葬青銅禮器總數 18，殉葬人 6 人；M238 墓室面積 2.45 米²，隨葬青銅禮
器總數 12。同是三爵，M331 的墓葬級別明顯高于 M238。這種差異是
不是類似于上述一爵墓所存在一般墓葬和陪葬墓葬的差異？尚待深入
研究。但殷墟之外的三爵墓有的可能達到了外服諸侯的爵位等級，例
如濟南劉家莊 M121 是要國的一座三爵二觚墓，該墓出土了象徵一方
諸侯權力的方鼎，這在殷墟地區的一般級別的一至三爵墓葬中是很少
見的（詳下，見圖 2－29）。

圖 2－28　濟南劉家莊 M121 出土的三爵二觚

圖 2－29　濟南劉家莊 M121"要爵"

總起來講，根據表 2－5 和表
2－6，可以得到如下幾個用爵制度的
數級：

一、十二爵一套。見婦好墓。

二、十爵五套。見郭家莊 M160、
司空 M303、長子口墓、旌介 M1 和 M2。

三、九爵四套。見花園莊 M54（亞
長墓）和獻祭于婦好墓的三組九爵。

四、七爵三套。見劉家莊 M1046、前掌大 M11、大河口 M1017。另外，
六爵的酒務頭 M1 和大河口 M1，也可列爲七爵墓。

五、五爵九套。見李家嘴 M2、小屯 M18，羅山天湖 M1、壽光古城。
李家嘴 M1 因爲被盜，只有四爵，但與 M2 的級別不相上下，也可列爲五爵

墓。此外,蘇埠屯 M8、前掌大 M38、M119 和 M120 都是四爵墓,它們的隨葬青銅禮器總數接近于上列五爵墓,可以算爲方國"禮減一等"的五爵墓。

六、三爵十套。見小屯 M331、小屯 M238、温縣小南張、羅山天湖 M28、蘇埠屯 M7、江陵萬城、鶴壁龐村、濟南劉家莊 M121、平頂山應國 M8 和前掌大 M21 等。

七、二爵三十六套。參見表 2-7。二爵等級的墓葬既可以是一般貴族等級的墓葬,也可以是陪葬人的墓葬(武官 W8),而就是二爵墓這個等級,也可以有殉葬人,與陪葬墓武官 W8 同一墓區的武官 59M1,雖然是二爵的等級,殉葬人卻有 6 人,二爵墓殉葬人最多的墓葬是小屯 M232,有 8 人,超過了五爵的小屯 M18。二爵級别既是陪葬人的級别,也是擁有殉葬人的墓葬的級别,説明二爵是一個縱向系統的爵位級别,也是一個横向系統的爵位級别,于前者,陪葬人可以有二爵,説明這個等級直屬于其主人的爵位,二爵不僅是爵位的象徵,主要的還是這個陪葬人隸屬于他的主人的標識,表示他有爲主人陪葬的資格;于後者,二爵是一般貴族的爵位級别,更主要地象徵他的小貴族的獨立的爵位,所以,帶著這個爵位,他在死後可以有人爲他殉葬。

八、一爵墓。這是一個經過二里頭—盤龍城、二里崗時期,再到殷墟時期各個時期的等級,到了殷墟時期,一爵變成了最基本的等級,但這一等級在二里頭和盤龍城,乃至二里崗,可能是高級墓葬的象徵,在殷墟,也可以出現在獻祭于王后(婦好)的榮耀之列,但同時又可以出現在陪葬人的墓葬之中(武官 E9、E10、W1)。這一等級的墓葬還可以有殉葬人,一爵墓有殉葬人的墓葬有小屯 M188 和 M17,都有 2 人殉葬,有 1 人殉葬的一爵墓有西區 M907 和 M875。由于一爵墓從二里頭和盤龍城就已經出現,歷經跌宕,一爵從最早作爲爵位等級的濫觴,到殷墟時期成爲最一般的貴族的等級象徵,不僅保持了一爵的古老的尊嚴和榮耀(可以爲婦好獻祭),也構成爲商代爵制成立的基礎。和二爵一樣,一爵既是直屬系統的爵位,也是横向系統的爵位。

表2-7 商代晚期及西周早期2爵墓概览表

墓葬編號	墓室面積 M²	殉葬人數	銅器總數	爵	觚	斝	角	觶	罍	尊	觥	盉	盂	卣	瓿	鼎	簋	瓶	甗	盤	斗	備注
小屯 M232	7.82	8	10	2	2	2				1					1	1				1		
小屯 M333	4.8	3	10	2	2	2				2						2						
小屯 M388	8.64	3	10	2	2	2									1	1	1					
武官 59M1	7.40	6	9	2	1	2									1	2	1					
武官 W8	1.65	1	5	2	2			1														陪葬墓
司空 80M359	5.96	1	12	2	1	1		1		1				2		2	1	1				
司空 58M51	4.25	1	14	2	1	1		1			1			2		2	1					鉞3
司空 62M53	4.27	1	7	2	2	2		1								2	1					
苗圃 82M41	3.94	1	7	2	2	1										2	1					
西區 M2579	5.33		12	2	1	1		1		1				1		1	1	1	1			
惠民蘭家村			5	2	2			1						1								
羅山天湖 M6	13.72		10	2	2	2		1		1				1		3	1	1	1			戈2矛3

續表

墓葬編號	墓室面積 M²	殉葬人數	銅器總數	爵	斝	觚	角	觶	尊	壺	觥	罍	盃	卣	甑	鼎	簋	瓶	盉	盤	斗	備注
羅山天湖 M41			9	2	1	2			1					1		1						戈1
涇陽高家堡			13	2				1	1				1	2		2	2			1		
羅山天湖 M8			7	2	1	2								1		1		1				戈1矛1
羅山天湖 M12			7	2	1	2												1				戈3矛3
羅山天湖 M11			6	2		2								1								
司空 M663	3.90	4	9	2		2									1	2	1					鏡3犁1 鈸1戈11 矛7鈴3
洛陽東 M3-01			8	2	1	1		1	1					1		1						
洛路局工廠			10	2		1		1	2							2	1	1				
洛陽北窰			9	2	1	1		1	1					1		1	1	1				
上蔡田莊			9	2		1		1	1					1		1	1	1				
順文牛欄山			8	2		2		1	1					1		1	1					
長花 M15			11	2		1		1	2					2		2	2					

79

續表

墓葬編號	墓室面積 M²	殉葬人數	銅器總數	爵	斝	觚	角	觶	尊	壺	觥	盉	卣	鼎	簋	瓶	盤	斗	備注
長花 M17			14	2		1		2	1	1		1		2	2	1	1		
襄縣霍村			7	2		1		1	1				1	1	1				
元民西張			10	2		1			1	1		1	2	1	1	1			
張家坡 M87			9	2		1			1			1	1	2	1			1	
長安馬王村			9	2		1	1	1				1	1	2	1				
普渡長由墓			19	2		2			1	1	2	1	1	4	2	1	1		鐘 3
扶風雲塘 M20			8	2				1	1		1		1	1	2				
長安普渡 M2			8	2				1	1		2		1	1	1			1	
扶風雲塘 M13			7	2		1		1			1	1		1	1				
65 歸城姜家 M			8	2				1		1			1	2	2	1			
扶風齊家 M19			12	2		2		1	1		2	1	1	2	2	1			
蒼山東高堯			8	2				1	1		1	1		1	1	1			
扶風莊白 M1			14	2		1		1		1		1		3	3	1	1		飲壺 2

根據如上分析，殷墟時期以殷墟爲中心地區形成的用爵制度，在數級上存在這樣幾個等級：

十二爵：婦好。（王后）

十爵：亞止、長子口等。（諸侯）

九爵：亞長、亞其、子束泉、司娉母癸。（諸侯、王子、王妃）

七爵：史族、薛國諸侯、匿國諸侯。（商王命官、諸侯）

五爵：子族、息國諸侯等。（商王命官、諸侯）

三爵：要國、息國。〔商王命官、諸侯、諸侯之儲（息國）〕

二爵：商王命官（一般貴族，貴族的臣僕）

一爵：商王命官（一般貴族，貴族的臣僕）

三爵以上，因爲出現在内服和外服兩個系統，王與内服的 12 - 10 - 9 - 7 - 5 - 3 這幾個等級，表示縱向的等級關係，即 12 是王和王后的王爵等級，十二爵之下，十爵是亞止一級，這個亞是高級將領，可能是類似于周代的公一級的官爵。九爵也有亞一級的將官，亞其和亞長，比之于周代，可能類似于侯一級。七爵是内服中低于九爵的爵位，可能類似于周代的伯一級。五爵在内服又低于七爵的卿一級，可能相當于周代的卿和大夫，在外服，五爵相當于周代的子爵，在五爵之下，還存在次于諸侯的四爵，屬于禮減于内服五爵一等的爵位。三爵也存在内服和外服兩種爵位，在外服，三爵可以是諸侯最低一級，相當于周代的男爵。在内服，三爵以及三爵以下的二爵和一爵可能相當于周代的大夫至士一級的爵位。王與外服的 12 - 10 - 9 - 7 - 5 - 3 這幾個等級，表示横向的等級關係，即王和王后的十二王爵之下，10、9、7、5、3 是外服諸侯的五個等級，商代有十爵諸侯（微子）、九爵諸侯（亞長、亞其等）、七爵諸侯（薛國、匿國）、五爵諸侯（息國）和三爵諸侯（要國）。這種諸侯的爵數等級到了周代就變成了諸侯系統的五等爵制（公、侯、伯、子、男）。商周兩代都存在中央内服和四方外服兩個縱向和横向的統治系統，爵制存在于這兩個縱向和横向的統治系統中，對于維繫兩代的王朝，起到了和官職制度互爲補充的作用。

第四節　周初的用爵制度

太清宮隱山大墓是周成王時期的墓葬,因爲墓葬級別非常高,是中字墓,隨葬禮器級別也達到了諸侯的最高級別,給學界留下了一個問題:在成王年間死于宋國的這個墓主是誰? 是什麼樣的身份才能夠同時擁有三套高級別的禮器組合:一套十爵八瓿,一套九方鼎和一套十二扁足圓鼎? 一個不可忽略的事實就是:九方鼎和十二扁足圓鼎與十爵相對應,是迄今所見除了殷墟五號墓之外的最高等級的用爵用鼎的記錄。

商代晚期,青銅禮器組合已經出現爵、瓿、鼎、簋組合,至周代,以鼎代爵象徵爵位的趨勢越來越明顯。所以商代爵制中的三個爵制最高數級——十二、十、九同時出現在太清宮隱山大墓中,不論是用爵還是用鼎,都顯示這座大墓的禮制級別非常高。例如,按照其九方鼎的級別,與之對應的應該是九爵,但這裏是十爵。固然九爵和十爵都是諸侯的爵位,但用九件方鼎,更像是周制,而十爵還是商制。顯然,墓主須是一個跨越商周兩朝的高級貴族才有可能同時享有商制和周制兩朝制度的最高等級。也就是説,九方鼎和十爵既然都是這個隱山大墓墓主的身份的象徵,那麼,九方鼎就更可能是象徵著其在周代的諸侯等級,而十爵則更可能是其在商代的爵位的象徵。十二件扁足圓鼎和商王的十二爵的級別相同,雖然是以鼎代替了爵,但仍應該是對于墓主在周初擁有的特殊身份的確認,即,根據這十二鼎,可以確認墓主是一個達到了王一級的身份的人物。符合這裏的九方鼎、十爵和十二扁足圓鼎這三個等級身份的必是一個商末周初的特殊人物。

史載武王克商之後,封武庚繼承商祀,武王允許武庚承繼的商祀禮節,應該仍是商王室的禮節,即如果商王祭祀的禮數是十二,武庚承繼和享有的禮數也應該是十二。周公誅滅三藩和武庚之後,封封王庶兄微子承繼商祀,但就封于宋國。這樣,微子就有了三重的身份:商王祀的承繼者、商王遺兄和宋國的始祖。作爲周朝宋國的諸侯,微子的爵位等級可能就是按照爵制定爲九爵,但採用的是周制的九方鼎作爲諸侯的爵位象徵;同時,他又是商祀緒統的繼承人,是商遺王族,在祭祀先王禮制上,被允許保持商王祭祀的禮儀尊嚴也是可能的,所以,微子被允許隨葬了十二件扁足圓鼎,這應該是微子作爲商祀繼承者的象徵和體現;此外,微子在商末是有爵位的,他是紂王的庶兄,爵位達到王兄的十爵,完全在情理之中。由此,從三套爵觚、方鼎和扁足圓鼎的級數來看,可以認爲大清宮隱山大墓(長子口墓)的墓主是微子,這是可信的[①]。有説太清宮隱山大墓是微子之子的墓葬[②],從上述三套青銅禮器的配置來看,微子之子的身份可以有九方鼎和十二鼎,卻不能有微子在商朝的十爵爵位,兹不採其説。隱山大墓隨葬青銅禮器中,仍然是酒器居多,佔禮器總數的 57%,體現了商朝墓葬的風格。

　　周初的用爵隨葬的墓葬,十爵之下,尚未見九爵墓,也未見九鼎墓。但有七爵墓和六爵墓,這就是大河口 M1017 和大河口 M1。這兩座墓葬隨葬青銅禮器中,食器已經超過酒器,大河口 M1 食器和酒器之比是42：21,大河口 M1017 是 26：21。五爵周墓僅有一例,就是壽光古城的周墓,這座墓隨葬的爵和鼎的數量已經相同,其食器和酒器的比例是8：14。周代三爵墓有江陵萬城、鶴壁龐村、平頂山 M8,和商代晚期的三爵墓一樣,周代三爵墓也出現了隨葬爵、鼎數量相同的現象。商代的羅山天湖 M2、周代的鶴壁龐村都是三爵三鼎。商周兩代還有一些三爵二鼎墓,比如小屯 M331、江陵萬城等。隨著時代的推移,到了周代,用鼎制度越來越成爲主流的爵位制度,比如,三爵的平頂山 M8,爵位已經無法通過爵體現出來,隨葬的十鼎八簋才是這座墓葬的等級象徵,這座墓葬是七鼎六簋墓,是應國諸侯的墓葬,其等級已經不是三爵所能象徵的。

---

　　① 松丸道雄《河南鹿邑縣長子口墓おめぐる諸問題——古文獻と考古學の邂逅》,《中國考古學》2004 年第 4 號,第 219—239 頁。王恩田《鹿邑太清宮與微子封宋》,《中原文物》2002 年第 4 期,第 41—45 頁。王恩田《鹿邑微子墓補正》,《中原文物》2006 年第 4 期。
　　② 李學勤《關于鹿邑太清宮大墓墓主的推測》,《文物中的古文明》,商務印書館,2008年,第 306—307 頁。

　　總之,從殷墟時期的晚期開始,用爵制度已經出現和用鼎制度組合的趨勢。從殷墟中期到西周早期,是用爵制度普遍實行的時期,前後約經歷了三百年。必須承認,有關商代用爵制度的提出和研究,不像周代的用鼎制度有大量的文獻可以參照。商代用爵制度主要依靠考古學、文物學和古文字學的資料來研究,由于缺乏歷史文獻的記載,商代用爵制度的歷史主要還待考古學的不斷發現方能不斷揭開。可喜的是,自筆者三十餘年前提出用爵制度這樣一個概念以來,三十餘年來的考古發現已經極大地豐富了用爵制度的資料,已經足以建構一個用爵制度研究的框架,這就是以殷墟爲商朝中心,用爵制度分內服和外服兩個系統。內服系統的用爵制度所體現的爵位等級,主要是縱向的等級關係,其核心是上下統屬甚至領有的關係;外服系統的用爵制度所體現的爵位等級,主要是橫向的爵位關係,由于商王朝主要是一個方國諸侯聯盟體,都城王畿之外的方國主要是通過加盟式結合加入商朝,不像周代是通過武力征服各個方國建立起邦國封建制的王朝,因而商王朝的外服四方諸侯的爵位,更多地來自四方本地的原生態的等級關係。爵位分內服系統和外服系統,使得同樣一個爵位級別,例如二爵,在內服,可以是一個陪葬人的爵位,在外服,卻可以是有殉葬人的貴族身份的象徵。

　　另一個方面,外服的方國內部,也同樣存在爵位等級的縱向統屬關係。例如羅山天湖的息國,M1 是當地最高的五爵,墓主當是當地的五爵諸侯。M18 是三爵墓,它和 M1 的關係就是本地等級的上下統屬關係,一如殷墟地區的高數級爵位墓葬和低數級爵位墓葬的關係,殷墟內服用爵等級和方國內部用爵等級存在一致而相同的縱向統屬的等級結構,可以說是商代用爵制度的重要特徵。一方面,因爲用爵制度來源于盤龍城方國,而商朝殷墟內服、外服的用爵制度是對盤龍城之類的方國用爵象徵等級的制度的放大和發揚,最終在殷墟中期形成了王朝規模的用爵制度,但是方國林立的現實,使以爵象徵等級的禮俗先發展成爲方國的用爵制度,之後才擴展成爲商代王朝的用爵制度。先商時代在用爵方面形成的多元的以方國爲山頭的高低不一的諸侯爵位,在商國發展成爲商朝之後,得以繼續保留,并爲商王朝所承認。由此,商代各地出現了十爵諸侯、九爵諸侯、七爵諸侯、五爵諸侯和三爵諸侯。另一方面,各地方國本身的上下等級制度也是先于商朝就已存在于方國,商國本身也在先商時期使用爵來象徵等級、地位和權力,這種方國內部的以爵象徵爵位等級的制度到了商王朝建立之後,就漸次地發展成爲內服和外服的兩套系統。

第三章　商代用爵制度與周代用鼎制度的嬗遞更代

第一節　古文獻所見用鼎制度

——天子九鼎還是天子十二鼎

商末周初的太清宮隱山大墓,把三套爵、鼎隨葬在一起,可以説是集商周兩代的象徵爵位的禮器于一墓。其實,爵、鼎到了商代後期已經一起成爲禮器組合的核心器,酒、食兩類器在隨葬器的比重開始接近,而到了周初,由于禁酒的推力,食器的鼎的地位日漸重要,已經出現反超酒器的爵的勢頭,這在隱山大墓也得到了見證,隱山大墓有鼎23件、爵8件、角2件,鼎是爵的一倍還多。雖然酒器和其他禮樂器之比仍然是44:39,以單類器種作統計,鼎是最多的。這與婦好墓中單類器種統計以觚和爵爲最多,適成相反,反映了商代重爵、周代重鼎這樣的商周兩代不同的時代特徵。

另一方面,周代用鼎的數量也有級別規定,這個用鼎的數量規定和用爵的數量規定是一致的,也就是説,周代用鼎的禮數規定,繼承了商代用爵的禮數規定。但是,商代的用爵制度并没有留下文獻記録。象徵爵位的禮器制度,商周之間漸次完成了爵鼎的遞嬗更代,商代的用爵制度到了周代中期以下,漸漸爲周人淡忘,而到了西周晚期,隨著列鼎制度最終替代了用爵制度作爲爵位等級的禮器象徵,一方面,以飲酒器作爲爵位象徵的禮俗和制度被周人拋棄和改易,另一方面,以鼎爲核心的食器日益成爲祭祀禮器的主流。這造成了西周以下的各代遺忘了商代的用爵禮俗,爵形器從三足的形制也變成了圈足的形制,甚至爵字本身都經歷了三足象形到圈足象形再到無足字符的會意的訛變。

人們只是對周代的用鼎禮俗和規定有所記憶和記錄,以至于秦火之後,漢代追述和整理前代禮書和禮制時,人們的記憶只能追溯到周代的周禮,商禮就只能闕如了。

　　不過上已述及,《尚書·顧命》記錄的周康王即位典禮上,康王以九同祭奠先王,宣示繼承王統,以三同嘗新和酬先,表示正式即位。用到了十二同這個禮數,應該是引用了商代的爵制,康王用十二同繼位、即位,不僅留下了周王即位典禮使用酒器的細節,而且通過這一細節,我們可以知道,商代以酒器爲核心禮器的制度已經深深地影響到周代,以至于同這一類酒器擔綱了成康王位接傳的重要禮器,而且,康王使用十二同繼位和即位,禮數上正好與商代王者和王后使用十二爵隨葬的禮數相同,證明了商周天子王者的禮之大數正是十二。

　　發掘康王十二同的意義,在于認識周代文獻有關王者禮數的一些記載。例如有關天子是用九鼎還是十二鼎的問題。已知九爵在商代用爵制度中只是一個諸侯的等級,但是,和九爵相同數級的九鼎卻在文獻中被渲染而傳爲天子的鼎數,形成了關于"武王遷九鼎"的傳說記載:

　　　　相傳西周王朝的周天子有九鼎,據說這是克商時得到并迁到洛邑的。《左傳·桓公二年》記臧哀伯說:"武王克商,遷九鼎于雒邑。"《左傳·宣公三年》載楚莊王伐陸渾之戎,到達洛水,周定王遣使王孫滿加

87

以慰勞,楚王"問鼎之大小、輕重焉",王孫滿對答説:夏代鑄鼎,"桀有昏德,鼎遷于商,載祀六百。商紂暴虐,鼎遷于周"。"成王定鼎于郟鄏(即指洛陽,郟是洛北山名),卜世三十,卜年七百,天所命也。"這是説九鼎原爲夏代所鑄,夏代灭亡爲商所得,商代灭亡又爲周所遷。《逸周書·克殷解》也説周武王克殷後,"乃命南宫百達、史佚遷九鼎三巫"。《史記·周本紀》作"命南宫適、史佚展九鼎保玉"。又説成王"使召公復營洛邑","居九鼎焉"。這個九鼎作爲歷代天子傳位重器的傳説,影響是很大的,直到戰國時代還成爲强國争取的目標。[①]

據説,武王遷的九鼎最早可以追溯到傳説人物大禹那裏,即所謂"禹作九鼎"。這一傳説到了周代就因爲禹曾經是天子,就變成了"天子九鼎"的説法。然而,根據《堯典》《皋陶謨》和《禹貢》的記載,"九"確實是大禹的數級,但不是禹作爲天子的數級。這三篇講到禹治水,都只能達到九,"九山""九川""九澤"和"九州",傳説中的大禹治水是受命于另一位傳説中的天子級人物——舜,而舜在授命禹治水時,傳説其治下是擁有十二州的,山也是十二山,這就是《堯典》説的,舜"肇十有二州,封十有二山,濬川"。所以,根據《尚書》提供的信息,禹治水所能達到的九州、九山和九川,不是因爲他是天子,而是因爲作爲舜的一個諸侯,禹比帝舜的地位要低了一個等級,只能治理到九州。舜作爲帝,也就是天子,是"肇十有二州,封十有二山"的。禹在舜時還只有一個伯爵爵位,被稱爲"伯禹",他受命治水是以舜的"司空"身份擔行其職,説明大禹只是帝舜的一個天子命卿。禹完成治水,向舜獻功,"禹錫玄圭,告厥成功",其時仍然是一個九命之侯,所以,如果這時禹作了九鼎,那麼,這九鼎只能是爲了符合他的九命之侯的爵位身份,而不是天子的身份。

遂公盨是西周中期偏晚的一件青銅盨,銘文是最早的大禹治水的金文記録(見圖3-1)。遂公盨銘文如下:

---

① 楊寬《西周史》,上海人民出版社,2004年,第466頁。

天命禹敷土,隨山濬川,迺

差地設征,降民監德,迺自

作配鄉(享)民,成父母。生我王

作臣,厥沬(貴)唯德,民好明德,

寡(顧)在天下。用厥邵好,益年

懿德,康亡不懋。孝友,訏明

經齊,好祀無瘦。心好德,婚

媾亦唯協。天釐用考,神復

用祓禄,永御于寧。遂公曰:

民唯克用兹德,亡誨。

圖 3-1　遂公盨銘文

銘文不僅證明西周中期即已有關于大禹治水的記録,也證明了《書序》的
可信性,遂公盨説,"天命禹敷土,隨山濬川,迺差地設征",内容和語例與

《書序》略同,《尚書序》説:"禹别九州,隨山濬川,任土作貢。"不過,《堯典》《皋陶謨》和《禹貢》等篇記録的是舜命禹治水,銘文説是"天命禹敷土"。堯和舜都是傳説中的帝,所謂帝堯、帝舜。帝本來自嫡,直至末代商王紂王仍然號稱"帝辛",説明帝是商代的概念①。到了周代,雖然金文中仍然有"帝""上帝"和"上下帝"的稱謂,但對周王則不再像商代稱商王爲"帝乙""帝辛"那樣,把周王稱爲帝某了。周人比商人更加相信天命,把神格化的帝變成了人格化的天,所以,天命禹敷土,换作商代的語言的話,就是帝命禹敷土。由此也可以説銘文關于天命大禹治水的記載,和《尚書》的《堯典》、《皋陶謨》和《禹貢》等有關帝舜命司空伯禹治水的記載是一致的,這等于驗證了大禹治水時的身份還是一個受命于天(帝)的九命之侯,其治九州和作九鼎,和他的九命之侯的身份是相符合的。和"肇十有二州"的舜相比,九命九鼎的禹顯然低了一級或者兩級。但是正如用爵制度分内服和外服,而外服的等級爵位可能是外服當地最高級别的爵位等級,禹爲自己的九命諸侯作九鼎,主要代表的是他在夏國的最高級别,以後夏禹偪走了虞舜,做了傳説王朝夏朝的王,變成了"天子",但因爲没有禹再作天子之鼎的傳説,九鼎就從司空伯禹的"禹作九鼎"傳説升級成爲"天子作九鼎"的傳説。巧合的是,周人和夏人在九鼎傳説方面有過極其相似的經歷。周文王曾爲西伯,也是大邑商的諸侯,雖然文王在西土已經暗自稱王,但對于商王來説,他還只是一個九命之侯,應該只能有九鼎。所以到了其子武王克商之後,以周王天子的身份,遷乃父的西伯九鼎于洛邑,這一舉動被周人記載下來,就也變成了"天子遷九鼎"或"武王遷九鼎"。無論是禹作九鼎,還是武王遷九鼎,這兩套"九鼎"製作的時候,禹和文王這兩個九鼎鼎主的身份都還是九命之侯,禹是司空伯禹,姬昌(文王)是西伯,都是伯爵的級别,九只是諸侯的數級。附帶説一説關于遂公盨的兩個問題:一是銘文所記"差地設征"與《書序》所記"任土作

① 裘錫圭《關于商代的宗族組織與貴族和平民兩個階級的初步研究》,載《古代文史研究新探》,江蘇古籍出版社,1992年,第298—301頁。

貢"對勘,差對任,地對土,設對作,征對貢,這四對字都可以互訓,而銘文和書序在前文都作"隨山濬川",這説明了書序確實有所本,或者,銘文作者可能用的是尚書文獻的另一個書序的本子。二是銘文第五行第十字,![字]原釋文讀若干,目驗拓片照片,覺得此字或當是年字,西周晚期的湯叔盤的年字作![字]春秋的郑公𢆨鐘作![字],楚簡作![字]和![字],秦簡作![字],銘文的![字],上部像禾之訛變,《説文·禾部》説年"穀孰也。从禾千聲。《春秋傳》曰:'大有秊。'"秊字从禾从干,是年的古體,與![字]略同。益年,增益收成的意思。

如上,筆者對九鼎從諸侯的爵位到天子九鼎的演變過程作了文獻學的考釋,結論是禹作九鼎是按照他的司空伯禹的身份等級作的,武王遷九鼎遷的是其父文王作爲西伯的等級象徵的九鼎,周人根據武王遷九鼎的舉動,編造了天子遷九鼎的故事,不等于天子的大禮之數就是九。天子的大禮之數應該是和舜"肇十有二州"一樣,是十二。十二是禮之大數,已經在婦好的十二爵得到了旁證。九鼎爲諸侯之鼎數則被以太清宮隱山大墓爲代表的兩周一系列的出九鼎的墓葬所證明。

這裏還要對東漢末年的《春秋·公羊傳》的傳人何休關于九鼎的一個注脚談論幾句。據《春秋·桓公二年》記載:"夏四月,取郜大鼎于宋。戊申,納于太廟。"對此"郜鼎事件",《左傳》説:

> 夏,四月,取郜大鼎于宋。戊申,納于大廟,非禮也。臧哀伯諫曰:"君人者,將昭德塞違,以臨照百官,猶懼或失之,故昭令德以示子孫。是以清廟茅屋,大路越席,大羹不致,粢食不鑿,昭其儉也。袞、冕、黻、珽、帶、裳、幅、舃,衡、紞、紘、綖,昭其度也。藻、率、鞞、鞛、鞶、厲、游、纓,昭其數也。火、龍、黼、黻,昭其文也。五色比象,昭其物也。錫、鸞、和、鈴,昭其聲也。三辰旂旗,昭其明也。夫德,儉而有度,登降有數。文、物以紀之,聲、明以發之,以臨照百官。百官于是乎戒懼,而不敢易紀律。今滅德立違,而置其賂器于大廟,以明示百官。百官象之,其又何誅焉? 國家之敗,由官邪也。官之失德,寵賂

章也。郜鼎在廟,章孰甚焉?武王克商,遷九鼎于雒邑,義士猶或非之,而況將昭違亂之賂器于大廟,其若之何?"公不聽。

《公羊傳》説:

> 夏,四月,取郜大鼎于宋。此取之宋,其謂之郜鼎何?器從名,地從主人。器何以從名?地何以從主人?器之與人,非有即爾。宋始以不義取之,故謂之郜鼎。至乎地之與人,則不然,俄而可以爲其有矣。然則爲取,可以爲其有乎?曰:否。
> ……
> 戊申,納于太廟。何以書?譏。何譏爾?遂亂受賂,納于太廟,非禮也。

《穀梁傳》説:

> 夏,四月,取郜大鼎于宋。戊申,納于太廟。桓内弑其君,外成人之亂,受賂而退,以事其祖,非禮也。其道以周公爲弗受也。郜鼎者,郜之所爲也。曰宋,取之宋也,以是爲討之鼎也。孔子曰:名從主人,物從中國,故曰"郜大鼎"也。

三傳對于郜鼎都有自己的看法。《左傳》借臧哀伯之口,主要批評桓公不該把郜鼎納于太廟,認爲郜鼎是不吉利的"昭違亂之賂器","君人者,將昭德塞違,以臨照百官",統率官吏應該昭示德教,杜絕違反德教的行爲,現在把一件賂器納入太廟,昭示百官,是非禮非義。至于郜鼎之得,臧哀伯不怎麼關心,倒是意外地提到了"武王克商,遷九鼎于雒邑",是一個"義士猶或非之"的不當之舉。臧哀伯是唯一一個批評武王遷九鼎之舉的歷史人物,他的根據是什麼?是不是因爲他看懂了武王實際是以王者身份遷了侯者的九鼎到洛邑?對此,暫作存疑。

　　《公羊傳》雖然也批評桓公把郜鼎納于太廟,但主要集中在批評桓公取郜鼎的"不義",認爲春秋稱鼎爲郜鼎,是因爲這件鼎在宋國本來就是一件不義的事,郜鼎本屬郜國,卻被宋人以不義而得,宋國再把這個不義之鼎拿來賄賂魯國,魯國竟然接受了宋國的賄賂,所以宋國、魯國都是不義。對桓公將郜鼎納于太廟一事,《公羊傳》只是輕描淡寫地說《春秋》記之,是爲了"譏",譏諷桓公遂亂受略,把一件來路不明的郜鼎納入太廟,非禮也。但并沒有像《左傳》那樣把納郜鼎入太廟上綱上綫到德教的高度。

　　《穀梁傳》則對郜大鼎的春秋筆法作了詮釋,其看法與《公羊傳》略同。

　　據此,三傳談郜鼎事件主要就是圍繞著取之的"不義"和納于太廟的"非禮",并沒有一家提到郜鼎與助享祭的關係。相反,三傳都盯住郜大鼎的名稱不放,一致認爲把非名之物納于太廟是非禮。對于三傳在非禮這一點上的一致,何休并沒有注意到,倒是別出心裁地提出了他看問題的角度——助享祭,他說:

　　　　宋始以不義取之,不應得,故正之謂之郜鼎。如以義應得,當言取宋大鼎。郜本所以有大鼎者,周家以世孝天瑞之鼎以助享祭,諸侯有世孝者,天子亦作鼎以賜之。禮祭,天子九鼎,諸侯七,卿大夫五,元士三也。

　　何休對郜鼎事件的注解,另闢蹊徑,提到了不見三傳的助享祭的問題,認爲魯國從宋國接受郜鼎,是屬于諸侯國之間接受助享祭之類的事。郜有此大鼎,是因爲"周家以世孝天瑞之鼎,以助享祭",這已經有點莫名其妙了。其次,郜鼎名郜不是因爲它本身就有器名,宋國如果得之有義,"以義應得,當言取宋大鼎"。郜大鼎是一件有名字的鼎,以春秋時期的大鼎,大概率是有銘文的,所以宋取之時,把它稱爲郜鼎,一是因爲這件鼎有器名(器從名),這器名應該得自銘文;二是因爲它有原作器地(地從主人)。

作爲公羊學的傳人,何休對公羊傳所説的"器從名,地從主人"都没有吃透,就敢説出"諸侯有世孝者,天子亦作鼎以賜之"的話來。周代歷來就是王賜吉金,受賜者用以自作"寶器",從無"天子作鼎以賜之"之事。郜鼎大概率就是郜地貴族作的有銘爲郜的大鼎,是郜人用于祭祀其祖先的大鼎。"非其族類,不在其祀",三傳因此一致認爲魯國把一件祭祀郜人先祖的大鼎納于魯國的太廟,是對魯國的先公如周公之輩的非禮。對于三傳一致譏諷桓公非禮的原因,何休根本没有看透,卻匪夷所思地想到了"如以義應得,當言取宋大鼎",言下之意,就是如果來路乾净,郜鼎就不該叫郜鼎,而應該叫宋鼎。一件青銅鼎的命名,不會因爲換了幾個主人而不斷地改變,這是文物制度的常識。由于何休對于周代文物禮制知識的匱乏,所以不僅説出了宋"如以義應得,當言宋之大鼎"的糊塗話來,還認爲周代作鼎作器可以越俎代庖,可以讓天子作鼎賜諸侯,也太悖違于常識了。

此外,何休講到周家天子和諸侯的關係的時候,并没有意識到他是在談一個特殊的諸侯國——魯國,魯國在太廟使用的是周家天子之禮,這是經過周初成王特許的①。也就是説,涉及周朝天子的禮儀方面的禮數,魯國因爲周公的關係,一直因應成王之命,在魯國太廟行周朝家禮。一般的諸侯國在禮儀上存在的天子與諸侯的等級關係,并不適合魯國。如果天子是九鼎之禮,那麽,魯國也是在太廟行天子九鼎之禮,如果天子是十二鼎之禮,那麽,魯國在太廟也行天子十二鼎之禮。但是,如果魯國的卿一級僭越用了魯禮,那就等于是僭越用了魯國國君之禮,更是僭越用了天子之禮。《論語·八佾》:"孔子謂季氏:'八佾舞于庭,是可忍也,孰不可忍也。'"季氏實際僭用的是魯國的禮樂,在季氏家廟用八列舞隊祭祀跳舞,但是,在孔子眼中,就不得了了,那是僭越用了天子八佾之禮。魯國在太廟行天子之家禮,所以,何休用魯國的特例討論周代天子與諸侯以下的用

---

① 《尚書·金縢》:"王執書以泣,曰:'其勿穆卜!昔公勤勞王家,惟予沖人弗及知。今天動威,以彰周公之德。惟朕小子其新逆,我國家禮亦宜之。'"

鼎禮儀等級和制度,亦屬不諳歷史文物制度。

最後,何休以上述文字爲鋪墊,導出了一段模棱兩可的話,這就是“禮祭天子九鼎諸侯七卿大夫五元士三也”。不給這段話句讀,是因爲根據上文,這段話可以有三個句讀:

1. 禮,祭:天子九鼎,諸侯七,卿大夫五,元士三也。

2. 禮祭,天子九鼎,諸侯七,卿大夫五,元士三也。

3. 禮:祭天子九鼎,諸侯七,卿大夫五,元士三也。

前面兩種句讀意思相同,可能不是何休的本意,但很容易被人誤讀。孫詒讓在《周禮正義·膳夫》中就是採用了這樣的句讀:

> 詒讓案:《公羊·桓二年》何注云“禮祭,天子九鼎,諸侯七,卿大夫五,元士三也”,此皆專據正鼎而言。《少牢饋食禮》正鼎五,《特牲饋食禮》正鼎三,即大夫、士之祭禮。天子時祭及大舉皆大牢,故正陪有十二鼎。若少牢,則牢鼎無牛,陪鼎無膷。特牲則正鼎又無羊,陪鼎又無膮。數皆不備十二,經舉多以晐少也。

孫詒讓的本意是試圖糾正何休的天子九鼎説,所以説所謂的天子九鼎是指天子用鼎的“正鼎”,而正鼎之外,還有陪鼎,天子的陪鼎是三鼎,正鼎、陪鼎相加,應該是十二鼎。然而,孫詒讓的解釋并沒有引起重視。相反,從俞偉超和高明提出《周代用鼎制度研究》[①]以來,前兩種句讀就一直被當作“正讀”,并被引作用鼎制度研究中的天子九鼎説的依據。問題是何休在上文明明講到了用鼎的“助享祭”,即他的言下之意,這個祭是助享祭的祭,應該下讀和天子九鼎連句,祭天子九鼎,意思是祭祀天子用九鼎,祭祀天子者是主格,天子是賓格,九鼎在這裏不是天子的用鼎數,而是祭祀天子者的用鼎數[②]。另外,何休還在這段文字犯了另一個錯誤,就是他

---

① 參見俞偉超、高明《周代用鼎制度研究》,《北京大學學報》1978年第1、2期。
② 祭祀者用爵或用鼎必須和自己的等級相符,這在婦好墓裏已經有見證,三組九爵都是獻祭婦好的禮器,都與獻祭者的九爵身份相符。

把卿和大夫混爲一談。在三傳中,卿和大夫分明是兩個等級,如果五鼎是卿的等級,大夫就應該比卿低一級,應該是三鼎,士比大夫再低一級,就不能是三鼎,而只能是二或一鼎。如果是在喪禮場合的"助享祭",而助享祭者低于墓主的等級,那麼助享祭者的獻祭禮器等級,應該與助享祭者自己的身份相符合。比如,從婦好墓的三套九爵用于獻祭婦好來看,三個獻祭者只能用九爵獻祭,是因爲他們的身份只有九爵之尊,何休説助享祭天子用九鼎,參比婦好墓的發現,應該説他是説對了,所以,從他的這段話讀出天子九鼎的意思,應該是一種誤讀,是不能作爲天子九鼎説的依據的。證之以太清宮隱山大墓的九方鼎,參之以婦好墓的三套九爵和亞長大墓的九爵,可以確認九鼎或九爵是商周諸侯一級的禮數。并且,九鼎還不是諸侯級別的最高禮數,相應于商代九爵之上還有十爵這麼一個等級,九鼎諸侯之上應該也有一個十鼎的諸侯等級,面對于實際存在的十爵或十鼎這個等級而言,天子九鼎説也是無法成立的。實際上,根據婦好(商王后)的用爵數級是十二爵和《顧命》用十二同進行推論,周代天子的用鼎數,應該是十二鼎。

文獻對周王及王后的用鼎數是有所記載的。《周禮·膳夫》:"王日一舉,鼎十有二,物皆有俎。"鄭注説:"殺牲盛饌曰舉。王日一舉,以朝食也。后與王同庖。鼎十有二,牢鼎九,陪鼎三。物謂牢鼎之實,亦九俎。"孫詒讓根據鄭注説的牢鼎和陪鼎,又説牢鼎也叫正鼎,并説正鼎與陪鼎的配比,不一定就是九三,"若少牢,則牢鼎無牛,陪鼎無臐。特牲則正鼎又無羊,陪鼎又無臐。數皆不備十二,經舉多以晐少也"。這些關于周王使用鼎數的記錄,也適合于周代王后,因爲周代"后與王同庖""夫人與其君同庖",所以周王膳食用鼎十二,王后也是十二。這個十二之數與婦好喪葬用爵的十二之數和康王即位時使用的十二同也是相同的,説明商周兩代王及王后的禮數是相同的,而且周代的王和王后的十二用鼎之數是繼承了商代王后的十二用爵之數。生活用鼎的禮器制度分鼎爲九牢鼎和三陪鼎的九三配置,通過《顧命》的十二同分爲九同和三同,也可以説,與用鼎相關的禮數原來是來自用同和用爵的禮數。以上再次證明,商周禮之大數一脈相承:周代王者用鼎十二的制度,來自商代王者用爵十二。

　　太清宮隱山大墓出的十二件扁足圓鼎是商王祀繼承者身份的象徵,但這十二件扁足圓鼎不分"牢陪",是一套,這説明這套扁足圓鼎可能是作爲喪葬禮器隨葬于大墓的,是象徵著墓葬主人的身份等級的喪葬禮器。喪葬之器不像生活禮器那樣,生活禮器使用于不同的禮儀環節,而在組合上有分牢鼎和陪鼎的需要,在康王繼位和即位的場合,十二同分爲九同和三同,也是因爲九同用于授命授位(王三宿,三祭,三詫),三同用于受命即位,"(康王)祭嚌宅"。説明周代王位的交接存在傳位和即位兩個禮儀環節。喪葬禮器只有入葬一個環節,禮器隨葬于墓葬就是一個用途和目的,即蓋棺論定墓主的身份等級,這就是無論是早期的隱山大墓還是周代用鼎制度形成後的列鼎都不分牢、陪鼎,而只有一套列鼎的原因,早期或者不分大小,晚期則大小相次,排列成列鼎。另外,根據三禮的記載,生活禮器的牢鼎和陪鼎的配置除了配比數目可以變動,放置方面也是不放置在一席,例如《儀禮·聘禮》講到卿和大夫作爲使者爲其君下聘禮時,卿設"饗:飪一牢,鼎九,設于西階前。陪鼎當内廉,東面,北上,上當碑。南陳……"九鼎是卿的主君,即諸侯的等級,九鼎以七爲牢鼎,二爲陪鼎,牢鼎在西階前,陪鼎在内廉。到了大夫爲他的上一級使者卿設饌時,用鼎等級就變成了七鼎:"上介,饗餼三牢。飪一牢,在西,鼎七,羞鼎三。腥一牢,在東,鼎七。……堂上之饌六,西夾亦如之。"一套生活禮器分牢、陪鼎,放置位置也不在一處。在使用的禮儀環節,分組的禮器也是有名稱或者用途上的差別的,《顧命》十二同分九同和三同,九同又分三組,一組叫"宿同",一組叫"祭同",一組叫"詫同"。第一組宿同是陳列給成王尸主的同,也就是陳列給擔任尸主的召公的同,《儀禮·聘禮》有"宿尸"之禮,就是讓先祖的靈主進入尸身的禮儀。《顧命》的宿同的設置,也是爲了"宿尸",即讓成王之靈附入尸主(召公)之身。第二組祭同是用來祭奠成王之靈的同,第三組詫同是請成王之靈享飲的同。詫原是動詞,表示一手作一,蓋住另一手上的酒杯,同時卻步,將酒撒在階上①。這三組同都是爲先王成王而設,表示康王接受成王傳承,繼承成王王位。三同也是分三組:第一組叫"祭同",用一同祭奠于成王尸主前,表示康王以新王身份祭奠先王。第二組叫"嚌同",嚌是嘗的意思,周代有嘗新禮,在新王即位上用一同嚌酒,意味著新王初即位嘗新,即表示正式登基。第三組叫"宅同",就是詫同,和前面九同中的三詫同不同之處,是這個詫同是康王以新王酬答先王。通過這樣的分析,可以説康王的十二同是九三配置,《周禮》説"王日一舉,鼎十有二,物皆有俎",鄭玄注十二鼎分爲九鼎是牢鼎,三鼎是陪鼎,也是九三配置。生活禮器因爲生活禮儀有不同的使用禮儀,所以要分不同的禮儀組合,喪葬禮器則不同,象徵死者等級的禮器無須再分不同的禮儀環節,一套喪葬禮器就是一次用于喪葬,是不可能像生活禮器那樣,分出牢鼎、陪鼎之類的不同禮儀環節的不同用器的。這是生活禮器和喪葬禮器的基本差別。考古學上,一套象徵身份等級的用鼎通常可以從各種鼎中分別出來,例如平頂山 M8 一共有十件鼎,考古報告説這是一座七鼎墓。就是因爲喪葬用鼎是不分牢鼎和陪鼎,而是成組配列,考古學稱之爲"列鼎"。

根據三禮的記載,生活用鼎或分爲牢鼎和陪鼎,其配置配比依實際需要而有所變動,牢鼎和陪鼎放置時,是分席放置的,這在金文也有相應的記録。

"函皇父鼎"銘文(見圖3-2)是一篇關于函皇父爲他的女兒鑄作了兩套青銅禮器作爲媵器的銘文,媵器也是生活用器,是出嫁女兒的陪嫁禮器,婚禮的媵器也會有不同的禮儀用途,所以,函皇父鼎記録了兩套媵器。"函皇父鼎"銘文如下:

---

① 詫從宀,段玉裁認爲是因爲禮器必有冪,《説文·宀部》詫字段注:"(詫)奠酒爵也。大徐作奠爵酒,今依韵會所據訂。周書顧命曰:王三宿三祭三詫。某氏注曰:酌者實三爵于王。王三進爵,三祭酒,三奠爵。亓部曰:奠,置也。從宀,禮器必有冪也,故從宀。詫聲。當故切。五部。周書曰:王三宿三祭三詫。"這是可以商榷的。詫和宿、祭,都是動詞,從宀是因爲詫這個動作要求以左手作宀,右手執同卻步撒酒,所以詫才從宀,而不是同這個酒杯有冪。

皇父作琱娟盤、
盉、尊器,鼎簋一具,自
豕鼎降十又一,簋八,
兩罍,兩壺。琱娟其
萬年子子孫孫用寶用。

圖3-2 函皇父鼎及銘文

關于字,歷來都釋爲函字,《説文解字》没有函字,能不能釋爲函,尚待討論,本書姑從舊讀。銘文説函皇父爲琱娟作了兩套銅器,一套六件,計有盤、盉、尊、器(彝)、鼎和簋各一件;一套二十三件:十一件以豕鼎爲首鼎的牢鼎、八件簋、兩件罍和兩件壺。兩套禮器中的鼎加起來,就是十二件鼎;簋加起來,就是九件簋。作爲生活禮器的鼎、簋因爲生活禮儀的需要,都分别是11+1和8+1。此外,還有兩件罍、兩件壺和盤、盉、尊、彝各一件,總共二十九件。這兩套二十九件青銅禮器,因爲是函皇父給琱娟作的媵器,即陪嫁禮器,所以函皇父是這二十九件媵器的作者者,但不是二十九件青銅禮器的器主。這二十九件媵器的器主是琱娟,所有媵器是琱娟的陪嫁,將隨琱娟出嫁而帶至琱娟的夫家,因此,二十九件青銅禮器中所有的禮器組合所象徵的身份等級,乃是對應于琱娟的身份等級,而不是她的父親函皇父的身份等級,也就是説,不論這些組合如何分置,對于珊娟而言,她得到了十二鼎和九簋的陪嫁禮器。青銅器學上,也有按照器主命名銅器的慣例,所以,這件函皇父鼎,嚴格地按照器主的名字命名,應該叫"珊娟鼎"。銘文所記媵器中的十二鼎和九簋是分屬兩套,與三禮所説的生活禮器的用鼎按牢鼎、陪鼎分席放置是一致的,而且用"自豕鼎降十又一"特別標出這十一鼎是牢鼎,等于也指出了另外一套禮器中,和盤盉尊彝簋在一起的那件鼎是十一件牢鼎的陪鼎,可以説珊娟鼎的銘文實際是記載了十一件牢鼎和一件陪鼎,總數是十二鼎。十一牢鼎和一陪鼎的配置和禮書所説的九牢三陪的配置不相同,這可能是媵器的用鼎配置不同于食器的用鼎配置的緣故,但禮數是用了十二鼎作爲珊娟的身份等級象徵,參以三禮所記十二鼎是周王及王后的禮數,可證珊娟可能是一位擁有十二鼎身份的待嫁王妃。

如果這樣的分析可以成立,那麽,珊娟鼎就提供了一個周代王后用鼎也是十二鼎的例子,它既和三禮記載的周王和王后用鼎十二的記載相符合,也和商代王后(婦好)用爵十二的禮數相一致,説明商、周兩代的王后的禮器等級都是十二。這就説明,周代王和王后的用鼎禮數實際是繼承了商代商王和王后的用爵禮數。回過來看《左傳・桓公二年》所記臧哀伯説武王遷九鼎于洛陽,"義士猶或非之"。臧哀伯應該是熟知商周和魯國的禮典的,他説義士非議武王遷九鼎,應該和臧哀伯瞭解商周王者以及魯國太廟因爲周公也用十二這一禮之大數,而九鼎不是商周王的禮數有關,武王所遷,乃是周人爲西伯時的九鼎,這個等級和太清宮隱山大墓的九方鼎的級別是一個等級,作爲王者,武王卻把文王的西伯九鼎遷到洛陽,這是有失王者風範的,所以才有義士非議武王之遷九鼎。

第二節　商朝的"內服爵制"和
周朝天子命官等級制

商周時期的爵位等級制度,在商代是用爵制度,以爵的數位象徵爵位等級,周代早中期是爵鼎并用,晚期則用鼎的數位象徵爵位等級,但商周的爵位等級制度的等級觀念都是來自用爵制度,爵的禮數積澱下來的等級觀念,不僅留在了用爵的數級之中,也被沉澱在周代的用鼎的象徵身份等級的社會等級制度中。商代時,甲骨文已經把爵這個字從酒器名稱拓展到加爵、爵位等的字義,到了周代,爵字的爵位字義繼續深化,用爵代表爵位的等級觀念,以至于即使在爵鼎更代完成之後,從用爵升華出來的爵位觀念,先是在周初通過爵鼎組合來顯示爵位等級,而在用爵制度逐漸爲用鼎制度所代替之後,爵位就也由用鼎制度來體現了,即使用的是鼎的制度,反映的卻是爵的數位升華出來的爵位觀念。可以這麽說,周代之後的中國關于爵位等級的一般觀念,實質上來自用爵制度的升華和積澱,而商周的用爵數級和用鼎數級的一致性,使得兩代的王畿内服的爵位等級可以進行比較研究了。

商朝是一個聯邦式的諸侯國聯盟,到了殷墟時期,王朝的等級爵位體系分内服和外服,内服是指大邑商即殷墟地區的爵制系統,從商王后的十二爵、郭家莊 M160 的十爵、亞長墓的九爵、劉家莊 M1046 的七爵、小屯 M18 的五爵、小屯 M331 的三爵等,反映的是内服的殷墟地區上下直屬的等級關係,商王和王后的王爵之下,所有的爵位都不是最高的爵位。

郭家莊 M160 的十爵象徵的等級,相當于是一個亞一級的等級,山西靈石旌介村 M1 墓主叫"亞羌",説明十爵可以是亞一級的級別。亞長墓是殷墟内服地區的九爵墓,九爵也可以是亞的另一個級別。雖然商代九爵墓僅此一例,因爲婦好墓有亞其獻祭的九爵,同是亞級將官,足以證明商代内服是有九爵命官的。七爵的劉家莊 M1046、五爵的小屯 M18 和三爵的小屯 M331、M238,以及殷墟地區大量的二爵墓和一爵墓,説明商代内服爵位等級自商王以下可能存在一個商王命官系統的等級結構,以商王爲塔尖,逐級而下,依次爲十、九、七、五、三、一。這種内服的王官官爵因爲没有商代文獻傳下來,所以除了十爵和九爵的亞,還没有其他等級的内服官爵名稱留下來,但是,到了周代,文獻上就出現了諸如公、伯、侯、卿、大夫、士等有具體官名和爵名的爵位名稱。

　　舉例來説,周初輔佐武王、成王、康王三代理政和征戰的公一級的公卿,有周公、召公、畢公等。這些公都是有封國的,但都沒有就封,而是讓他們的兒子去受封就國。周公沒有就封魯國,留在宗周和成周輔佐武王和成王,他擔任了成王的太師。根據《金縢》記載,周公得到了成王特許,可以享受周國家禮儀,即是十二鼎級諸侯,高過太公、召公和畢公的諸侯爵位。召公也沒有就封于燕國,而是擔任成王、康王兩代王的太保,康王接王位時,召公身兼二職,一是以太保出任成王之尸主代成王授命康王繼位,在康王即位時又以洛陽以西的衆諸侯的諸侯長,和東諸侯長畢公一起,率衆諸侯覲見新王(《尚書·顧命》)。根據文王爲西伯時作九鼎的歷史記録,可以相信,召公爲西伯,畢公爲東伯。考古發現證明了召公次子太保燕仲一脈是山西垣曲北白鵝的采邑主,其墓葬用鼎是七鼎,召公的長子克到燕就封,克的爵位應該高于七鼎的太保燕仲,他們的父親召公的爵位又應該高于太保燕仲兩級,也就是説,召公應該是十爵或十鼎的爵位等級。

　　比較有意思的是,太保燕仲的名字有兩個來源:一個是以官爲氏,以召公的官職太保爲氏姓;一個是以國爲氏,以召公的封國燕國爲名,連起來就有了"太保燕仲"這個名字。這一脈的爵位是七鼎。召公還有一脈留在宗周,那就是稱爲召伯的召公後裔①,召公是公爵,他的長子克到燕國就封,是侯爵。到垣曲采邑的太保燕仲爲七鼎級別,這是一個相當于伯爵的級別。召公的另一脈是召伯,傳世青銅器有憲鼎和伯憲盉,這一支以召公的爵號爲氏,名召,爵位是伯爵,故稱召伯,按照太保燕仲的七鼎的級別,這一支召公之後稱伯,應該也是七鼎。以召伯的伯爵和太保燕仲的七鼎級別反推召公的爵位,七鼎爲伯爵,上面還有兩級,即侯爵和公爵,燕侯克是侯爵,召公應該是公爵,所以召公的爵位應該是十鼎或十爵的級別。

---

　　① 曹斌、康予虎、羅璇《匼侯銅器與早期燕國世系》,《江漢考古》2016 年第 5 期,第70—76 頁。

　　商代有十爵的"亞羌"，九爵的"亞長"，周代王命之官也應當有相當于十爵爵位的命官，但文獻上尚無相應的記載。考古學上有逨鼎一套十鼎的記錄，逨的官職和官爵值得一議。

　　2003 年 1 月 9 日，陝西省眉縣馬家鎮楊家村五位農民在取土時發現了一個青銅器窖藏，隨後，陝西省考古部門對該窖藏進行了發掘，并對窖藏周圍進行了調查、鑽探和發掘。發掘面積 300 平方米。青銅器窖藏爲一長方形竪穴連接一個大致呈圓形的龕。竪穴爲南北向，長 4.7 米，東西寬 2.5 米，穴底距地表 7 米。竪穴自深 2.5 米。其南部的龕底徑爲 1.6 米×1.8 米，高 1.1 米。竪穴與龕的連接處，用夯土密封，27 件青銅器放置于龕內，保存狀況良好①。據《陝西眉縣出土窖藏青銅器筆談》(以下簡稱《筆談》)②，該窖藏發現時，窖藏坑上部已經被取土 2 米左右，因而該窖藏的竪穴深度實際是 9 米以上。該窖藏所出的 12 件青銅鼎，根據銘文可分兩套：一套兩件同銘，因銘文記錄紀年四十二年，而稱爲"四十二年逨鼎"；一套十件同銘，因記錄紀年爲四十三年，而稱爲"四十三年逨鼎"。

　　四十三年逨鼎一共是 10 件，引起了學界的關注。王世民先生因爲十鼎超過了以前關于列鼎級數的想象而質疑四十三年逨鼎的件數，他根據第六、第七鼎的形制大小明顯存在不同而懷疑這 10 件鼎應該是兩套："四十三年鼎，10 件大小相次，第 6、7 件間落差較大，明顯地分爲甲、乙兩組。較大的甲組(6 件)和較小的乙組(4 件)，頸部的竊曲紋結構一致，屬我们在《西周青銅器分期斷代研究》一書中區分的 I 型 4 式，與大小克鼎、師𡞱簋和王臣簋等器接近。"③。

　　同樣，陳佩芬老師對此問題也表示了謹慎的疑問："10 件四十三年逨鼎，器形、花紋、銘文全同，大小相次，也爲周代用鼎制度提出來了疑問。

----

① 陝西省考古研究所、寶雞市考古工作隊、眉縣文化館楊家村聯合考古隊《陝西眉縣楊家村西周銅器窖藏發掘簡報》，《文物》2003 年第 6 期。
② 《陝西眉縣出土窖藏青銅器筆談》，見《文物》2003 年第 6 期，第 43—65 頁。
③ 《筆談》。

所謂天子 9 鼎、諸侯 7 鼎，卿大夫 5 鼎，士 3 鼎至 1 鼎，幾乎得到了學術界的公認。現在出了 10 件一套的列鼎，該如何解釋？我曾設想，10 件鼎可能是 5 件一套的兩組，這樣和逨所任虞官的大夫級職位比較相稱。但是否如此，還需研究。"①

高明先生則從"天子九鼎説"出發，認爲逨的十鼎是對周代禮制的僭越，他説："窖藏共出逨鼎 12 件，從銘文内容來看，應分爲兩組，一組是四十二年鼎 2 件，另一組是四十三年鼎 10 件。以筆者的分析，這兩組鼎應屬于西周禮儀中的'大牢九鼎'，即所謂的 9 件列鼎和 2 件羞鼎。但奇怪的是四十三年鼎不是 9 件，而是 10 件，而與'大牢九鼎'的禮制不合。衆所周知，西周時代禮制中的用鼎制度，分爲四個等級，即九鼎、七鼎、五鼎、三鼎。在現存的先秦文獻中，有關鼎的使用制度，主要見于《儀禮》和《周禮》，此等書均寫于戰國時期，其内容雖然大都源于西周古禮，但具體規定却基于東周制度，對西周用鼎制度的考察，主要依靠地下出土材料。何休注《公羊》桓公二年傳云：'天子九鼎，諸侯七，卿大夫五，元士三也。'應當視爲這是西周王朝的最早禮制。目前尚未發現西周前期的九鼎墓，西周晚期却有幾份材料可供研究。例如，扶風莊白窖藏(76FZH1)，出土微伯史癲的銅簋 8 件，據癲鐘銘云：癲的官職爲'尹氏'，尹氏即作册尹，也就是内史。同窖雖基本未見銅鼎，但是按照禮制，八簋是用來配九鼎的，如《儀禮·聘禮》：'飪一牢，在西，鼎九、羞鼎三。……堂上之饌八。'鄭玄注'堂上八豆，八簋。'又'饗：飪一牢，鼎九……八簋繼之。'説明微伯癲這位史官，却用了天子禮制大牢九鼎。再如，岐山董家窖藏所出的此鼎與此簋，鼎只有 3 件，簋則爲 8 件，鼎簋皆爲宣王十七年十二月乙卯同時鑄造，按禮制八簋應配九鼎，故知鼎有遺失，原來應爲大牢九鼎成列。還如，扶風上康村窖藏出的函皇父銅器，據函皇父盤銘云：'函皇父作琱娟盤、盉、尊器，鼎簋一具，自豕鼎降十有一，簋八，兩罍，兩壺。''自豕鼎降十有一，簋八'，顯然是大牢九鼎加二羞，配八簋，雖是'自豕鼎降'，鼎数却爲

---

① 《筆談》。

九鼎。此與函皇父皆爲卿士一級的官職,則用大牢九鼎,應當視爲這是對西周古禮的僭越。”

高明先生又説:“從以上材料來看,西周古禮到了西周晚期已經遭到重臣們的僭越,所謂‘天子九鼎,諸侯七,大夫五,元士三’的禮制已被破壞。就以四十三年逨鼎來講,鼎數雖然是 10 件,其中的銘文,卻只有九篇,每篇都是 317 字,內容也完全一致。其所以是 10 件鼎,因爲其中 1 件小鼎,鼎内腹部的面積甚小,容納不了 300 多字,故將其全文分作上下兩部分,分鑄在兩個鼎腹之内。如此異常地改九爲十,足見逨這位周王重臣,他所重視的并不是如何遵從傳統的禮制,乃是他的個人的功勛事跡家族世譜。爲了使其不在任何一個鼎中漏掉,不惜多鑄一鼎,變大牢九鼎爲十鼎。他不僅在用鼎數量上僭越了古禮,并破壞禮儀的常規。從逨鼎這批材料可以看出,周代傳統的禮樂制度,到了西周晚期,的確是禮崩樂壞。所以到了東周時代,諸侯國的國君和卿大夫,不愿再受周禮的約束,竟先僭越,進一步破壞,從而走上消亡。”①

如果從商代用爵制度的背景看待四十三年逨鼎的十鼎,那麼就會發現,十這個數級并不構成對于“天子之禮”的僭越,十件四十三年逨鼎也無須分成兩組,或者硬把十鼎説成是九鼎,并説成是僭越禮制。因爲在商代用爵制度中,内服外服都有十爵的例子,且總共已經有了五例,足以證明商代用爵制度確實存在十爵這麼一個等級。如果説周代用鼎制度的禮數沿用了商代的用爵制度的禮數,那麼,以十鼎沿用商代的十爵,完全是自然而正常的,所以,四十三年逨鼎以十鼎成組應該是和十爵是一個等級。爲了展開關于四十三年逨鼎鼎數的討論,有必要先考訂一下這套鼎的鑄作目的,兹將四十二年逨鼎、四十三年逨鼎銘文分列如下。

四十二年逨鼎銘文(見圖 3－3)如下:

① 《筆談》。

105

圖 3-3　四十二年逨鼎銘文

唯卅又二年五月既生霸乙

卯,王在周康宮穆宮,旦,王格大

室,即位,司工散佑吳逨入門

立中廷,北嚮,尹氏授王贅書。

王呼史減冊贅逨,王若曰:'逨,

丕顯文武,膺受大命,敷有四

方,則緐唯乃先聖祖考,夾紹

先王,爵勤大命,奠周邦。余弗

叚(暇)忘聖人孫子,余唯閉乃先

祖考,有爵于周邦,肆余作汝

□旬,肇建長父,侯于采,余

命汝奠長父休,汝克奠于(扜)厥

師,汝唯克型乃先祖考,辟獫狁

出捷于邢阿,于歷岩,汝不

艮戎,汝光長父以追博

戎,宕伐于弓谷,汝執訊獲馘俘

器車馬。汝敏于戎工,弗逆朕新

命,贅汝秬鬯一卣,田于騷卅田,于

珉廿田。'逨拜稽首,受册贅以

出。逨敢對天子丕顯魯休揚。

用作鼑彝,用享孝于龏叔,

其嚴在上,廙在下,穆穆秉明德。豐豐勃勃

降余康虞,屯右通彔

永令。眉壽綽綰,畍臣天子,

逨其萬年無疆。子子孫孫永寶用享。

四十三年逨鼎銘文(見圖3-4)如下:

圖3-4　四十三年逨鼎銘文

隹卌又三年六月既生霸

丁亥,王才周康宫穆宫,旦,王

各周廟,即立,司馬壽右吳

逨入門,立中庭,北嚮。**史減**

受王令(命)書,王乎尹氏册令

逨,王若曰:逨! 不顯文武

膺受大令。匍佑四方,則繇

隹乃先聖祖考夾保先王,

爵董大令奠周邦。肆余弗

謢聖人孫子。昔余既令女召（紹）

榮兌，執嗣四方，虞𦥑用宮禦。

今余佳㐱乃先且考又爵于周

邦。（辭度）乃令，令女官嗣歷人，母敢

妄寧虞。夙夕惠擁我邦，

小大猷雺乃專政事。母敢不

寅，不井雺乃贏庶又氽，母

敢不中。不井毋龔龔訇訇。佳有

宥從。迺秎鰥寡，用乍余我一人，

死不雀死。王曰：逨，易女秬鬯

一卣，玄袞衣赤舄。駒車賁較，

朱虢靳口。虎冪熏

裏、畫𨍮畫𨍮金甬。馬四匹，攸勒

敬夙夕弗廢朕命。逨拜稽首，

受冊佩以出，反入堇圭。逨敢對

天子不顯魯休揚，用乍朕

皇考龔叔𪔅彝。皇考其嚴

在上，廙在下，穆穆秉明德。豐勃

降余康娛，屯右通彔

永令。眉壽綽綰，畯臣天子，

逨萬年無疆。子子孫孫永寶用享。

四十三年逨鼎（見圖3-5）是爲紀念周宣王在四十三年賜命授予逨"虞"這個官爵而作的，爲了宣王這次授爵，逨作了一套十件鼎。鑄鼎的起因是宣王對逨的賜命，鑄鼎的目的是把賜命祭告于皇考龔叔。這個"龔叔"在四十二年逨鼎先被宣王稱爲逨的祖，後稱爲"長父"，逨稱龔叔是"皇考"，説明宣王比逨的輩分低一輩。宣王在四十二年曾説"長父"在討伐玁狁時立下攻克邢阿和歷岩的功業（"余命汝奠長父休，汝克奠于（扜）厥師，

108

汝唯克型乃先祖考,辟獫狁出捷于
邢阿,于歷岩"),宣王爲此曾許諾
封"長父"侯于采("余唯閉乃先祖
考,有爵于周邦,肆余作汝□旬,肇
建長父,侯于采"),根據四十二年
逨鼎的册贅,單氏龔叔、虞逨兩代分
別在討伐獫狁和追搏戎狄的戰役中
立下功勛,所以賜予了逨兩田。宣
王賜予土地是因爲他曾經承諾要讓
龔叔和虞逨"侯于采",這也就是四
十二年逨鼎的王命書所説的"皇祖

圖 3-5　四十三年逨鼎

龔叔"曾經"有爵于周邦"。四十三年的册命書説:"昔余既令女召(紹)榮
兑,執嗣四方,虞嗇用宫禦。今余隹至乃先且考又爵于周邦。(辭度)乃
令,令女官嗣歷人。"説逨的父親龔叔是有爵于周邦的,龔叔有的是什麽
爵,兩鼎都没有細説,但所説的"昔余既令汝紹榮兑,執嗣四方,虞嗇宫
禦",顯然不是準備授予龔叔的官爵,而是宣王在四十二年册贅逨時,對
逨有所承諾,到了四十三年的賜命,宣王任命逨爲虞這個天子命官,實際
是兑現前一年的承諾,自這一年起,逨才正式成爲宣王的虞這個天子公卿
一級的命官。逨是自認爲自己爲家族掙得了天子之公卿的榮耀,所以作
了十鼎。而這個職位比他的父親龔叔的級别還要高,所以才鑄作十鼎祭
告"皇考龔叔",而不是祭告遠祖單公,目的是爲了告訴龔叔,單氏家族到
自己這輩又恢復了遠祖單公的公一級的爵位。這和大克鼎所記的不一樣,
孝王賜命師克繼承擔任"出納王命"的公卿世官,師克則認爲這是因爲師華
父的祖蔭,師克家族從師華父起,世代擔任著"出納王命"的世官,所以在恭
王賜命師克襲繼出納王命的世職時,師克要追祭到遠祖師華父,爲師華父作
了大克鼎。逨作爲虞不是因爲世職,而是因爲勤王的戰功,因爲宣王四十三
年的賜命,逨才開始擔任虞,所以不祭告遠祖單公,而是祭告其皇考龔叔。

王世民和陳佩芬兩位先生都認爲虞是大夫一級的命官,所以都懷疑四十三年逨鼎可能分爲兩組。其實,逨擔任的虞是一個天子之公卿,其地位不亞于大盂鼎的盂、毛公鼎的毛公和大克鼎的克,因爲宣王賜命逨擔任虞時提到了這個虞的官職是一個"執司四方"的官職。執司四方,或四方,出現在任命天子命官的册命書中,一般都表示這個册命所任命的天子命官的級別非同尋常。

宣王在賜命中説:"逨! 不顯文武膺受大令。**匍佑四方**,則夠佳乃先聖祖考夾保先王,爵董大令奠周邦。肆余弗謹聖人孫子。昔余既令女召(紹)榮兌,**執嗣四方**,虞嗇用宮禦。"

類似的記載也見于逨盤:"逨曰: 丕顯朕皇高祖單公,桓桓克明慎厥德,夾召文王武王達(撻)殷,膺受天魯命,**匍有四方**,竝(普?)宅厥堇疆土,用配上帝。""逨,丕顯文武,膺受大命,**匍有四方**,則緐唯乃先聖祖考夾召先王,勞堇大命。今余唯經乃先聖祖考,申就乃令,令汝正榮兌,**執嗣四方**,虞林用宮御。"

執嗣四方出現在虞林用宮御之前,説明這個虞不是一個一般的苑林官。按照《堯典》的記載,虞林之官是一個古老的官職,傳説堯舜時代,舜就曾先被堯納于大麓,擔任過類似虞的職務。舜繼爲帝後,任命益爲虞,作爲舜的九卿之一。傳説益後來是禹的繼承人的競爭者,可能就是因爲他所擔任的虞和伯禹擔任的司空是一個級別,他們都是舜的九卿之一,所以益才可能有資格與夏啓爭位。金文中,大盂鼎、大克鼎和毛公鼎都在銘文所記的周王的册命中提到了"四方",用以説明所賜命的命官地位之重要。

例如大盂鼎,康王賜命盂繼承祖南公的世職時説:"盂! 迺召夾死司戎,敏諫罰訟,夙夕召我一人烝四方。"盂是康王的重臣,康王賜命盂繼承祖南公時,三次提到四方,雖然没有提到祖南公的具體職務,但從賜命説讓盂繼承祖南公的世職來看,應該是讓盂世代爲天子之公卿。又如,大克鼎提到孝王讓克繼承師華父的"出納王命"的世職,根據《堯典》的記載,出納帝命的龍也是舜的九卿之一,但龍排在九卿之末①,而擔任虞的益排在九卿的第六位,在伯夷之前,這説明,虞是排在出納帝命的官職之前的

_____

① 《尚書·堯典》:"帝曰:'龍,朕堲讒説殄行,震驚朕師。命汝作納言,夙夜出納朕命,惟允!'"

官職,虞和出納帝命都位列天子公卿,而《皋陶謨》還記載出納帝命這個職務後來被舜命令禹兼任了,可見出納帝命和出納王命都是位列天子公卿的重要職務。而在孝王的賜命裏,出納王命是"保辥(乂)周邦,畯尹四方"的天子命官,其官爵也是"畯尹四方"的級别,和逨"執司四方"的虞是不相上下的。再如毛公鼎,毛公受命執掌卿事寮、太史寮以及三有司等部門,并率族擔任禁衛軍,他的地位和盂的祖南公一樣,也是公,顯然是高于諸侯的,所以特别爲宣王所倚重:"今余唯肇經先王命,命汝嬖我邦我家内外,惷于小大政,屏朕位,虩许上下若否于四方。""告余先王若德,用仰昭皇天,申恪大命,康能四國,欲我弗作先王憂。"康能四國,就是康能四方的意思,説明毛公的官爵之高。

比較下來,龔叔和虞逨都曾作爲武將爲宣王立下戰功,龔叔曾經麾師討伐獫狁,"出捷于邢阿,于歷岩",而虞逨則"扞厥師"收復了弓谷。宣王在册命中并没有説讓龔叔"執司四方",但賜命逨擔任虞時,説到了要逨擔任執司四方的虞,説明逨的官爵比其皇考龔叔更高,不是一個大夫級别的一般命官,這個執司四方的虞因此達到了更高級的官爵:十鼎。所以逨在四十三年作十鼎,應該是爲了作爲虞這個高級命官的爵位的象徵。

據逨盤,逨的遠祖單公曾號稱公,也曾夾紹文武兩代周王"匍有四方",説明逨的遠祖單公曾經達到過"執司四方"級别的官爵。但到了龔叔—逨這一支,并没有繼承遠祖單公的爵位,所以龔叔只是叔,説明龔叔—逨這一支原來是單氏家族的小宗庶支,龔叔和逨兩代爲宣王屢建戰功,終于讓逨被宣王賜命擔任"執司四方"的虞,説明逨在龔叔之後,和遠祖單公一樣,再次位列天子之公一級的重卿。因此,逨爲這次賜命專門作了十鼎,作爲宣王的執司四方的命官虞,逨的官爵達到了十鼎之尊。這也説明,和商代内服存在的十爵的官爵爵位一樣,周代天子命官也是存在十鼎這一級官爵等級的。

周代王朝命官中的官爵是否有九鼎、七鼎、五鼎的級别,文獻和金文都没有明確的記録,考古學也未見相應的發現。但三鼎和一鼎的天子命官爵位記録還是見于金文記載的。四十三年逨鼎説到了逨接受册命的儀式,"逨拜稽首,受册佩以出,反入堇圭。"這種接受封官授爵的册命典禮,也見于頌鼎和山鼎。

頌鼎是傳世文物,已知有三件同銘頌鼎,分別收藏于上海博物館、北京故宮和"臺北故宮博物院"(見圖3-6)。上海博物館所收和"臺北故宮博物院"所收頌鼎銘文爲一版銘文,北京故宮分鑄成兩版,三件頌鼎雖然同銘,但排版不同,比如"攸勒。用事"四字,上海博物館所藏"用事"二字出現在銘文的第九行行首,北京故宮所藏"用事"二字出現在第七行中間第六、七字,而"臺北故宮博物院"所藏"用事"二字出現在第九行第三、四字。

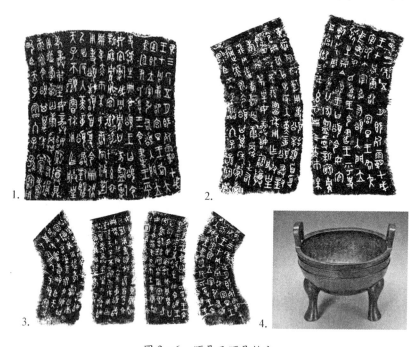

圖3-6 頌鼎及頌鼎銘文

(1. 上海博物館版銘文 2. 北京故宮博物院版銘文 3. "臺北故宮博物院"版銘文 4. 頌鼎)

如下爲上海博物館版的頌鼎銘文釋文:

> 唯三年五月既死霸甲戌,
> 王在周康邵宮。旦,王格大
> 室,即位。宰引佑頌入門立

中廷。尹氏授王命書,王呼

史虢生冊命頌。王曰:"頌,命

汝官嗣成周貯二十家,監嗣

新造貯用官御。賜汝玄衣

黹純、赤芾、朱黃、鑾、旂、攸勒。

用事。"頌拜,稽首。受命冊,佩

以出,反入覲璋。頌敢對揚

天子丕顯魯休,用作朕皇

考龔叔、皇母龔姒寶尊鼎。

用追孝,祈介康𪉷纯祐通

禄永命。頌其萬年眉壽,

畯臣天子霝終,子子孫孫寶用。

頌鼎之外,還有史頌鼎(見圖3-7)。史頌鼎銘文如下:

圖3-7　史頌鼎及其銘文

113

佳(唯)三年五月丁子(巳),王

才(在)宗周,令史頌德蘇

涿友、里君、百生(姓),帥🔲🔲(堳)𣪊

于成周,休又(有)成事,蘇貯

章、馬三(四)匹、吉金,用乍🔲彝,

頌其萬年無疆(疆),🔲(揚)天

子🔲令(景命),子子孫孫永寶用。

　　對勘兩篇銘文,可知頌是一個史,頌鼎的賜命説頌的職守是"官𤔲成周貯二十家,監𤔲新造貯用宮御"。這個史頌統領著成周二十家爲宮廷御用提供貢物的貯户,而史頌鼎的蘇可能就是這成周二十家貯户之一,頌受命向蘇的涿友、里君、百生徵收(德)貢物,"休有成事",完成了徵收,蘇爲此給了頌一塊玉章(璋)、四匹馬和一些吉金(青銅)。貯這個字從貝宁聲,頌鼎作🔲,史頌鼎作🔲,🔲的上部接近于今字的宁,而頌鼎的🔲的上部,與甲骨文和金文的🔲和🔲相同,頌鼎和史頌鼎的時代,貯已經有了從宁和從🔲的兩種寫法,🔲字説文作🔲,説是"辨積物也"的意思,段注引《周禮》説辨是具的意思,其實🔲字本身已經有積藏之義,周禮注引作𥩟,從🔲者聲,説明積藏就是🔲的本義,但頌鼎提到的貯則可能是對成周住民的課徵,成周住民根據《尚書·周書》的記載,主要是被周朝强制遷入的商朝遺民,所以才會被周朝課徵。因爲這類課徵是針對這些住民的積藏的,所以叫"貯",頌就是課徵這類貯的史官,史頌鼎所記可能是他擔任徵收"貯"的史官之後的一次新官上任,當然,這是題外之話了。

　　頌在接受册命的儀式中,"反入"的是瑾璋(🔲🔲),而不是瑾圭,作爲覲見天子時手持的玉瑞,璋的級別低于圭的級別,與大夫爵位相當。而頌鼎三鼎同銘記載了同一次賜命,説明頌爲了紀念這次賜命一共鑄作了三鼎,也就是説,史頌在宣王的賜命中得到了三鼎級別的爵位,按照周代天子命官的級別,三鼎是天子命官大夫的級別。頌有三鼎,就是宣王的三鼎大夫這一級的命官。無疑,這對于認識周代的用鼎等級與爵位的關係有重要的意義：即周代的三鼎和商代的三爵的級別是相對應的。

　　山鼎的銘文也記載有這種冊命儀式（見圖3−8）。山鼎銘文如下：

佳卅又七年正月初吉庚

戌，王在周，格圖室。南宮乎

入右譱（膳）夫山，入門立中廷，

北卿（嚮）。王乎（呼）史乘冊令（命）山，王

曰："山，命汝官嗣飲献人于

兒，用作害司貯，毋敢不善；

易女玄衣、黹屯（純）、赤市（韍）、朱黄（衡）、

鑾旗。"山拜稽首，受冊佩以

出，反入堇章。山敢對揚天

子休令（命），用乍（作）朕皇考叔碩

父尊鼎，用祈匃眉壽，綽

綰永令（命）霝冬（靈終），子子孫孫永寶用。

圖3−8　山鼎及山鼎銘文

115

　　山擔任的是王畿旯地區的司掌飲饗和獻酬的官職,其職守也有徵收貯,從山接受册命時也是反入瑾璋來看,他也是一個周天子的命官,但山原來是膳夫,從他司掌飲獻人只是在旯一個地方來看,級別應該比師克的膳夫要低了很多,師克以膳夫接受孝王的賜命擔任權涉四方的"出納王命",并同時得到賜予的七田,山并没有得到旯,而只是司掌旯地的飲獻,也就是職掌旯地與飲獻相關的貯的徵收,他擔任的膳夫級別是不可能和師克擔任的膳夫級別相比的。山不僅和膳夫克不能比,與頌也難相比,山所擔任的飲獻人于旯,只是一地,且只限于徵收與飲獻相關的貯,頌則徵收成周的二十家的貯。同樣作爲天子命官,山的級別應該是不及頌的級別的,所以,頌有三鼎,山才只有一鼎,説明山的官爵級別是只有一鼎的相當于天子之士的命官級別。

　　綜上,根據商代内服的爵位系統和周代王朝命官的爵位系統的比較,基本上可以説,周代王朝命官的用鼎制度,當來源于商代内服的用爵制度,其數級結構和商代内服的用爵制度的數級結構存在一致的地方,可以確認的是,周代的命官用鼎來象徵官爵的高低,其數級是來自商代用爵制度。

第三節　商代考古所見方國諸侯爵位等級與周代五等爵制

　　商代文獻散落,不見有關外服的爵制的記録,唯有零星的卜辭記録提及商代或存在伯、侯、子、田等。金文見有"亞羌""亞長",亞的級別分十爵和九爵兩個等級,殷墟内服所見的七爵、五爵、三爵是否相當于侯、子、田的爵位,因不見金文,又無文獻參證,所以難以確定。但外服方國所見的以用爵數級體現的等級,給了方國的爵位制度一個大致的輪廓,方國的爵位制度本來和方國當地的等級制度的獨立發展有關,比如盤龍城李家嘴 M2 的五爵,象徵的是當地最高的爵位,而且先于商王朝的殷墟時期就已經有了這個在當地意味著最高的爵位等級。蘇埠屯 M1 的亞字大墓象徵著當地的王者級別的身份,這種因方國自然形成的爵位等級,體現在商朝的王朝爵位體系,就形成了以商王十二爵爲中心的横向的諸侯國的不同等級的爵位體系,這個體系中的爵位高低,不表示相互之間存在直接的統屬關係,只反映商代的王朝與大小方國的聯繫,反映大邑商和各個方國之間存在爵位高低不同的等級。蘇埠屯 M1 的亞字型大墓(見圖 3-9),很有可能是獨立于商朝之外的王國留下的墓葬,與蘇埠屯 M1 同一墓葬地的蘇埠屯 M7 是一座三爵墓,這座三爵墓的墓主應該和亞字大墓墓主形成上下的統屬關係,M7 墓主是 M1 墓主的下屬,和商王朝殷墟地區的高于三爵的貴族沒有直接的關係。方國本地存在這種自成系統的爵位制度,這和殷墟地區存在本地系統的爵位制度有相似之處,即兩地都有本地的爵位等級體系,但很大程度上是當地自成體系的等級關係,不表示外服的方國在同數位的爵位上低于内服地區的同數位的爵位。在另一方面,兩地都以用爵數位象徵爵位等級,又表示兩地的爵位制度是在同一個王朝使用著同一套爵位制度,雖然分爲内服和外服的兩個地區,採用的是同一套商制和商禮,由此才可以説是同在一個王朝。因爲殷墟在王朝中心,其用爵制度所以才能夠稱爲商代用爵制度。蘇埠屯也使用爵來象徵爵位,説明蘇埠屯地區雖然不一定是一個加入商王朝的方國,而且可能是自稱王國的方國,但墓制和爵制還是採用了和商王朝一致的制度,以爵的數位體現本地的權力結構。由于商王朝的體系是聯邦式的方國結盟,至商代末期,暗自稱王的就有可能不止一個方國,例如周國一方面做著商朝的西伯,一方面已經暗自稱了王。所以蘇埠屯有商代亞字型大墓,不排除這裏的諸侯也像文王一樣,是一個自稱王國的方國。

　　山西靈石旌介 M1 和 M2 都是十爵墓,應該是"丙"國的諸侯①。M1 的十爵按照銘文可分爲兩組:一組八件,銘"丙"字,𤇢;一組二件,銘"亞羌",𤔅。"丙"可能是方國名,"亞羌"應該就是這個方國諸侯的

---

① 山西省考古研究所、靈石文化局《山西靈石旌介村商墓》,《文物》1986 年第 11 期。

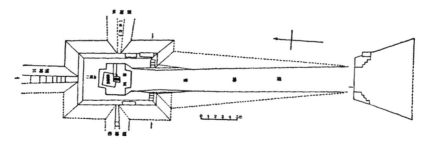

圖 3 - 9　蘇埠屯 M1 平面圖

"亞"級爵位級別。M1 墓主和殷墟劉家莊 M160、司空 M303 是同一級別，比亞長墓的九爵高一級。靈石旌介村 M2 也是十爵級別，五件爵銘![img]，五件銘"討"。方國諸侯之間本來不存在相互統屬的關係，隨著商王朝勢力的強大，就會出一些與商王朝關係緊密的諸侯國幫助王朝統領一方或數方諸侯，商代把這種諸侯之長稱爲"伯"，丙國的亞羌可能就是這樣的級別，所以是十爵。周文王曾爲紂王的西伯，統領西土，文王的爵位級別，根據其子武王遷九鼎的傳説，可以推知文王的爵位可能比亞羌低一級，是九鼎。同時，諸侯也有到王朝内服去做王官的，造成這些諸侯亦侯亦官，從而使他們的爵位有了雙重的意義，即他們的爵位既是侯爵，也是官爵，以至于王朝的官名可以用侯伯代稱，相應地，王朝命官的爵位也與侯伯爵位相當，這應該就是十爵墓可以同時出現在内服殷墟地區和外服方國地區的原因。

　　九爵墓往下，就是七爵墓。方國墓地有滕州前掌大墓地，根據表 3 - 1 的統計，不難發現，這裏和殷墟地區的用爵數級略有不同。首先這是一個迄今所見以七爵爲最高等級的方國貴族墓葬群，但前掌大墓地還在"北 I 區集中發現了 12 座帶墓道大墓，其中兩條墓道的 3 座，墓葬規模最大的 BM4 墓室面積達到了 50 平方米，時代以及墓葬特點都與周初商系的鹿邑長子口墓最爲接近"[①]。因此，前掌大墓地 M11 的七爵級別并不代表該方國墓地的最高級別，可以看作是這個方國諸侯之下的一個貴族爵位

----

① 曹斌《前掌大墓地性質辨析》，《考古與文物》2015 年第 2 期，第 40—46 頁。

表 3-1 滕州前掌大商周墓地隨葬青銅器概覽表

墓葬編號	墓室面積 M²	殉葬人數	銅器總數	爵	斝	觚	角	觶	尊	壺	觥	盉	卣	鼎	簋	瓶	高	盤	斗	備註
前掌大 M11	7.62	1	30	5	1	4	2	1	1	1	1		3	8	1			1	1	冑10 戈23
前掌大 M38	8.01		21	4	1	4		1	1		1		2	3	1		2		1	
前掌大 M120	7.73		18	4	1	2	1	1	1		1		2	3	1	1	1		1	
前掌大 M119	7.67		12	3	1	2		1	1				1	1	1				1	
前掌大 M21	5.90		14	2	1	3	2	1	1				2	1	1					
前掌大 M18	7.59		13	2	1	2	1	1	1	1	1	1	1	1	1					
前掌大 M128	6.39		6			2			1				2		1					
前掌大 M121	4.99		6	2	1	2			1											
前掌大 M49	3.28		4	2	1	2			1											被盜
前掌大 M126	5.04		3	1	1	2														被盜

象徵,也就是説,這個方國的諸侯爵位應該不止于七爵。有學者認爲這個墓地可能是古薛國的墓地①,也有學者認爲前掌大墓地的青銅器大量地刻有"史"和"鼻"字,表明這個墓地是一個鳥氏史國墓地,鼻字和殷墟小屯 M18(見圖 3-10)所見銘文彙爲同一個字,小屯 M18 是殷墟前期的墓葬,所以,這個前掌大墓地有可能是殷墟的"鳥氏史族"被分封到前掌大的方國的墓地,而這個方國有可能是商朝晚期封立的"鳥氏史國"②,在周初投奔了周朝,而以小屯 M18 和前掌大 M11 爲證,小屯 M18 是一座五爵墓,前掌大 M11 是一座七爵

圖 3-10
小屯 M18 觚銘

墓,説明鳥氏史族被封到東土之後,爵位從殷墟時期的五爵提升至七爵以上,很有可能被封爲諸侯了。由于鳥氏史國投奔了周朝,其在商末得到的諸侯爵位被周朝確認,所以前掌大墓地才會有三座中字型大墓和九座甲字型大墓,而前掌大 M11 也能够有七爵的爵位,對于周朝而言,前掌大的鳥氏史國就是一個七爵以上的諸侯國,它的爵位來歷并不是來源于本朝,而是來源于前朝,"本朝"周朝只是確認鳥氏史國在前朝的爵位而已。

其次,前掌大墓地有四座四爵墓,按照該墓地發現的等級,這四座墓葬的等級排在七爵的 M11 之後,屬于本地的第四等級,即第一等級是中字型大墓,第二等級是甲字型大墓,第三等級是七爵的 M11,第四等級是四爵的 M21、M38、M119、M120 四座四爵墓。殷墟地區没有四爵墓,爲什麽前掌大墓地有四爵墓? 一個可能是與前掌大鳥族史國有淵源關係的小屯 M18 有關。殷墟小屯 M18 發現的五爵,一爵無銘,四爵有銘,銘文都作"子圭母"(見圖 3-11),甲骨文圭字作"⯑",爵銘的圭字作 ⬛ 和 ⬛,與甲骨文的圭字相同,所以四件爵可以定名爲"子圭母爵",子母雖然分在圭的上下,按照商代銘文的規律,也可讀若"氞"或"孚",氞字即好的異

---

① 王恩田《陝西岐山新出薛器考釋》,《古文字論集(一)》,《考古與文物》編輯部,1983 年。胡秉華《滕州前掌大商代墓葬地面建築淺析》,《考古》1994 年第 2 期。

② 曹斌《前掌大墓地性質辨析》,《考古與文物》2015 年第 2 期,第 40—46 頁。又見陳絜《小屯 M18 所出朱書玉戈與商人東進交通綫》,《故宫博物院院刊》2019 年第 3 期,第 4—11 頁。

體字,則爵銘可讀爲"矛圭爵"。小屯 M18 是鳥氏族,與前掌大的鳥族爲
同族,矛圭爵同銘四件,可能是前掌大墓地四組四爵的淵源由來,其從五
爵變成四爵,或許是屬于在内服的五爵被分封到外服之後的"禮減一
等"。另一種可能,是這幾座四爵墓墓主和小屯 M18 的"矛圭"是同宗族。
總之,四爵墓不見于殷墟内服地區,是前掌大的方國爵制的地方特色,説
明商周的外服的爵位等級是自成體系的。

圖 3 - 11　小屯 M18 矛圭爵爵銘

　　第三,前掌大墓地發現的七爵只是當地的第三等級,它的上面可能還
有一到兩個等級,按照殷墟地區的用爵制度,七爵上面還有九爵和十爵兩
個等級,根據兩墓道的中字墓的等級比一墓道的甲字高級的規律,不妨把
前掌大三座中字墓的等級看作是與十爵相當的墓葬、九座甲字墓看作是
與九爵相當的墓葬。如此,可以把前掌大墓群分級出 3 座可能是十爵的
中字墓、9 座可能是九爵的甲字墓、1 座七爵墓、4 座四爵墓、1 座三爵墓和
2 座二爵墓。據此可知,前掌大的鳥族史國保持了商周之際比較完整的
商朝諸侯方國的用爵制度,由于鳥族史國投誠于周朝,使當地的用爵制度
得以延續到西周中期。

　　山西翼城大河口墓地是西周早期到中期的墓葬地,根據該墓地墓葬
所見隨葬青銅禮器(見表 3 - 2),其 M1 和 M1017 是商周之交的墓葬,其
中 M1 青銅禮器的酒器和食器的比例是 19：42,酒器已經不到食器的一

表 3－2 山西翼城大河口墓葬隨葬青銅禮器概覽表

墓葬編號	墓室面積 M²	殉葬人數	銅器總數	爵	斝	觚	角	觶	尊	壺	觥	罍	盉	卣	瓿	鼎	簋	瓶	甗	盤	斗	備註
大河口 M1	17.39		63	6	1	1		6	2		1	1		4		22	9	1	6	1		4方鼎1罍 8鼎 鐘12圜
大河口 M1017	17		47	7	1	3		2	3	1	1	1		3		13	6	1	1	2	1	鼎包括5方 鼎1盨1盂 3角鐘
大河口 M2	14.57		8								1					3	1			1		1盆1鐘，女性
大河口 M2002	10.84		11									1				3	3	1	2	1		未計兵器
大河口 M1034	5.86		5													3	2					未計兵器

半,已經明顯具備周代的青銅禮器制度的風格,但是,十九件酒器中有六爵、一觚和六觶,說明商代的爵制古風猶存。M1017 的酒器和食器的比例是 22∶25,兩者只差三件,可以視爲周初的禮制風格。重要的是,大河口 M1 出現了一套無扉棱柱足圓鼎(見圖 3-12),和太清宫隱山大墓一樣,也是十二件。按照爵的數位,大河口 M1 只有六爵,至多只能是七爵諸侯的等級,但是十二圓鼎出現在該墓,就使得該墓和太清宫隱山大墓差不多是一個等級了,因爲是以鼎爲主的禮器等級,所以 M1 比 M1017 更具周代的時代風格,但其隨葬六爵,應該和山西地區的地方爵制有關。

圖 3-12 大河口 M1 出土的鳥盉及銘文

大河口 M1017 的酒器組合是七爵三觚,食器組合是方鼎五、圓鼎八、簋七,反映了商周之交爵鼎嬗遞更代的時代特徵,從時間上講,M1017 應該比 M1 要早,從等級上講,M1017 則比 M1 要低,這座 M1 的六爵可能是當地爵制的孑遺。因爲商代在山西的墓葬也有六爵的甲字墓,從墓葬級別上講,不比大河口 M1 低,這就是酒務頭商墓群。酒務頭商代晚期墓地共發現十二座墓葬,其中五座是甲字墓,而酒務頭 M1 就是一座六爵墓。甲字墓的級別比前掌大七爵墓還高,酒務頭 M1 的六爵可看作是和別的地區的七爵級別相當的級別。周初的十二鼎因爲有太清宫隱山大墓的例子,使用起來并沒有特別嚴格的禮制規定,武王遷鼎洛陽,用的也不是天子之禮之大數,而是諸侯的九鼎,所以,大河口 M1 使用十二鼎隨葬,應該與周代用鼎制度還没有最終形成有關。反映大河口 M1 的商制爵位等級的應該還是與十二鼎同時隨葬的六爵,相當于同墓地的 M1017 的七爵,而六爵的酒務頭 M1 也是相當于七爵等級的墓葬。

五爵的方國諸侯,除了先于殷墟時期的盤龍城李家嘴墓地,還有河南羅山天湖的息國墓地(見表 3－3),息國墓地相當于殷墟四期,羅山天湖 M1 是一座五爵墓,爲息國墓地的最高等級,可以視爲一個商代末期的五爵方國諸侯。

濟南劉家莊 M1 出土一件方鼎和三爵二觚一壺,青銅壺有銘文"戈",説明這件青銅壺來自商朝晚期的望族——戈族,在山東濟南出現戈族的青銅禮器,應該是戈族賵贈給墓主的賵器。濟南劉家莊商代墓地是屬于 ▨ 國的墓地。▨ 這個字是方鼎和爵的銘文,山東考古所隸定爲"役",未知所據。此字共有三個寫法:▨、▨、▨。前兩個 ▨ 和 ▨ 字,從 ▨ 從 卩,▨ 在上而卩在下。第三字從 ▨ 從 ▨(卩),左 ▨ 右 ▨,按照古文字字符左上右下的規律,可以確認這個字和另外倆字是同一個字。▨、▨ 所從的 ▨ 和 ▨、▨ 和 ▨,都是一上一下,▨ 是左上右下的結構。三字字符的組合結構,都是 ▨ 在 ▨ 的背部,左右組合的 ▨、▨ 背向 ▨ 而面向右。字符上下組合的 ▨ 在 ▨ 的背後右上方,▨ 背向 ▨ 而面向左。三個 ▨、▨ 和 ▨ 的字形略同于古嬰字的上部,是一個從臼從丨的字符,《説文·臼部》:"▨,叉手也。"▨ 和 ▨ 都像雙手交握一根丨的腰部,《説文·丨部》釋"丨":"上下通也。引而上行讀若囟,引而下行讀若退。"而《説文·臼部》的古要字作嬰,篆文作 ▨,它的上部從臼從囟,囟爲丨聲,所以,▨ 與 ▨ 和 ▨ 是同聲,字義應該是雙手叉抓住丨的腰部的意思,重要的是古要字作嬰,從女 ▨ 聲,應該是用 ▨ 來表示人的腰部的意思,在女作嬰,在男作 ▨,從 ▨,即卩,是一個跪男的象形,而古文女

表 3－3　羅山天湖息國墓地墓葬隨葬銅器統計表

墓葬編號	墓室面積M²	殉葬人數	銅器總數	爵	斝	觚	角	觶	尊	壺	觥	盉	卣	瓿	鼎	簋	甗	盤	斗	備註
羅山天湖 M1	15.98		17	5	1	5					1	1	1		3					戈8矛1
羅山天湖 M28			11	3		2			1				2		3					鉞1戈3
羅山天湖 M6	13.72		10	2		2		1	1				1		3					戈2矛3
羅山天湖 M41			9	2	1	2			1		1		1		1					戈1
羅山天湖 M8			7	2	1	2							1		1					戈1矛1
羅山天湖 M12			7	2	1	2								1	1					戈3矛3
羅山天湖 M11			6	2		2							1		1					

隹十月是要
作文考寶簋
其子孫永寶用

圖 3－13　是要簋

字字形是一個跪女的象形，所以从女从可通，差别僅在女字有乳部的象形。古文字中，从亻(卩)从女之字往往可以互通。所以劉家莊銅器上的這三、、和、、所組成的字，在結構上分析，應該是和古要字(㜮)是同一個字。金文有是要簋(見圖 3－13)，要字作，與説文的篆文要極爲相似。是要簋是西周中期的銅器，字从女从，其字與古文要字完全相同，金文這個㜮是用作人名，㜮也有用于地名的先例。《説文·臼部》：㜮，古文要。段注："《漢·地理志》：北地大㜮縣。注：一遥反。上黨沾縣大㜮谷，清漳水所出。《説文》、《水經注》作大要谷。"大要谷在今山西上黨。又有要水。(《水經注·濡水》："又東南流，右與要水合，水出塞外，三川竝導，謂之大要水也。""要水又東南流，逕白檀縣而東南流，入于濡。")《山海經》有"青要之山，寔惟帝之密都"。要還是姓，《通志·氏族略》："吴人要離之後，漢有河南令要兢，唐建中朔方大將軍要珍。"既然可以釋爲"要"，其來歷既可能與要是地名相關，也可能與要是族姓相關，族或者來自要水，這支要姓的族被分封到了劉家莊一帶，成爲一個小方國"要國"，爵位雖然只有三爵，但仍然是一方小國諸侯，説明商周時期存在三爵級别的諸侯。

如此，商周的外服系統存在十爵、九爵、七爵、五爵和三爵五個諸侯級别，這五個諸侯級别因爲商代文獻闕如，并没有專門的爵位名稱留在經傳，所以只能根據考古發現，按照爵的數級，分出十爵諸侯、九爵諸侯、七爵諸侯、五爵諸侯和三爵諸侯，到了周代形成了五等爵制之後，這五個按照爵的數級分出的諸侯等級就有了五個爵位名稱，這就是公、侯、伯、子、男五個等級。

周初,武王雖然分封了周公、召公、畢公、太公等公一級的姬姓和姜姓諸侯到封國,但除了姜太公,周公、召公等都沒有就封,而是留在宗周鎬京和成周洛陽,作爲周朝京師的公一級的公卿,擔任了武、成、康三王的輔政大臣,并且,周、召二公都是讓自己的兒子前往封國。另一方面,爲了監鎮武庚,武王設立了三監,作爲王朝建立之初的王朝藩衛,彼時除了齊國,其餘的公卿和監鎮都是同姓的姬姓。三藩之亂之後,周朝撤藩去監,改以康叔的衛國監鎮殷祀繼承人的微子宋國,姬姓諸侯成爲王朝統治內外服的中堅力量,周公和成王按照公、侯、伯、子、男的設計建立了以姬姓爲主體的五等爵制。但因爲姬、姜兩姓世族通婚,姜姓齊國得到王朝的倚重,所以"管蔡作亂,淮夷畔周,乃使召康公命太公曰:'東至海,西至河,南至穆陵,北至無棣,五侯九伯,實得征之。'齊由此得征伐,爲大國,都营丘"。齊國得到東伯的地位,地位應該僅次于魯國。魯國因爲周公得到成王特許的王家之禮的祭享權,即周王的十二禮祀級別的待遇,在用鼎的數級方面,是天子王家的禮遇——十二鼎,比齊國還高一級,齊國因爲是東伯,其爵位有可能高于東方除了魯國之外的所有的諸侯國,極可能和商代的十爵之亞侯同級,是執司四方的十鼎公爵級別的諸侯,東方其他諸侯國都是齊國監鎮之下的二等方國。

公一級的爵位,按照商代用爵制度,其禮器數級應該是十,宋國的微子作爲商王兄,保留了商代十爵的爵位,又因爲是殷祀在周朝的繼承人,祭祀他的禮器用鼎不用爵,數級達到了十二鼎。公一級用十二禮數的不止微子,周公得到成王的特許,也是用十二的禮之大數。大河口墓地 M1 是周初霸國的大型墓葬,隨葬青銅禮器、食器和酒器的比例是 45：23。最大宗的禮器是二十四件鼎,其中方鼎二、腹足帶扉棱圓鼎八、無扉棱柱足圓鼎十二、扁足鼎二。與十二無扉棱柱足圓鼎相配的有九簋。從商朝爵制分級,M1 只是一座六爵墓,比七爵墓還"禮減一等",但是,十二鼎九簋是鼎簋組合的最高數級,出現在霸伯的墓葬裏,應該和霸國在商朝時期的地位有關,不排除在商朝,霸國是一個自稱王國的方國。而大河口 M1

的銅器銘文中,鼎銘有"伯作寶尊彝",簋銘有"芮公舍霸馬兩,玉金,用鑄簋",卣銘有"燕侯旨作姑妹寶尊彝",爵銘有"旨作父辛爵",卣銘和簋銘記錄了霸國和燕侯、霸國和芮公的往來,簋銘説到芮公給了馬、玉和銅(金),銅鑄造了簋。卣銘説燕侯旨爲姑妹鑄作了寶尊彝,燕國姬姓,其姑妹也是姬姓,爲姬姓姑妹作的卣隨葬在霸伯的墓葬裏,説明這個姬姓姑妹可能是霸伯的妻室。燕、芮兩國都是姬姓,成康之際,燕國的召公和芮國的芮伯都在王朝擔任公卿,霸伯能夠有燕國作爲姻親,有燕國和芮國兩國的獻祭,説明霸國的諸侯國地位是比較顯赫的。霸國是狄人的方國,燕侯旨爲 M1 的霸伯作了六爵,應該是按照當地的商代遺制這麼做的。山西境内的古方國,不止大河口,還有酒務頭商代匿國墓葬 M1 也是用六爵隨葬的。酒務頭 M1 和大河口 M1 的這兩套六爵有一點不同,即酒務頭 M1 的六爵是自銘爲"夳"的六件爵,大河口 M1 的六爵有兩件銘文作"(燕侯)旨作父辛爵",這六件爵是放置在卣裏面的,卣的銘文説是燕侯旨爲姑妹作了寶尊彝,表示卣和六件爵都來自燕侯旨,是燕侯旨爲"姑妹"鑄作給墓主的。旨是燕侯,按照周代爵制,侯比霸伯的伯高一級,燕侯爲霸伯作爵,原因可能有二:一是因爲姑妹和燕侯旨是同宗親族,又是霸伯的妻室,所以由姑妹要求娘家爲她作了六爵給霸伯送葬,禮數所然。其爲六爵是因爲娘家爲姑妹作霸伯的隨葬禮器,必須禮減一等。二是因爲在諸侯等級上,霸伯和霸國比燕侯和燕國低一級,金文中也有高一級諸侯賜吉金給低一級貴族的例子。周初以姬姓諸侯監鎮殷商遺族遺國,霸國是狄族諸侯國,周圍是芮國和晉國,又與燕國通婚,雖然彼此關係密切,但霸國能夠在周朝繼續發展,應該是服從了姬姓諸侯監鎮的結果,燕侯旨通過姑妹與霸伯的關係爲霸伯作六爵,目的在于讓霸國知道其在姬姓諸侯中的地位。

大河口墓地的 M1017 是一座七爵墓,隨葬的銅豆蓋内銘"霸伯作大寶尊彝其孫孫子子萬年永用",這是和 M1 不同代的另一位霸伯,這個霸伯的後人爲他鑄作青銅禮器,是按照用爵制度的爵位等級作了七爵,但燕侯旨的姑妹爲自己的丈夫送葬,必須禮減一等,所以是六爵。這可能也就是 M1 的墓葬規制比 M1017 高,卻反而比 M1017 少了一爵的原因。

公卿公爵之下,是侯爵,按照商代爵制,侯爵應該是九爵,用鼎的制度應該和太清宮隱山大墓的九方鼎同一數級,即九鼎。除了隱山大墓的九方鼎,周初乃至西周中期,尚未發現別的九鼎墓。七爵墓即上述的大河口 M1017 的七爵、M1 的六爵,七爵或七鼎是周初伯爵一級的數級。

周初與商代爵制的五爵和三爵相對應的爵位應該是子爵和男爵。壽光古城周墓是一座五爵三觚五鼎墓,可以視爲周初的子爵級別的墓葬。鶴壁龐村周墓是一座三爵三鼎墓,可以視爲西周男爵級別的墓葬。

第四節　商周之交隨葬爵鼎的同數現象

商代晚期,由于爵鼎成爲青銅禮器的核心禮器組合,因而在墓葬隨葬禮器中,鼎開始具有越來越重要的位置,一個重要的變化,就是墓葬隨葬的青銅禮器當中出現了爵和鼎的同數現象。

鼎在喪葬禮器中佔有重要位置始于盤龍城,李家嘴 M2 的五爵五斝三觚三鼎,是先于殷墟時期的爵斝觚鼎組合,其對于殷墟時期的用爵制度的影響,尚待研究。但鼎在殷墟時期的重要地位已經爲婦好墓所證明,婦好墓四十爵五十三觚三十一鼎,三項共 124 件禮器,超過總件數(214 件)的一半。殷墟中期的花園莊 M54 隨葬九爵九觚八鼎,劉家莊 M1046 隨葬七爵三觚六鼎,小屯 M18 隨葬五爵五觚三鼎,也證明了鼎在隨葬禮器中的重要地位,而且劉家莊 M1046 隨葬的觚僅有三觚,鼎反而有六鼎,鼎都超過了觚,代表了鼎將取代觚的趨勢。殷墟之外的蘇埠屯 M8 是四爵二觚五鼎,四爵或可視作五爵的"禮減一等",二觚明顯是因爲觚的地位不如鼎,所以爵可以禮減一等,五減爲四,鼎卻保留了五爵的禮數,所以是五鼎,也可以視爲爵鼎同數的例子。

壽光古城周墓隨葬有五爵三觚五鼎,是另一個爵鼎同數的例子,且也是鼎多于觚。山東費縣周墓有二爵二角二觚四鼎,也就是說,這是一座四爵二觚四鼎墓,爵鼎同數而多于觚,也證明觚已經没有爵和鼎重要①。前掌大墓地的 M38 是四爵四觚三鼎,M120 是四爵二觚三鼎,M119 是四爵二觚二鼎,三墓都是四爵,觚鼎互有多少,反映了鼎在前掌大墓地不可或缺的地位。在三爵三鼎的墓葬方面,殷墟地區有 83 劉家莊 M9 的三爵三觚三鼎,86 劉家莊 M6 的三爵三觚六鼎,安鋼五生活區 M6 的三爵三觚四鼎,羅山天湖 M28 的三爵二觚三鼎,鶴壁龐村周墓的三爵三鼎二簋(没有觚),這些墓葬都存在隨葬爵鼎同數的現象。

二爵墓也有和鼎同數量的情況,小屯 M333、武官 59M15、司空 58M51、司空 62M53、苗圃 82M41、司空 M663 以及洛陽鐵路局工廠等,都是二爵二鼎墓。在周代早中期,二爵二鼎墓有長花 M15、M17,張家坡 M87,長安馬王村,65 歸城姜家墓,扶風齊家 M19 等六座。至于一爵一鼎墓,可參看表 2-3。

底層貴族使用爵鼎如此普遍,對于商周上層社會的用爵和用鼎制度的形成無疑提供了廣泛的社會基礎,説明爵和鼎在商周之交已經共同成爲青銅禮器組合的核心之器,在這樣的底層貴族用爵和用鼎并舉的背景之下,高級貴族和諸侯按照商代用爵制度使用爵和鼎就不難理解了。隱山大墓和大河口 M1 都出現了十二鼎,用鼎的數目都超過了用爵的數目,鼎比爵還要重要。在禮器組合方面,隱山大墓是十爵八觚九方鼎十二圓鼎的組合,大河口 M1 是六爵一觚四方鼎十二圓鼎的組合。根據商代用爵制度的禮數等級,隱山大墓的十爵和九方鼎是符合墓主在商周兩朝的爵位數級的,即作爲商王室的王兄,他擁有十爵之尊,作爲周朝分封的宋國諸侯,他擁有九鼎之尊。同時他被特許繼承了商王王祀,享有商王級别的祭祀權,因而又擁有了十二鼎的等級。大河口 M1 的六爵相當于商代爵位的七爵,是一個比十爵(公爵)低了兩級的伯爵諸侯,四方鼎與隱山大墓的九方鼎相比,等于也低了兩級。大河口 M1 隨葬的爵和方鼎都表示它的墓主霸伯是一個比隱山大墓的墓主身份等級要低很多的方國諸

---

① 李學勤《北京揀選青銅器的幾件珍品》,《文物》1982 年第 9 期。

侯,也低于他周圍的諸侯國,像晉國、芮國和燕國都可能比霸國的地位高,燕侯旨爲霸伯作爵,極有可能是因爲姬姓的燕國監鎮著狄人的霸國,所以霸國的爵位都要通過燕國的確認,由燕侯爲霸伯作六爵。

然而,正是這麼一位六爵霸國諸侯,卻和隱山大墓的墓主一樣擁有十二鼎。如果霸伯的十二鼎是和婦好的十二爵和隱山大墓的十二鼎同樣級別,是類似于王后和商王祀繼承人之類的王爵身份的象徵,那麼,這個霸伯的十二鼎很可能就是一個獨立王國的王爵的象徵。燕侯旨爲霸伯鑄作的爵只有六爵,與六爵相配的觚只是三觚,説明周朝給予確認的身份等級,只是一個比伯爵還略低的爵位,也就是説,周朝并没有在克殷之後,授予霸國一個王國的爵位。這個擁有十二鼎的霸伯應該和蘇埠屯 M1 的亞字型大墓墓主一樣,是在商代就已自稱王國的方國首領,很可能還是一個反叛商朝的獨立王國,甚至還可能在周人伐商時,做了周人的盟國,所以才能夠在周初繼續保留住象徵王國地位的十二鼎。而與十二鼎隨葬于同一墓葬的禮器包括有燕侯旨賵贈的青銅禮器,則説明這十二鼎的級別是周朝王室默認的。

周代雖然在周公居攝時曾有禁酒,但并不代表鼎的地位已經超過了爵,相反,周公説祭祀仍然是需要飲酒的。由此,爵、觚之類的酒器作爲祭祀的重器,在周初,仍然比鼎、簋更爲重要,比如康王的即位典禮,禮器只提到了飲酒器同(即觚),除了同,并没有提到别的禮器。同在金文中,又和爵聯稱爲"爵同",康王在繼位即位大典中,共使用了十二個同,九同用于繼位,三同用于即位,整個繼位即位典禮的禮儀環節,飲酒器同起到了關鍵的禮器作用。由此可以説,康王即位用的禮儀是以商禮爲依據的周禮,或者説,是以商禮爲本而有所損益的周禮,所以,禮典并没有像武王遷九鼎的傳説那樣,用到過一件鼎,還是用酒器作爲禮儀重器。婦好下葬隨葬十二爵,康王即位使用十二同,宋國微子下葬隨葬十二鼎,霸國霸伯下葬隨葬十二鼎,這些都是商周最高等級的禮器數級,也就是説,爵、同(觚)和鼎的最高禮數也是同數。

爵鼎同數現象是青銅禮器組合出現爵、觚、鼎、簋組合之後進一步發展出來的禮器組合變化,這個變化代表鼎已經取得了和爵同樣重要的地位,同時也標志著用爵制度的核心組合從爵觚向爵鼎的過渡。這些變化都在商朝晚期就已經出現,這說明用鼎并不是周制,而是在商代即已出現的禮器制度,是商代即已出現的對于用爵制度的補充和發展。隨著周代日益廣泛地使用鼎,先是觚退出核心禮器組合,爵觚同數讓位給爵鼎同數,再接下來,鼎成爲核心之器,用爵制度就逐漸讓渡給了用鼎制度。

周初的太清宮隱山大墓和山西大河口 M1 出現的兩套十二鼎,說明商代象徵商王和王后的王爵等級的十二爵,已經出現了被十二鼎所代替的趨勢,雖然隱山大墓和大河口 M1 是周初的墓葬,墓中所出現的十二鼎卻不能視作周代用鼎制度用例,而應視爲商代禮器制度中的爵鼎組合習俗在周初的遺留。從婦好墓隨葬十二爵到隱山大墓和大河口 M1 隨葬十二鼎,不論是用爵還是用鼎,商末周初的王者禮器的禮數開始同數,都是十二。爵和鼎在禮數上趨于相等,是和青銅禮器組合從以爵、觚爲核心到以爵、鼎爲核心的轉變密切相關的,由此,商末周初出現的十二鼎與其說是用鼎制度已經脫穎而出,不如說是用爵制度在接納了鼎之後影響了用鼎的禮數,出現了爵和鼎的禮之大數同爲十二的變化,也出現了一般墓葬隨葬爵和鼎同數的現象。

在商代用爵制度形成的殷墟文化中期,大量墓葬隨葬的爵和觚基本是同樣數目,有時還出現觚多于爵的情況,以至于考古界連稱爵和觚,觚在前,爵在後,即所謂的"觚爵"。然而殷墟晚期,大量墓葬開始出現隨葬觚少于爵的現象,與此相應,鼎開始取得和爵一樣重要的禮器地位,墓葬隨葬的爵和鼎開始趨于同樣數目。重要的是這種爵鼎同數還是以爵的數級爲主,沒有改變用爵制度的爵位數級。

隨葬的爵鼎同數,說明到了商代晚期,鼎在禮器制度中的地位漸趨重要,甚而在墓葬禮器中和爵一樣重要,出現了爵鼎并重的現象,而觚則退出核心禮器的行列。這樣一個鼎進觚退的過程肇始于商代晚期,完成于周代早期。周代中期,鼎的地位日趨重要,最後在周代晚期形成了周代用鼎制度。

第四章　商周方國所見的
用爵用鼎制度

第一節　曾國禮器制度(上)

——從大盂鼎到曾侯諫

　　商代王一級的用爵數級有婦好墓的十二爵作爲證據,周代除了"函皇父鼎"銘文的"琱娟十二鼎"之外,考古學還沒有周王或王后用鼎的實物證據。文獻上有《尚書·顧命》的康王十二同的記錄可作參考,同時隱山大墓和大河口 M1 的十二鼎因爲都不是周王的用鼎,也都只能作爲周王用鼎的參證資料。在另一方面,低於王一級的方國諸侯,因爲各地的方國考古的進展,爲商周方國的用爵和用鼎制度的研究提供了豐富的用爵和用鼎資料,使商周兩代的方國用爵用鼎制度的研究得以個案化地深入和展開。首先是兩周時期的曾國考古取得了引人注目的巨大成就,湖北隨州葉家山、蘇家壟、郭家廟、文峰塔、擂鼓墩等地的兩周墓葬的發現,使曾國諸侯的世系可以從春秋戰國往上追溯到西周早期。學者通過大盂鼎、小盂鼎和盂爵等器所記的盂家族和葉家山西周早期墓群的聯繫,找到了曾國的始封諸侯——南公①。

根據葉家山 M111 出土的南公簋的銘文"犾作烈考南公寶尊彝",曾侯犾是南公之子,也是葉家山 M111 的墓主。大盂鼎銘文裏,盂和康王都稱南公爲祖(祖南公)。大盂鼎銘文説南公曾夾昭文武,敷有四方,南公大概和周公、召公等一樣,因爲與周王同姓,留在了宗周,輔弼武、成兩代周王。盂稱南公爲祖,康王的賜命書中,也稱南公爲祖南公,可知不僅康王和盂是同輩,而且還同是姬姓,所以没有稱南公爲"乃祖南公",而是"祖南公"。在康王即位大禮上,有一個叫南宮毛的擔任了儀仗隊首領把康王迎接入宮,其地位不及召公等公卿,或者可能是盂的叔輩。大盂鼎銘文説康王讓盂繼承夾昭文武的祖南公,應該是賜命盂擔任比南宮毛的級别高的官爵,同時也讓盂繼承了南公的爵號。根據大盂鼎,可以推知從祖南公到盂這一代,家族的爵位曾經有過一個起伏,盂是直接繼承祖南公的爵位,地位應該比叔輩的南宮毛高。而且盂還可能和祖父南公一樣,受到康王賜命繼承祖南公之後,也擁有了南公的爵號。大盂鼎説到授民授疆土時,提到了"□□□自厥土",應該是把曾國封給了南公盂,但盂受封後并没有前去就封,而是按照康王的要求率師作戰并獲得大捷,所以才有小盂鼎所記的大捷後的獻俘禮。小盂鼎説康王爲了表彰盂的戰功,賜命賞賜了一鼎一爵(徒王命賞盂裸鼎、爵)。銘文説到的鼎應該就是指小盂鼎,而爵則應該是指盂爵。根據大小盂鼎和盂爵,盂繼承了祖父南公的爵號,也稱南公。而根據盂爵,則可知繼承了南公爵號的盂還被康王授予了伯爵的爵位。爲了説明盂被授予的是伯爵,有必要把前文討論過的盂爵情況再述如次:

盂爵銘文(見圖 4-1)22 字,鑄于通高僅 20 釐米的爵杯一側,其四行銘文太過緊湊,以致應該在第四行的"尊彝"的彝擠到了第三行賓字之

---

① 方勤《曾國歷史的考古學觀察》,《江漢考古》2014 年第 4 期,第 109—115 頁。《曾國與曾侯——曾國考古四十年》,見網址 http://www.1shoucang.com/article-43488-1.html。王恩田《曾侯與編鐘與曾國始封——兼論葉家山西周曾國墓地復原》,《江漢考古》2016 年第 8 期。

圖 4-1　孟爵銘文

後,第三行的白字被擠在"登"和"賓"之間,沒有一點字距,乍看還像是和賓結爲一體的字,父丁的丁也藏在父字的一捺裏,藏于捺上的那筆鼓出的圓點筆畫,受這樣緊湊的銘文排版的影響,原來的釋文誤把盙和丂讀成了一字,作[圖],整句讀成了"王令孟寧鄧白"。但是,下部從"丁"的寧字是後起字,而且,西周金文的 [丁] 字符也不是讀若丁的。丁寧的寧字在西周金中作盙,史牆盤和毛公鼎都有盙,都不從丁,史牆盤的盙修飾天子,作"盙天子",毛公鼎的盙是苟安的意思,語句作"毋敢妄盙"。而且把 [丁] 讀若丁,這在周代金文的語例中,是難以説通的。孟爵是周初康王時期的器,比史牆盤和毛公鼎早,它的這個盙字是不應該也不可能從 [丁] 的。通過目驗銘文,盙和 [丁] 之間,字距也顯過大,所以,[丁] 是丂,即易之省,當下屬,而與被讀作鄧的 [圖] 的字符結爲一字,這就是 [圖],就是一個從丂從爵丂(易)亦聲的字。因此,孟爵的釋文應該是這樣的:

　　佳王初枼于

　　成周。王命孟

　　盙爵伯,賓彝

　　貝。用作父丁寶尊。

135

彝字因爲排版而擠到了賓字下面,正確的字序應該是"唯王初莽于成周,王命盂盉爵伯,賓貝,用作父丁寶尊彝"。根據這樣的釋文,盂的父親叫父丁,康王讓盂繼承祖南公,盂是南公這一支的嫡系長孫,而南宮毛可能只是庶支。但盂的父親父丁可能不及繼承南公的爵位就死了,加上盂爲康王屢建戰功,所以才讓盂來繼承祖南公。根據大盂鼎的銘文,康王的册命是他繼承祖南公的世職和爵號(南公)。盂爵銘文提到"王命盂盉爵伯",就是册命頒定盂的爵爲伯爵的意思,盂家族自此晉爵爲伯爵。因爲康王的賜命讓盂繼承了祖南公的世職和爵號,盂就作了大盂鼎,用以告知祖父南公;又因爲康王授予了盂伯爵,盂就另外作了盂爵以祭告父丁,這個父丁在授爵之後,也被盂追尊爲伯,這就是小盂鼎裏的"散伯"。實際上,正是因爲康王這次授爵,南公—盂家族還以爵爲名或氏,祖南公在文獻裏又稱南公括,南公括因爲康王對其孫子盂的授爵,而被盂的後人稱爲"伯括"(曾侯與鐘銘)。曾國諸侯因而也有叫"曾伯"的。葉家山 M27有盂銘"伯生作彝曾",和伯括一樣,又有曾伯桼(蘇家壠 M7)。類似"曾伯桼""伯生"和"伯括"這樣的人名應該都是因爲盂被授予伯爵之後,姬盂家族以爵爲氏或名的緣故。周代姓氏不僅可以以爵爲氏爲名,也可以以爵冠稱先人,所以南公括又被稱爲伯括,也是這個原因。這種以爵爲氏爲名的風俗在西周并非孤例,魯國周公沒有去就封,讓他的兒子去就國受封,也以伯稱其名,這就是"伯禽"。南公括在文峰塔 M1 的甬鐘銘文裏又被稱爲"伯括",銘文說伯括因爲上庸,即尚能,左右文武二王,他的孫子南公被封到了曾國①。

> 曾侯與曰:伯括上庸,佐佑文武,撻殷之命,撫定天下。
>
> 王遣命南公,營宅汭土,君比淮夷,臨有江夏。

文峰塔 M1 是春秋晚期的墓葬,所出甬鐘銘文先說伯括左右文武,繼

---

① 王恩田《曾侯與編鐘與曾國始封——兼論葉家山西周曾國墓地復原》,《江漢考古》2016 年第 8 期。

而又説南公受命"营宅汭土,君比淮夷,臨有江夏",可見伯括就是大盂鼎銘文中的祖南公,和康王時受命經略南方的南公不是一人。和後人把南公括稱爲伯括一樣,南公是一個爵號,不一定是第一代南公括所專有的稱號,盂在被賜命繼承南公爵位之後,也是號稱爲南公的,這就有了葉家山M111的曾侯犺爲烈考南公作的南公簋。曾侯犺所稱的南公,不可能是指大盂鼎中的祖南公(又稱伯括、南公括),應該是指南公括的孫子,即盂。曾侯與鐘中的汭土,與下文的江夏對應,指漢水水系的方土,文獻有所謂的"夏汭","漢水之曲曰夏汭",曾國"臨有江夏",所以汭土就是指漢水水系的方土,南公营宅汭土,與周公营宅成周一樣,是對汭土的開發,等于説讓姬姓的諸侯南公盂開發南疆,南公是始封于曾國的諸侯,曾國在南疆起著監鎮南疆的作用,和康叔姬封在衛國監鎮宋國一樣。但南公盂受封後,没有到曾國就封。

盂鑄作大盂鼎時,他的父親父丁已不在人世。盂因而直接代父繼承祖父南公括的爵位,并在鑄作盂爵的時候,把家族獲得的伯爵爵位祭告給了父丁,又在鑄作小盂鼎銘文時,把父丁稱爲"散伯"。這樣,從祖南公到曾國第一代諸侯世系就是南公括(伯括)—散伯(父丁)—盂(南公盂)—曾侯犺。

曾侯犺是祖南公之後的第四代,因爲曾侯犺爲南公盂作簋時,稱南公"烈考",證明了犺是南公盂之子。另有曾侯諫和伯生,他們在南公盂和曾侯犺之後,是盂和曾侯犺的後人。這樣,曾國諸侯世系在西周早中期,依次爲南公括、散伯父丁、南公盂、曾侯犺……曾侯諫和曾侯伯生。南公括和散伯父丁都被後代追尊爲伯,一個叫伯括,一個叫散伯,他們擁有多少青銅禮器,不得而知。盂也稱南公盂,他的青銅禮器已知有大盂鼎、小盂鼎、盂爵以及曾侯犺爲盂作的南公簋。盂可能和祖父南公括一樣,没有就封到曾國,而是讓其子犺去就封的,所以,真正的實際到曾國就封的第一代曾侯就是犺。

在西周時期,像大盂鼎(見圖4-2)、大克鼎、毛公鼎等大型鼎都是單件鑄造,一般都是爲了紀念一次隆重的周王册命典禮而作的大器。這類單件大鼎是周代特有的大型青銅禮器,可以視爲周代禮器制度中的重器

圖 4-2　大盂鼎

祭重典的特徵性標志。小盂鼎銘文記載康王賜命賞賜一鼎一爵給盂，這是商代所沒有的制度。周人以暴力革命征服了商朝，在周革殷命的進程中，周軍肆意搶掠殷商的土地、民人和吉金禮器，土地和民人用來授民授疆土，吉金禮器也由周王賞賜給受封的貴族，這種搶掠分贓式地把青銅禮器掠奪過來再分給貴族將領的做法，周人稱之爲"分器"①，但是因爲所分之器大多是商族祭祀其祖的銅器，周人忌諱把這些"非其族類"的銅器放在宗廟裏，很快就改變成爲賜金制度，作爲周朝册命典禮的一個環節。像小盂鼎這樣，銘文説王命賞盂裸鼎爵，實際操作卻可能是如盂爵所説的，賜給鑄作鼎爵的吉金，由盂自己鑄作。葉家山 M28 隨葬有銅錠，應該是賜金的實物見證。但是，分器并非就此消失。"在其族類"的銅器還是會在家族內部進行分器的。曾侯犺爲烈考南公盂作的南公簋出現在犺的墓葬（葉家山 M111）裏，應該就是曾國特有的家族內部的分器，出現這種家族內部的分器可能是爲了體現曾侯世系的傳承，這一點將在下文作進一步討論。

除了這件南公簋，犺另有一件"曾侯犺作寶尊彝"簋，是犺自作的銅簋。而葉家山 M111 還發掘出 200 餘件青銅禮器、樂器和兵器，其中有兩件爵(？)，兩件觚(？)，一件斝，五件方鼎、十一件圓鼎、三件大鑊鼎和十二件簋，鼎簋共計十九鼎十二簋。經初步測算，圓鼎直徑約 20 釐米，三件大鑊鼎直徑爲 35—45 釐米，比毛公鼎的 56 釐米略小，也可以看作重器。此外，有四件甬鐘，一件鎛鐘。M111 是曾侯犺的墓葬，曾侯犺的墓葬隨葬

① 參見黃銘崇《從考古發現看西周墓葬的"分器"現象與西周時代禮器制度的類型與階段》。

了犺爲他的父親"烈考南公"作的
南公簋,可能是因爲曾國諸侯家
族内部有分器的習慣。M111 的
一件大方鼎銘文作"曾侯作寶尊
彝",四件小方鼎銘文作"曾侯作
寶尊彝鼎",一件簋銘文作"曾侯
作父乙寶尊彝",一件壺的銘文
"曾侯作田壺",一件觶、一件尊、
一件盤和兩件卣的銘文都是"曾
侯用彝"(見圖 4-3)。簋的銘文
説到的"曾侯作父乙寶尊彝",語
例與南公簋的"犺作烈考南公寶

圖 4-3　葉家山 M111 發掘的
鑊鼎和方鼎

尊彝"略同,是曾侯爲父乙作的簋。這個父乙應該就是指犺,而爲犺作方
鼎的曾侯應該是犺之子、南公盂的孫子。

犺之後的曾國幾代諸侯也有發生過家族分器。被認爲是曾侯諫的墓
葬的葉家山 M65 出土了曾侯諫的五件銅器:一件圓鼎、兩件方鼎、一件分
檔鼎和一件簋,銘文都是"曾侯諫作寶彝"①(見圖 4-4)。有同樣銘文作
"曾侯諫作寶彝"的銅器在葉家山墓地共發現了 16 件,僅有 5 件隨葬于
M65,其餘 11 件分別隨葬在 M28、M2 和 M3②(見表 4-1)。如果根據葉家
山 M111 隨葬犺的"烈考南公"的南公簋,可以判斷犺是南公盂之子,那麽
根據曾侯諫的"寶彝"出現在 M28 之中,同樣可以推定 M28 的曾侯是 M65
的曾侯諫之子。這個曾侯諫還作有一批"曾侯諫作媿寶彝"的銅器,也是
分別隨葬于 M28 和 M2,M28 有一件簋、一件尊和三件卣共六件銅器,有
銘文"曾侯諫作媿寶尊彝"(一壺的銘文作"曾侯諫作媿肆壺")。M2 的三件
銅器有銘文"曾侯諫作媿寶尊彝"。曾侯諫的 M65 墓内反倒沒有一件有"曾

---

① 引自陳麗新《也談葉家山墓葬的排序問題》,《故宮博物院院刊》2020 年第 2 期。
② 同上。

圖4-4　曾侯諫作寶彝銘文①

侯諫作媿寶尊彝"銘文的銅器。媿,有學者認爲是姓,這是不正確的,因爲媿不僅見于葉家山 M2,也見于葉家山 M28。M2 被認爲是女性墓葬,墓主是 M28 墓主的妻室,所以説媿是 M2 墓主的姓還説得過去,但媿寶尊彝出現在 M28,就説不通了,M28 的墓主是另一代曾侯,姓姬,不姓媿,給姓媿的青銅禮器葬入了姓姬的墓葬,這是講不通的。所以,這個媿應該和姓氏没有關係②。

表4-1　葉家山墓地隨葬"曾侯諫作寶彝"銅器的墓葬一覽③

	M65	M28	M2	M3	
鼎	1	2	1	1	
方鼎	1	2			
分檔鼎	2	2			
簋	1	1			
盂		1			
盤		1			

①　引自張昌平、李雪婷《葉家山墓地曾國銘文青銅器研究》,《江漢考古》2014 年第 1 期。

②　媿的聲韻與隨同,就字序"曾侯諫作媿寶尊彝"而言,媿的位置正好可以换成國名或人名的位置,媿既然不能是曾侯的姓,會不會就是國名? 隨媿同韻,或者媿國就是隨國,所以,曾侯諫作媿寶尊彝就是曾侯諫作隨寶尊彝的意思,也未可知,記之存疑。

③　方勤《曾國歷史的考古學觀察》,《江漢考古》2014 年第 4 期,第 109—115 頁。《曾國與曾侯——曾國考古四十年》,見網址 http://www.1shoucang.com/article-43488-1.html。王恩田《曾侯與編鐘與曾國始封——兼論葉家山西周曾國墓地復原》,《江漢考古》2016 年第 8 期。

曾侯諫作的寶尊彝和媿寶尊彝一共有 25 件,只有四鼎一簋五器隨葬于 M65 曾侯諫的墓中,其餘 20 件都分別葬于 M28、M2 和 M3,其中 M28 最多,共有 15 件曾侯諫作的寶彝和媿寶尊彝。M2 有 4 件,M3 有 1 件。一個曾侯諫作的青銅禮器出現在四座墓葬之中,應該是和曾國有分器的傳統相關,29 件帶有"曾侯諫作"的銘文的青銅禮器中,圓鼎有 5 件(見圖 4-5),這 5 件鼎如果同在一墓,可以是一座五鼎墓,如果這就是諫的等級爵位,這就意味著諫的爵位和 M111 的犺一樣,都是五鼎,但是其實際的地位可能比犺要低。一是 M65 的墓室面積只有 15.87 米²,M111 的墓室面積是 130 米²,簡直小到不成比例。這再次說明周代的爵位很有可能不是自然繼承的世爵,而是必須經過王命冊命確認才能繼承的爵位制度。上文提到盂的父親沒有繼承祖南公的爵位,康王賜命盂繼承其祖南公的爵位,盂由此才得以稱南公,其父只是散伯父丁。而作爲第一個就封的曾侯犺,爵位級別有十一圓鼎、三鑊鼎、五方鼎和十二簋,應該也是被康王賜命後才確認的。二是隨葬青銅禮器,M65 只有 22 件,M111 有 200 餘件,諫作的鼎,只能找到五鼎,且不在一座墓中。三是分器,諫作的器是被分到別的墓葬,犺的墓葬是把父親的銅器分到犺的墓葬,可見,曾侯諫的曾侯級別已經遠不如盂和犺了,諫的 M65 所隨葬青銅禮器只有 22 件,無編鐘,五鼎還是拼湊的;犺的 M111 的青銅禮器總數 200 餘件,用五方鼎象徵爵位,且配有編鐘,兩者相比,幾乎可以說是有雲壤之別。

圖 4-5　曾侯諫作的五鼎①

①　引自張昌平、李雪婷《葉家山墓地曾國銘文青銅器研究》,《江漢考古》2014 年第 1 期。

　　曾侯諫作的青銅禮器最多見于 M28,M28 的青銅禮器總數是 25 件,比 M65 多 3 件,有 15 件有“曾侯諫作”的銘文,據此可以判斷 M28 的墓主是曾侯諫之子和曾侯的繼承人,這兩個曾侯的地位比 M111 的曾侯犺的地位要低很多,一個重要的原因就是犺是盂之子,是代盂到曾國就封的曾侯,在小盂鼎裏康王對盂封爵授民授疆土的分封賞賜,實際受益的正是這個代父就封的犺,而作爲實際的第一代就封曾侯,犺死後被極盡榮華富貴地隨葬 200 餘件青銅禮器和樂器,也就是完全可以理解的了。相反,諫及其兒子的曾侯地位,得自曾侯家族自然傳位,子繼父位,雖然和盂繼承乃父散伯父丁一樣,卻因爲沒有接到周王的册命繼承世爵王命的榮耀,其地位也就只能降級到一般的五鼎之侯級別了。造成曾侯諫如此近乎寒酸地下葬的原因,應該還和曾國沒有像康叔衛國那樣完成對南方方國的監鎮有關。康王之後,周朝在南疆的開發遭遇災難性的挫折,楚國的強力抵制,造成昭王南征不返,竟死于漢水。在這樣的背景之下,作爲南疆重鎮的曾國必然同樣也受到了沉重的打擊,結果就可能是一蹶不振,不僅無法像下葬犺一樣下葬諫,還要用諫名下的青銅禮器,通過分器分給了家族成員。這也就是説,諫名義下鑄作的寶彝、媿寶尊彝(見圖 4-6)、肆彝等器 22 件,和隨葬在他的 M65 墓中的青銅禮器總數相同,但只有 5 件諫作青銅禮器隨葬在他的墓中,原因是昭王南征不返帶給曾國的厄運造成的。曾國可能在昭王之後,國運不濟,轉入中衰,以至于幾代曾侯的後事所需要的青銅禮器都只能通過家族內部的分器拼湊著解決。另一方面,犺可以有犺爲其“烈考南公”作的簋隨葬,而諫之子等曾侯家族成員也可以有諫作的青銅禮器隨葬,雖然都説明曾國有家族分器的傳統,但曾侯諫遭逢國運中衰,造成他的隨葬銅器幾乎只有犺的隨葬銅器的十分之一。

　　大、小盂鼎和盂爵是專門爲紀念周王賜命鑄作的生活禮器。因爲受到周王或上一級貴族的分封、册命升官授爵乃至其他賞賜而鑄造青銅器紀念,這是西周青銅文化的一大特點,説明周王朝通過青銅禮器制度的禮儀化加強了王朝內部和四方的控制,這是以分封制爲統治模式的周王朝區別于以方國聯盟爲統治模式的商王朝的基本差別之一。這種差別體現

器類	銘　　文		
簋	 M28：154	 M2：8	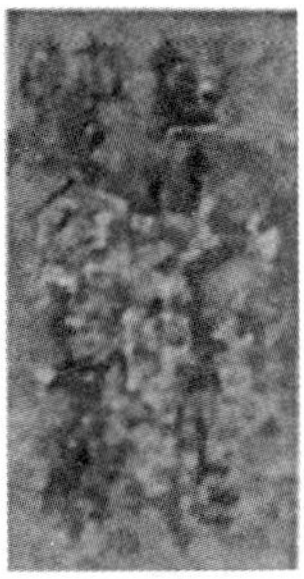 M2：9
卣	 M28：169	 M28：167（蓋）	 M28：167（底）
其他	 M2：1（甗）	 M28：174（尊）	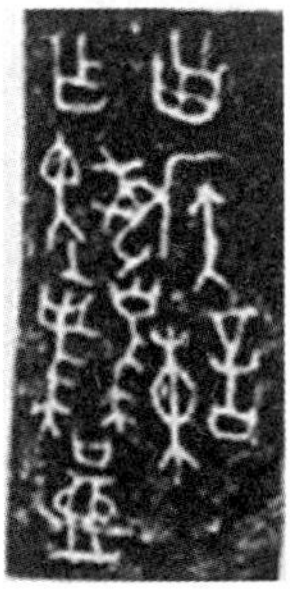 M28：178（壺器）

圖 4-6　曾侯諫作媿寶尊彝銘文①

---

① 引自張昌平、李雪婷《葉家山墓地曾國銘文青銅器研究》,《江漢考古》2014 年第
1 期。

在銅器銘文上，就是商代銘文基本没有感恩商王的銘文，一般只記録爲哪個先祖作的器，或者乾脆只是記録族徽或族支。周代銘文則不然，在比商代更濃的祭祀氛圍中，銘文一般把得自周王或上司的恩寵和榮耀作爲祭告祖先的首要大事。這種感恩式和炫耀式的作器目的，使得周初開始就出現了單件單批作器的現象，只要一次周王的册命，必有一次作器紀念。得到一次分封，得到一塊土地，得到一次移封，贏得一場王命確認的官司，出征立功受賞，進行了王命認可的交易，等等，都要作器紀念。每次作器多少，則視具體情况而定，有的根據爵位，有的根據土地多少。上述單氏家族的逨兩次作鼎，一次在宣王四十二年，因爲宣王賜給了兩田（一田在鼇，卅田；一田在氒，廿田），逨爲此作了二鼎紀念，學界稱之爲“四十二年逨鼎”；在宣王四十三年，逨又受到宣王册命授官封爵，擔任天子公卿級別的虞，逨爲此再作十鼎，這就是“四十三年逨鼎”。小克鼎共七鼎，也是因爲孝王一次對膳夫克的册命不僅封官授爵，讓克擔任出納王命的天子公卿，還賜給了他七田，膳夫克才專門鑄作大克鼎以祭告遠祖師華父，另外又按照一鼎一田，作了七鼎紀念得到的七田。大要而言，周代既有重器記重要册命禮典，也有多器記一個册命禮典的慣例。大盂鼎、小盂鼎是屬于重器記重典，是祭祀用的生活禮器。上已述及，周朝初立的時候，征伐掠奪之餘，將掠得的青銅禮器以分器的形式賞賜給了貴族和將領，旋即周朝就改變了分器的做法，改爲賜吉金。葉家山曾侯墓地 M28 所發現的銅錠可能爲這類銘文所記的“賞貝”和“賜金”提供實物實證[1]。比較爲紀念王命給家族的榮耀而作器和曾侯諫自作禮器，前者主要是爲了借王命光顯自己對家族帶來的榮耀，榮耀所及，必悉數相報，比如四十三年逨鼎鑄作了十件，就是要告訴祖先自己得到了十鼎之尊的虞的天子命官；後者是爲家族子孫作器，目的在爲了家族的延續，作器是爲了傳延，傳延不止一支，所以作器之後，還要分器（見表 4－2）。

---

① 湖北省文物考古研究所等《湖北隨州葉家山 M107 發掘簡報》，《江漢考古》2016 年第 3 期。

表4－2　枣樹山曾國墓地曾侯墓隨葬青銅器統計表①

墓號	墓葬面積 M²	墓葬形制	禮器總數	鼎	方鼎	扁足鼎	簋	鬲	瓶	盤	爵	斝	觚	觶	尊	壺	卣	觥	盃	罍	備註
M111	130		200餘	11	5		12				?		?								爵觚數未詳。禮器總數包括兵器和樂器（鎛鐘1，甬鐘4）。 3 鎛鼎
M65	15.87		22	4	1	2	4	1	1	1	2	1		1	1	1	1		1	1	
M2			7	1	1	4	2	1	1	1											
M28	45.88		25	2	3	2	2	1	1	1	2		1	4	2	1	1	1	1	1	
M27			27	3	2		4	2	1	1	2		1	4	1	1	1	1	1	2	
M50			9				2	2		1	1				1		2			2	

① 参見黄銘崇《從考古發現看兩周同墓葬的"分器"現象與西周同時代禮器制度的類型與階段》。

145

從青銅禮器的組合來講,盂有大盂鼎、小盂鼎、盂爵和南公簋,前三件是傳世文物,南公簋見于葉家山 M111,小盂鼎銘文(見圖 4-7)説康王賜給盂一鼎一爵,爵、鼎組合是康王時期常見的青銅禮器組合。這個組合也見于葉家山 M111,但因爲尚未見葉家山 M111 的完整的發掘報告,零星的報道也只是説到 M111 發現有爵、斝、觚、觶等飲酒器,具體數據未得其詳,簡報報道了該墓發現了編鐘和鼎簋。初步可以説 M111 是一座鼎、簋爲主要青銅禮器組合的墓葬,依然保存有隨葬爵、斝、觚等飲酒禮器的商代制度和禮俗習慣,其所用的青銅禮器隨葬的禮俗還是商制的風格。其隨葬十一鼎、五方鼎、三鑊鼎,應該只是周初用鼎尚未形成自己

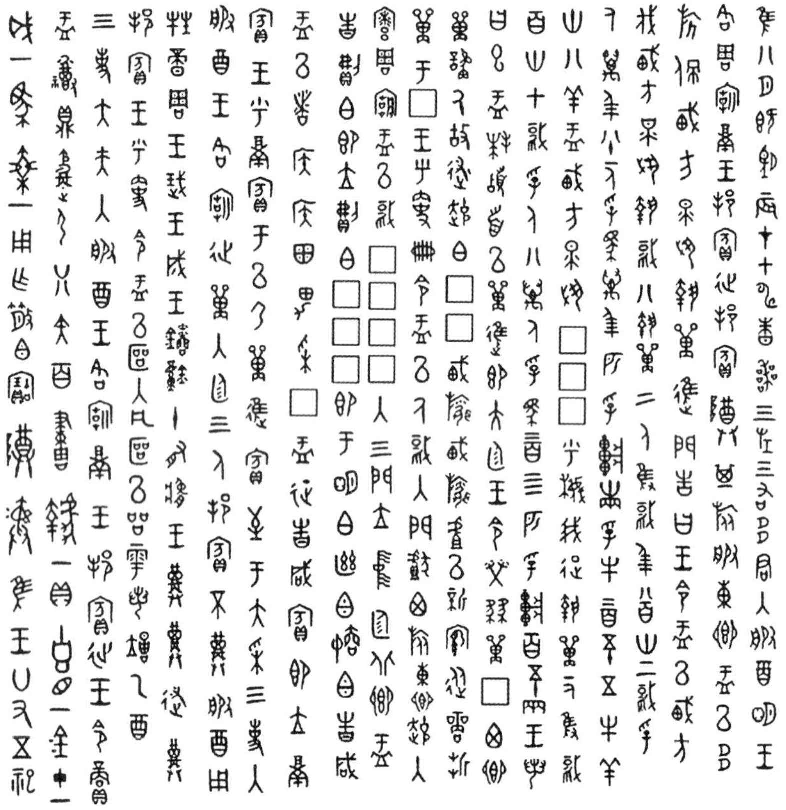

圖 4-7 小盂鼎銘文摹本

146

的制度使然①,比較于太清宮隱山大墓隨葬的十爵、九方鼎、十二圓鼎,隱山大墓的爵數和鼎數更符合商代用爵制度的數級標準,但是以方鼎來比較的話,一個九鼎,一個五鼎,太清宮隱山大墓的級別比葉家山 M111 高了兩級。至于十二簋,因爲包括一件南公簋(見圖4-8),另一件簋銘是"曾侯犺作寶尊彝",據此,可以說這十二簋至少是由兩個以上的分組組成的十二簋,而且南公簋不是爲犺而作的器是十分明顯的,本來就不能算作和另外十一簋一組,所以,M111 是不能簡單地定爲十二簋墓的,還是應該按照五方鼎來劃分它的爵位等級。

圖4-8　南公簋及其銘文　　　　圖4-9　曾侯犺簋銘文

葉家山 M65 曾侯諫墓的墓室面積只有 15.87 米^2,是 M111、M65、M28 三座曾侯墓中墓室面積最小的一座。根據上述五鼎同爲"曾侯諫作寶尊彝"鼎,一個可能的級別是五鼎,其隨葬的五鼎雖然明顯是拼湊而成,但還是湊齊了五鼎。如果以爵來分,諫墓有兩爵,商朝沒有兩爵級別的方國諸侯,周朝也不應該有,所以,諫這一代曾侯仍然是五鼎之侯,和犺的差別是,諫的五鼎是拼湊的,犺的五鼎都是方鼎(見圖4-9)。商及周初方鼎是重器,比圓鼎重要。M65 隨葬五鼎靠拼湊而成,其之所以是五鼎,看來

____

① 參見第 134 頁注①。

就是爲了湊齊五鼎之侯的級別。

M28 有兩鼎三方鼎,青銅器總數還比 M65 多了三件,M28 的墓室面積爲 42.88 米²,不到 M111 墓室面積(130 米²)的 1/3,但其拼齊了五鼎(三方二圓),看來應該仍然是五鼎之侯。

第二節　曾國禮器制度(下)

——曾國從五鼎之侯到九鼎之侯

兩周之際的曾國墓地還有郭家廟和蘇家壟等墓,在這些墓中,也出現了曾侯級別的墓葬。這些諸侯級墓主是蘇家壟 M1 的"曾侯仲子斿父"、M7 的"曾伯桼",棗樹林 M168 的"曾侯寶",M169 的曾國夫人"芈加",M190 的"曾侯求",M191 的曾國夫人"漁",文峰塔 M1 的"曾侯與"、擂鼓墩的"曾侯乙""曾侯丙"等,這些曾侯、曾伯以及曾國夫人的墓葬,有四座新發現了編鐘。2009 年,文峰塔發現曾侯與的墓葬,有十件編鐘。2011年 9 月,文峰塔曾國墓地考古完成 M4 的發掘,根據有關墓葬規模和出土器物的考古分析,M4 也是春秋晚期的一代曾侯墓葬,其中一件青銅甬鐘的銘文有"左右楚王,弗討是許"的記載,揭示了從西周早期的南公孟開發西周南疆到春秋時期曾國扶助楚國的曾國歷史。2019 年,棗樹林曾國墓葬發現了四座曾國國君及夫人的墓葬,其中曾公求、曾侯得、曾侯寶和芈加四人的墓都發現了編鐘。這些編鐘銘文記載了關于曾國的族支來源、姓氏、曾國始封、曾國歷史以及曾周關係和曾楚關係等重要內容。

關于曾國的族姓來源,編號爲文峰塔 M1:3 鐘銘説:

唯王十月,吉

日庚午,曾侯

與曰:"余

稷之玄

　　孫,穆善

敦敏,畏

天之命。

定均(鈞)曾

土,恭

寅(敬)齊盟,吾以

祈眉壽。"

曾侯與自認是后稷之玄孫,即是姬姓後代,這就揭開了曾國在西周南疆開發中何以特別爲康王倚重的秘密:曾國是姬姓諸侯。從武王設三藩監鎮武庚到周公封康叔在衛以監視宋國,三監和衛國之所以被委以重任,根本原因就是因爲他們都姓姬。曾國被封立,盂能夠率師開發南疆也是因爲盂及其後代的姬姓。周初以姬姓諸侯監鎮方國諸侯的政策使得姬姓的曾國取得了監鎮南疆的權力,其稱爲南公,應該是和曾國諸侯監鎮南疆的使命相關的。這也就解釋了何以面對春秋末年的吳楚之爭,曾國還能夠自以爲有干涉權。

　　這些曾國諸侯的墓葬中,有三個曾侯的墓葬出了九鼎,它們是"曾侯仲子斿父"、曾侯乙和曾侯丙。"曾侯仲子斿父"的墓葬是蘇家壟M1,1966年水利工程取土時發現,但未經過科學發掘,獲得青銅禮器和車馬器共計97件,其中包括九鼎七簋。這個"九鼎七簋"可能不是真正的九鼎級別,因爲該M1出土了簠,根據曾國的葬俗,隨葬青銅禮器除了鼎簋組合之外,還有鼎簠組合,所以M1有九鼎和七簋,未必就是一個"九鼎七簋"的墓葬禮器組合。一個有力的旁證,就是蘇家壟M79曾侯夌的墓葬發現了八鼎四簋四簠,其實是五鼎、四簋和三鼎、四簠兩個組合。曾侯夌比曾侯仲子斿父的時代要晚,屬于春秋早期,曾侯仲子斿父是西周晚期。西周早期的葉家山M65、M28,甚至M111都是五鼎級別,而蘇家壟M7的曾侯夌也是五鼎四簋級別,在葉家山M65、M28和蘇家壟M7之間,凸顯地出現了一個"九鼎七簋"等級的墓葬,再毫無理由地又恢復到蘇家壟M7的五鼎四簋,這種突兀的起伏對于曾國諸侯從西周早期就是五鼎的級

別的爵位歷史而言,是講不通的。因此,有關曾國在西周晚期至春秋早期
就出現九鼎諸侯的觀點還需要進行審慎的考察。

　　曾國諸侯從蘇家壟 M7 的五鼎四簋發展到擂鼓墩 M1 的九鼎八簋,根
據文峰塔 M1 曾侯與的編鐘銘文來判斷,應該是發生在春秋晚期。2009
年,發掘出春秋晚期隨州義地崗墓地文峰塔 M1,墓主爲曾侯與,墓葬被嚴
重盜擾,但仍然出土了一套青銅編鐘 10 件和一銘文爲"曾侯與之行鬲"
的銅鬲。曾侯與的編鐘銘文如下:

　　　　唯王正月吉
　　　　日甲午,曾侯
　　　　與曰,伯括上
　　　　庸,左右文武
　　　　撻殷之命,撫
　　　　定天下。王遣
　　　　命南公,營宅
　　　　汭土,君此淮
　　　　夷,臨有江夏。
　　　　周室之既卑,
　　　　吾用燮就楚,
　　　　吳恃有衆庶
　　　　行亂,西征南
　　　　伐,乃加于楚。
　　　　荊邦既殘,而
　　　　天命將誤,有
　　　　嚴曾侯,業業其
　　　　聖,親搏武攻,
　　　　楚命是静。復
　　　　定楚王,曾侯

之辟。於穆曾侯,

莊武畏忌,恭

寅齋盟,懷燮四

方。余申固楚

成,改復曾疆

擇予吉金,自

作宗彝。穌鐘

鳴皇,用孝以

享于予皇祖,

以祈眉壽,大

命之長,其純德

降余,萬世是尚。

　　銘文跳躍地記述了曾國的幾段輝煌歷史:首先是追溯至左右文、武二王的高祖伯括,説伯括輔弼文、武革命,撫定天下。繼説康王對南公的賜命,南公因而君淮夷,臨江夏,受封曾國。然後跳過昭王南征,直接説到吳楚之争時的曾國救楚。有意思的是,曾侯與所淡筆帶過的昭王故事,被曾公求大書特書。曾公求是棗樹林 M190 的墓主,他的墓葬中發現了一套有銘編鐘,稱爲曾公求鐘。曾公求鐘的銘文如下:

唯王五月吉

日丁亥,曾公

求曰:昔在臺

丕顯高祖,克

逑匹周之文

武,淑淑伯括,小

心有德,詔事

上帝,通懷多福。

151

左右有周，震

神其聲，受是
不寧，丕顯其
靈，匐匐祗敬。
王客我于康
宮，伻尹氏命
皇祖，建于南
土。蔽蔡南門，
質應亳社。適
于漢東，南方
無疆。涉征淮
夷，至于繁陽。
曰：昭王南行，
豫命于曾。咸
成我事，左右
有周，賜之用
鉞。用征南方，
南公之烈。駿
聲有聞，陟降
上下，保乂子
孫。曰：嗚呼！憂
余孺小子，余
無諆受盡。除
臺卹，俾臺千
休。顜天孔惠，
文武之福。有
成有慶福祿。
曰：至復我土

疆,擇其吉金

築鋁,自作龢

鐪宗彝。既淑

既平,終龢且

鳴。以享于其

皇祖南公,至

于桓莊,以祈

永命,眉壽無

疆,永保用享。

曾公求鐘的銘文對曾侯與鐘銘諱莫如深的昭王南征這一段歷史,仔細描述道:"曰昭王南行,豫命于曾,咸成我事,左右有周,賜之用鉞,用征南方,南公之烈,駿聲有聞,陟降上下,保乂子孫。"昭王南行的提法首見于文字,以前都是說昭王南征,而且還加兩字"不返"。或者南行就是帶了"行而不返"的意思,曾公求說的昭王南行,實際就是昭王南征不返的意思。"豫命于曾",承昭王而言,所以是昭王在曾豫命的意思。"豫"字何解?古籍用到和命或病災相關的字時,會用到豫。例如《尚書·金縢》說:"王有疾,弗豫。"《說文·心部》引《古文尚書》時,豫作念,"周書曰:'有疾不念'。"豫和念都釋喜,所以弗豫就是弗喜,不念就是不喜。然而念又和悆通,段注念:"按嘽慄、念悆皆古今字。悆憚猶憚悆也。若廣雅云。悆憚、懷憂也。"所以念可以是悆,即憂患不安。豫命于曾,就是悆命于曾,悆命,根據昭王南征不返的歷史事實,這裏可以理解爲死亡的諱語,昭王悆命于曾,等于說昭王是死在曾國的。所以,這一段的意思大致是:昭王南行,悆命在曾國,這事如大難臨頭,都成了我們曾國的大事了。我們左右拱衛有周,用周王賜給的大鉞,征討南方。南公的功烈,如戰馬嘶鳴聲聲在聞,升到天上降到地祇,保護佑助著子孫。

這個講述昭王南行的段落,第一次揭曉了周昭王死于曾國的歷史隱秘,也告訴了後人,在周昭王突然死于曾國的大事不好面前,是曾國繼承

153

發揚南公(即盂)的偉大功烈,堅持在南方征伐,保衞了子孫,還收復了失去的疆土("至復我土疆")。對勘于曾侯與鐘銘,曾公求鐘關于昭王南行和曾國收復疆土的銘文段落可以作爲曾侯與鐘銘文的補充。曾公求詳細敍述這段歷史的原因,應當和西周晚期到春秋早期的曾楚關係有關。彼時周朝的南疆危機剛剛得到緩和,按照曾公求的説法,這個緩和與曾國堅持在王朝的南方前綫是分不開的,也就是説,是曾國堅持征伐南方,才終于收復疆土,緩和了南疆危機。曾國爲此付出了極大的犧牲,這個已經在曾侯諫等幾個昭穆時期的曾侯的墓葬隨葬品的匱乏體現出來了。

上已述及,南公盂之子曾侯犺的墓葬(葉家山 M111)的墓室面積是130 米²,犺之子諫的墓室面積只有 15 米² 左右,諫的後人的墓葬雖然墓室面積已經有所增大,也只是 42.88 米²,只有曾侯犺的 M111 的 1/3。在隨葬青銅禮器一項,曾侯犺隨葬的青銅器有 200 餘件(包括兵器和 5 件編鐘)。犺之子諫只隨葬有 22 件青銅禮器,諫的後人稍多 3 器,爲 25 件。三墓都是帶有商制遺風的五鼎墓,M111 犺之墓的規模接近隱山大墓,M65 的諫之墓略等于殷墟小屯 M18 的五爵墓的規模。葉家山 M65 諫之墓的規格和隨葬青銅禮器的寒酸、拮据和匱乏,在 M111 面前宛如是低了好幾級的小貴族。這樣的比較和對比,只有用國運中衰、家道中落來解釋,而造成中衰和中落的,也只有昭王的南征不返(南行,豫命于曾)這樣的大難。曾公求能夠坦然地記述這一段歷史,應該是在周楚交惡緩和但仍沒徹底和好的背景之下,他認爲曾國在周朝的南疆危機中,經受住了考驗,起到了"左右有周"的作用,比較而言,曾公求不像後代,因爲和楚關係交好,而有心理負擔,不便去提曾楚交惡的歷史,曾公求不僅不必對曾楚交惡諱莫如深,更可以大擺其好,向周室和曾國展示這一段歷史光榮,可以説正是這份歷史光榮,才讓曾國可以把曾侯求敬稱爲曾公求。曾公求的棗樹林 M190,據湖北考古所的報告,是"至少有七鼎六簋",按照 M190 的考古年代,M190 屬于西周晚期或春秋早期的墓葬,其時周代用鼎制度已經形成,而且在曾國,除了鼎簋組合,還有鼎簠組合。因此,曾國墓葬是很難僅以所出鼎數給墓葬定級的,比如蘇家壟 M79 有鼎八、鬲四、甗一、簋四、簠四、壺二、盤一、匜一,八鼎包括升鼎五、附耳鼎三,分別與簋、簠搭配,因而是五鼎四簋和三鼎四簠兩個組合。曾公求即使是隨葬有七件以上的鼎,只要没有發現隨葬了六簋,并且已經發現的青銅器還有青銅簋隨葬,就不能把該墓簡單地定爲七鼎六簋墓。實際發現“殘留”的是五鼎四簋,説明曾公求的級別可能仍然是五鼎四簋,與祖上曾侯犺的(五方鼎)級别相同。曾公求稱公,可能是學界認爲他應該有七鼎六簋以上的級别的依據,其實這未必盡然,南公括和南公盂都稱公,把南公盂的南公簋隨葬于曾侯犺的墓,等于告訴後人曾侯犺是繼承了南公,他的隨葬鼎數仍然只有五方鼎,説明公的稱號并不能作爲判斷用鼎級別的直接的依據。而棗樹林 M168 的曾侯寶的級别就只有五鼎四簋,間接證明了曾公求的級别可能還未及七鼎六簋。曾國所在的南疆,歷史上一直是盤龍城青銅文化的勢力範圍,盤龍城是中國青銅時代最早出現五爵墓葬的地區,比商代殷墟時期早四百年左右,曾國在南疆擁有五鼎的爵位等級,或者和盤龍城的五爵曾經是本地最高等級的歷史有關。

以迄今所見曾國各代諸侯隨葬的用鼎資料(見表 4－3)而言,西周早中期的列代曾侯仍用商制,保持了爵鼎組合隨葬的商代遺風,盂時傳世的有一爵二鼎,小盂鼎銘文所説的康王賜給盂的,就是一鼎一爵。到了曾侯犺,有二爵、五方鼎、十一圓鼎以及九簋,但核心器類還應該是爵和方鼎。葉家山的 M65(曾侯諫)、M28(曾侯伯生)和 M27 都是拼凑五鼎隨葬,但都伴出爵,保留了隨葬爵的制度,曾國在這一時期所見的這種爵鼎組合和鼎多于爵的葬俗在其他地區也是相當普遍的。進入西周晚期,曾國的隨葬禮器開始體現周代的風格,一般都出現了鼎簋組合和鼎簠組合兩種禮器組合,而在曾侯這一級,鼎簋是五鼎四簋,鼎簠是三鼎四簠,用鼎簋組合的同時,兼用鼎簠組合,這可以説是曾國的方國特色。曾國的用鼎制度還有一個特徵,就是夫人下其君一等,出土發現的曾國諸侯和夫人并穴合葬墓中,諸侯隨葬五鼎四簋,夫人隨葬三鼎二簋或四簋,比如曾公求 M190是五鼎四簋,其夫人漁是三鼎四簋。這也是曾國的方國特色。垣曲北白鵝兩周墓地的 M5 和 M6 也是一對并穴合葬墓,兩墓都隨葬七鼎六簋,不存在類似于曾國的夫人下其君一等的現象。

表4-3 曾國諸公、諸伯、諸侯世系表

曾公伯侯	亦稱名號	所處時代	用鼎級別	資 料 出 處	備 注
南公括	南宮括、伯括、祖南公	商周之交		大盂鼎	1
散 伯	父丁	武成之際		小盂鼎、盂爵	2
南公盂	南公、盂	康昭之際	爵鼎組合	大盂鼎、小盂鼎、盂爵、南公簋、曾侯與編鐘、曾公求編鐘	3 鼎爵組合
曾侯犺	父乙	昭穆之際	五方鼎	葉家山 M111,曾侯犺編鐘,南公簋、犺簋,曾侯作父乙簋	4 隨葬爵觚斝
曾侯諫	曾侯	昭穆之際	五鼎	葉家山 M65、M28,M2、M3,"曾侯諫作寶簋"和"曾侯諫作媿寶尊彝"器群	5
曾侯伯生	伯生	西周中期	五鼎	葉家山 M28	6 伯生係以爵爲名
曾侯寶		兩周之際		郭家廟 M18	7
佚 名		兩周之際		郭家廟 M60	8
曾侯仲子㜏父		兩周之際	九鼎七簋	蘇家壟 M1	9 非考古發掘
曾侯巳	巳	春秋早期			10
曾伯桼		春秋早期	五鼎四簋	蘇家壟 M79,曾伯桼壺,曾伯桼簠	11
曾穆侯	穆侯	春秋早期		隨州季氏梁墓地,季怠戈	12
曾伯陭		春秋早期		郭家廟 M21	13

續　表

曾公伯侯	亦稱名號	所處時代	用鼎級別	資 料 出 處	備 注
曾伯文		春秋早期		隨州熊家老灣採集,曾伯文簠	14
曾侯絴伯		春秋早期		棗陽曹門灣 M1,曾侯絴戈	15
曾侯得	曾公,曾子	春秋中期		隨州漢東東路 M129,曾公戈,曾公編鐘	16
曾侯戾		春秋中期		曾侯戾戈	17
曾公求		春秋中期	七鼎六簋	棗樹林 M190、曾公求編鐘	18
曾侯寶	龔公	春秋中期	五鼎四簋	棗樹林 M168、M169、蜜加編鐘	19
曾侯邡		春秋晚期		文峰塔 M4,編鐘有"左右楚王,弗訂是許"	20
曾侯與		春秋晚期	五鼎四簋	文峰塔 M1,曾侯與之行鬲、曾侯與編鐘	21
曾侯乙		戰國早晚	九鼎八簋	擂鼓墩 M1,曾侯乙編鐘	22
曾侯丙		戰國中期	九鼎八簋	文峰塔 M18	13

　　曾國諸侯墓在春秋晚期仍是用鼎制度的五鼎四簋級別,到了戰國時期,就突然升級到九鼎八簋,造成這個轉變的原因,按照曾侯與編鐘銘文的説法,是"周室之既卑"。而據曾侯邡編鐘銘文説,曾侯邡時,曾國已經從曾公求所説的"左右有周"變成了"左右楚王",曾國放棄了既已卑微了的周室,改投了楚國之好,所以才有曾侯與編鐘所説的吳楚相爭,曾國不幫同姓的吳國,堅決救了楚國。或許,左右楚王的曾國因爲楚國的稱王,跟著也提高了自己的爵位,這才有了曾國從周室的五鼎之侯,跳到了楚王之下的九鼎之侯。也就是説,擂鼓墩 M1 的曾侯乙隨葬九鼎

（見圖4-10），并不是對于"天子九鼎"的僭越，而是進入戰國後，曾國左右楚王，由此得到了九鼎之尊。九鼎居于已經稱王的楚國之下，再次證明了九鼎并不是天子的禮數。曾侯乙隨葬九鼎仍然是侯，并沒有稱王，就足以證明九鼎象徵的只是諸侯的一個級別。事實上，春秋戰國時期，使用九鼎的諸侯并不是只有曾侯乙（見圖4-11、4-12）。

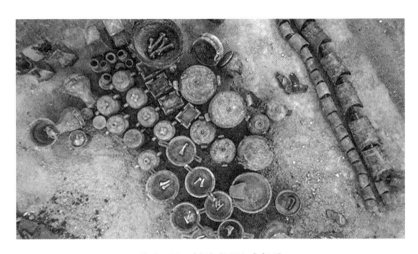

圖4-10　擂鼓墩M1發掘圖

圖4-11　曾侯乙編鐘

從南公括到曾侯乙,前後歷經八百年左右的曾國列代諸侯,大都不見經傳,考古界以五十年的曾國考古,一一發掘和發現了曾國大約 23 代的曾公、曾伯和曾侯,這些曾公、曾伯和曾侯的禮器等級,根據文物學和考古學的發現,大致經歷了商制等級制度、商周制等級制度和周制等級制度這樣三個歷史階段,成爲解剖分析周代青銅禮器制度從用爵演變到

圖 4-12　曾侯乙尊盤

用鼎的過程的實例。西周的早中期,曾國列公、列伯、列侯仍然用爵鼎組合作爲青銅禮器的核心組合,但鼎簋已經明顯佔據青銅禮器的主要器類,只要曾國處在繁榮之際,就可以奢侈到十一鼎和九簋同時出現在一座墓葬裏,但這一段的曾侯等級基本保持了五鼎或五方鼎的級別;西周晚期到春秋早期,這一段的列代曾侯、曾伯基本不見有隨葬爵,等級保持在五鼎四簋,配以三鼎四簋的青銅禮器等級,這時段的五鼎四簋的數級應該說是繼承了西周早中期的五鼎,差別是鼎簋組合代替了西周早期的爵鼎組合而成爲核心禮器組合;春秋中晚期的曾國明顯受到社會變動的影響,諸侯國的地位不僅受到周王朝衰落的影響,也受到諸侯國彼此之間的沉浮跌宕的影響,由此曾國開始逐漸擺脱與周室的聯繫,經歷了從最早的"左右文武(大盂鼎)"、中經"左右有周(曾公求鐘)"、最後"左右楚王(曾侯吶鐘)"的大轉變,其間一個重要的轉折就是曾國從以曾周關係爲曾國的核心利益轉變到以曾楚關係爲核心利益。由此,曾國從一個周朝的五鼎之侯,變到了左右楚國的九鼎之侯,無疑,這爲商代用爵制度演變到周代用鼎制度提供了一條不斷的證據鏈。

第三節　召公家族的用爵用鼎制度

爵制到西周晚期基本爲鼎制所代替,特徵上,就是雖然進入西周晚

期,隨葬青銅禮器仍然有爵,但爵基本上都不再作爲核心禮器,觚形器已經從禮器的行列消失,鼎多于爵繼續發展到鼎代替爵,鼎和簋成爲核心禮器組合,成爲爵位等級的象徵。總體上,鼎簋組合替代爵觚組合,既是周代用鼎形成制度的標志,也是商代用爵制度經過鼎盛爵衰的更代而在周代禮器制度的延伸,這種延伸的特徵性標志,就是用鼎制度保留了用爵制度的精髓,社會等級繼續以禮器數級來表示,變化只是用鼎代替了爵,而爵的數級積澱成的爵位觀念,深深地沉積在用鼎的禮數中,自然地形成以用鼎體現爵位的禮器制度。

　　另一方面,西周晚期至春秋早期的各地墓葬所見的隨葬青銅禮器,也出現了地方特色的禮器組合。曾國等地形成了鼎簋組合和鼎簠組合配套的特色,與此相對,在黃河地區,盨更爲流行,形成了鼎簋組合和鼎盨組合配套的特色,例如,鄭季盨銘文(見圖4-13)就記載了鼎盨組合。鄭季盨銘文如下:

佳
王元年王在成
周六月初吉丁
亥叔專父作鄭
季寶鐘六金尊
盨三鼎七鄭季
其子=孫=永寶用

圖4-13　鄭季盨銘文及釋文

佳王元年,王在成

周,六月初吉丁

亥,叔專父作鄭

季寶鐘六、金尊

　　簋四、鼎七。鄭季

　　其子子孫孫永寶用。

　　從銘文只説鼎七來看,這套七鼎可能就是列鼎,又有寶鐘六,鼎鐘相配,是鼎七鐘六的組合,符合伯爵七鼎的等級,但這套禮器組合没有簋,反而有四件盨,和南方的曾國墓葬有簋不同,這是北方喪葬禮器的風格。

　　同時,北方繼續保留了用爵隨葬的禮器風俗,在用鼎隨葬形成制度的同時,垣曲北白鵝的太保燕中家族墓地直至春秋早期仍然保留著隨葬三足爵和觶的習慣(北白鵝 M1),而薛國故城墓地的七鼎六簋墓出現三件圈足爵隨葬,也可視爲商代用爵制度在春秋時期的孑遺。

　　垣曲北白鵝墓地是周初太保召公姬奭後裔的家族墓地,已經發掘的較爲完整的墓葬有 M5、M6 和 M1,被盜擾但仍然有禮器殘留的有 M4、M2 和 M3,以及被盜掘一空的 M7,尚有 M8 和 M9 没有發掘,總數是九座墓葬,時代介于西周晚期和春秋早期。據山西考古所確認,這個墓地所在實際可能是召公後裔的采邑。其中 M1 應該是最早的一座墓葬,通過隨葬銅器銘文可知墓主是一個叫"建公"的貴族,M1 有人牲,有腰坑和殉狗,雖然是六鼎六簋,卻依然有爵隨葬,級别應該和 M5 的七鼎六簋不相上下。在山西的商代墓葬中,像酒頭務的 M1 和大河口的 M1 都是六爵墓,但都可以看作是七爵的等級。同樣,這座"建公"墓因爲出土了六簋,仍然可以視作七鼎六簋的級别,而同時隨葬爵,以及人牲和腰坑、殉狗等商代葬制遺風,證明召公的後代仍然保持了商周喪葬制度的風格,特别是人殉、人牲的遺俗。以前學界一直把這種人牲、人殉遺俗作爲判斷商墓和周墓的一個標志性依據,有之即爲商墓,無之即爲周墓。實際上,不只是商朝遺民如隱山大墓的墓主保留了人殉現象,即使"仁如召公"的姬奭的後代也依然保留著人牲的野蠻風俗,甚至一直保留到了西周晚期。因爲北白鵝墓地的葬制保留了商代的制度,幾乎所有的墓葬都有殉狗的腰坑,所以像 M1 出現爵的隨葬,也應該視爲商代用爵制度向周代用鼎制度過渡的過程中必然出現的現象,在爵鼎組合已經讓渡給鼎簋組合之後,爵仍然會頑固地被人們保留在墓葬中。

北白鵝墓地的墓主除了 M1 的建公，還有 M5 的匽中太保。參照琉璃河 M1193 的克罍銘文，M5 所出的匽中太保鼎銘文透露了這樣幾個信息：匽中是匽即燕侯的仲子，召公受封燕國，并沒有就封，而是讓長子姬克前往，仲子一脈留在了召公的身邊。到了 M5 的墓主這一代，稱爲太保，乃以官爲氏。匽中即燕仲，是表示燕侯之仲，以封國爲名，故稱"匽中"。M5 還出土了兩件鬲，一件銘文作"畢爲其蕭彝，用享用孝于其皇祖"，一件銘文作"匽中太保其作旅尊彝，其萬年無疆子子孫孫用寶用□"。"畢"字的位置和"匽中太保鬲"的"匽中太保"四字的位置相同，可以視爲人名。此字放大了看，從口，與永盂的畢字從田，略有不同，但此字應該就是匽中太保的名字，可以姑且隸定爲畢（見圖 4-14）。姬奭實際有三個頭銜：召公、太保和燕侯。召公是爵位（公爵），太保是官職（天子公卿），燕侯是諸侯，按照周代取名得氏的慣例，爵號、官職和封國都可以被後人用來作爲氏的。因此，如果燕仲太保這個氏名是以官爲氏和以國爲氏的複合，那麼，建公這個名字就可能是以爵爲名，是以召公之爵號爲名。後代以先祖的爵號爲名，已經在曾國那裏有過先例，所以，這個建公很有可能也是用了召公的爵號。而匽中

圖 4-14　畢鬲銘文、燕仲太保鬲銘文、畢鬲畢字和永盂畢字

162

太保是以召公的官職和封國爲氏爲名。根據這樣的梳理,可以説,北白鵝墓地的墓主都是召公次子這一脈的後裔。燕仲太保等于是以官和封國爲氏的複合,表示太保之後和燕國之仲支,"畢"則爲其名。照理,召公的後裔都是在周禮氛圍下成長起來的姬姓王族後人,應該遵循周禮,踐行周制的。實際的情形卻是,他們直到春秋時期仍然採用商代的葬制,不僅使用人牲、殉狗腰坑,還隨葬三足爵,表現出對于商代禮俗的執著的仰慕和追求。不過,他們採用商代葬禮制度的同時,又嚴格地遵守著周代用鼎的禮制等級,再次揭示了用鼎制度脱胎于商朝禮制,特別是脱胎于商朝用爵制度的事實。

值得一提的是,和商代用爵制度的商王和王后用爵同數一樣,垣曲北白鵝墓地的用鼎數級保持了夫婦同數。垣曲北白鵝 M5、M6 是一對夫婦并穴合葬墓,M5 是男性墓,M6 是女性墓。考古報告説:"結合文獻和出土銘文可知,從北白鵝至東十餘公里邵原鎮之間的山前開闊區域,當是召氏後裔燕仲隨平王東遷後的采邑範圍,墓地則選在召(邵)原西側的北白鵝該墓(M5)有銘銅器的出土,顯示 M5 的墓主是春秋早期邵原采邑的一代采邑主,即太保燕仲,北白鵝墓地級可能是太保燕仲家族的墓地。"[1]而與 M5 并穴合葬的 M6,墓主被認爲是 M5 的太保燕仲的夫人,隨葬也是七鼎。M3 和 M2 也是一對并穴合葬墓,M2 是女性墓,墓葬經盜擾,殘留器物有三鼎、二盨、二壺、一盃、一盤、一方彝。M3 爲男性墓,墓葬也經盜擾,殘留青銅器四鼎四簋。以墓葬保存尚好的 M5 和 M6 爲例,兩墓爲夫婦并穴合葬,都隨葬七鼎,與曾國諸侯及夫人合葬墓相比,北白鵝墓地是夫婦隨葬用鼎同數(M5、M6 都是七鼎),曾國諸侯及夫人是曾侯隨葬鼎數高于夫人一級,兩地的夫婦墓在用鼎制度方面存在不同,按照婦好墓所見,婦好隨葬商王級别的十二爵,説明商代王及王后禮數相同,北白鵝的召公後代採用夫婦用鼎同數的禮制,應該也是採用了商代爵制的夫婦同禮數的制度,也反映了召公家族對于商禮商俗的仰慕。相對而言,曾國曾侯及夫

①　山西考古研究院《垣曲北白鵝墓地 M5 出土有銘銅器:墓主或爲燕仲家族》,《考古與文物》2021 年第 3 期。

人用鼎的級別有高低不同,實行的是周代的夫人下其君一等的制度。燕國和曾國的這些不同的葬禮風俗以後都被收入到禮書之中,禮書有所謂"王后與王同庖"和"夫人與君同庖"的説法,也有所謂葬禮"夫人下其君一等"的説法,其實都是有所本的,而真正的制度來源還是商周的用爵制度和用鼎制度。這裏,要對克罍(見圖4-15)、克盉銘文略作討論。1986年,北京在琉璃河周代燕國遺址的黃土坡村發現1193號墓,該墓是一座亞字型大墓,從墓制上講,比垣曲北白鵝的墓葬要高了兩級。該墓發現了一件罍和一件盉,兩器同銘,器主都是克,所以叫克罍和克盉。銘文六行四十三字,以下是罍蓋的銘文釋文:

王曰:"太保,隹乃明乃鬯亯
于乃辟,余大對乃亯,
令克侯于匽,旟羌馬
叡雩馭長,克宅
匽入土,眔厥嗣。"
用作寶尊彝。

用作寶尊彝
匽入土眔厥嗣
叡雩馭長克宅
令克侯于匽旟羌馬
亐乃辟余大對乃亯
王曰太保隹乃明乃鬯亯

圖4-15　克罍銘文

164

這篇銘文是追記周王册封召公册命。體例上，銘文以"王曰"二字起首，文獻和金文都有先例，這種以"王若曰"或"王曰"開首的體例，在文獻和金文中是習見的追記王命的體例，這種體例不像一般的金文和文獻記錄周王册命的體例，没有記録册命的時間和地點，以及出席册命典禮的右者、史官等内容，而是像《尚書·大誥》起首就是"王若曰"那樣，直接用"王曰"引述王命，或者像毛公鼎，開首就是以"王若曰"和"王曰"引述了周宣王的册命，然後以一句"毛公暗對揚天子皇休，用作尊鼎，子子孫孫永寶用"結束這篇500字長的銘文，克罍和克盉也是没有記録册命的時間和地點，最後則用"用作寶尊彝"結束銘文，説明"王曰"至"罘厥嗣"都是在引用王命。

太保，即受封燕國的召公。據《史記》等書的記載，册封召公爲燕侯的是武王，所以册命中的太保應該是武王稱呼姬奭的官名。太保姬奭是成王的叔父，成王是不會以"太保"稱呼召公姬奭的，而可能是像毛公鼎中的宣王稱呼毛公爲"父暗"一樣，在稱呼前冠以父之類的敬稱。所以這個太保是武王稱姬奭，而"王曰"也應該是"武王曰"的意思。

乃明乃鬯，明，盟。鬯，疑是金文裸之省。金文裸或作从爵之省从鬯，這是因爲周人有裸祭用鬯酒的禮儀，魯侯爵銘文"魯侯作爵鬯爵，用尊桌盟"，説所作的"爵鬯爵"是"用尊桌盟"，即用于奠行桌法和盟誓，克罍銘文説乃明乃鬯，猶言乃盟乃裸，語境與魯侯爵的"魯侯作爵鬯爵，用尊桌盟"略同。亯，享，享用、享受。乃辟，你的君辟，這是武王自指，是下面的余的同位語。余大對乃亯，我大爲贊賞你的祭享。對，對揚之省，周代金文"對揚"習見省作"揚"或"對"。

令克侯于匽，承"余大對乃亯"而言，因爲召公對于宗族的盟誓和裸鬯得到武王的贊賞，武王册封召公長子姬克侯于匽。旗，使。羌、馬，羌族和馬族。叡，取。雩字从雨从亏，亏是于的古字。馭，从馬从卂，卂當亦聲，馭可釋爲訓，馭長即訓長，這是説把羌氏和馬氏兩國置于燕國監鎮之下。宅，罍銘此宅字从又，盉銘不从又。宅燕，宅于燕之謂。入土，猶言入國，土國古通。罘厥嗣，以及其司。罘，及。厥，代指燕國，嗣，或隸定爲亂,嗣、亂都有司治的意思。

把克罍銘文翻譯成今語,大意是説:武王説,太保,只是因爲你用你謹守盟誓、克勤祼祭,祭享了你的君辟,我大爲贊賞你的祭享。特册命(你的兒子)克在燕爲侯,使羌、馬二族都收在燕國的統治之下。克要駐守燕國,擔負起那裏的治理。(克)爲此作了寶尊彝。

克罍銘文證明了姬奭和姬克父子,一個在宗周擔任太保,一個代父就封于燕國,姬克就封時,作了克罍、克盉等青銅禮器,紀念武王的册命。宗周到燕國,相距兩千里,姬克到達燕國作器之時,至少要在武王册命的三個月之後,作器紀念的時間和空間與王命發生的時間和空間都不一樣了,所以銘文没有記下王命的時間和地點。根據克罍銘文,召公是公爵級別的太保,召公的長子姬克是燕侯。在另一方面,召公次子一支的燕仲太保是采邑主,是七鼎級別,以此推論之,則召公比姬克高一級,姬克又比燕仲高一級,三者級別最低的是燕仲太保,則太保召公和燕侯姬克的爵位都應高過七鼎。

垣曲北白鵝墓地至少有三座墓是七鼎墓。這個七鼎級別所對應的是召公後裔的三個身份:召公次子一脈、燕侯之弟和采邑主,以此可以反推召公的爵位。召公作爲留京的天子公卿,其地位不亞于周公,他是周初的擁有公爵爵位的太保,與太師周公分掌關中關外,陝西歸召公,陝東歸周公。周公被成王特許,享受周王室天子的禮遇,召公之次子一脈享有七鼎的等級,如果用商代用爵制度衡量,他的爵位應該比其次子的七鼎等級高兩個等級,按照商制的用爵等級,應該是十爵或十鼎,只有這個十爵或十鼎的等級,才可能讓他的次子一脈享有七鼎之尊。代召公到燕國就封的長子一脈(姬克),應該是九鼎之侯,從琉璃河 M25 的發掘圖(見圖 4-16)可知,燕侯的用鼎等級很有可能就是九鼎之侯。北白鵝的召公次子的級別,不僅要低于召公,也必須低于燕侯。用爵或用鼎制度都是在十二禮之大數之下,有十鼎、九鼎和七鼎三個等級,現在燕仲太保擁有了七鼎,比七高一級的是九鼎,燕侯的爵位應該高于燕仲太保,燕國大于燕仲太保的邵原采邑,就不難推知燕國燕侯的爵位應該是九鼎,而召公作爲公爵,推論其高于長子姬克的九鼎而擁有十鼎之尊,應該也是合乎邏輯的推理。

圖 4-16　琉璃河 M25 發掘圖

　　召公除了長子燕侯姬克和燕仲太保兩脈，還有一脈在成周，這就是叔造這一脈(見圖4-17)。叔造見于1965年在洛陽北窯西周墓347號墓出土的叔造尊。叔造尊銘文説："叔造作召公宗寶尊彝父乙。"這十一字銘文包含了三個重要信息：一是排行，稱"叔造"，説明作器者的排行既不是伯，也不是仲，而是叔，排在伯仲之後；二是這個叔造能爲召公的宗廟作器，説明他也是召公之後；三是叔造的父親是父乙。叔造這一支召公之後的爵位等級，以現有的資料，尚未能知其詳。

惟王萊于宗周
王姜史叔事于大
保賞叔秬鬯白
金翊牛叔對大保
休用作寶尊彝

圖 4-17　叔卣銘文

167

燕仲太保這一支因爲在垣曲北白鵝有采邑,且有七鼎的爵位等級。而垣曲北白鵝墓地所見的用鼎實例,直接證明了商代用爵制度的后與王同庖、夫人與其君同庖的禮制也存在于周代的用鼎制度;也間接證明了周代用鼎制度和商代用爵制度一樣,存在十鼎、九鼎和七鼎這樣三個高級用鼎等級,加上曾國曾侯的五鼎,和下其君一等的曾國夫人的三鼎,作爲周代用鼎制度的五等爵制,在王爵十二鼎之下,同樣存在十鼎、九鼎、七鼎、五鼎、三鼎這樣五個爵位等級。七鼎級別的燕仲太保這一支還是伯爵級別,燕仲太保的先人,在西周早期又稱"召仲"和"召伯害"(見圖4-18),學界因爲"召仲"和"召伯害"的不諧而以爲不可能伯仲同指召仲一支,其實召仲一支所稱的伯是指伯爵之伯,這一點在討論曾國的盂爵和伯括、散伯的關係時已有所論述,茲不重複。

伯害作召
伯父辛寶尊彝

圖4-18
伯害簋銘文及釋文

召公家族在燕國的一脈還有一個燕侯,叫旨,見于傳説是北京郊外出土的燕侯旨鼎(見圖4-19)。或有説姬旨是姬克的弟弟,是召公的另一個兒子,是第二代燕侯。《史記·燕侯世家》説召公之後九世在燕爲侯,沒有説到其中的一世是兄終弟及的,所以,姬旨應該是姬克之後。傳世的燕侯旨鼎有兩件:一件藏于上海博物館,銘文作"匽侯旨作父辛鼎"[1];一件藏于日本泉屋博古館,銘文作"匽侯旨初見事于宗周,王賞旨貝廿朋,用乍有姒寶尊彝"[2](見圖4-20)。後一件燕侯旨鼎應該是他專門到宗周接受周王册命之後作的一件鼎,款式是分襠鼎,應該稍早。前一件的款式與大盂鼎略同,應該稍晚。旨作的銅器還見于山西大河口的霸國霸伯的墓葬,墓葬隨葬的六爵分放在兩件卣内,兩件卣和兩件尊同銘,作"燕侯旨作姑妹寶尊彝"(見圖4-21)。六件爵有兩件同銘,作"燕侯作父辛爵"(見圖4-22)。

[1] 該鼎曾經潘祖蔭舊藏,著録于《攀古樓彝器款識》一書。
[2] https://bronzeschinois.wordpress.com/nourriture-食器/ding-鼎/yan-hou-zhi-ding-匽侯旨鼎-燕侯旨鼎/。

圖 4-19　燕侯旨作父辛鼎

圖 4-20　燕侯旨作有姒鼎

圖 4-21　燕侯旨作姑妹卣

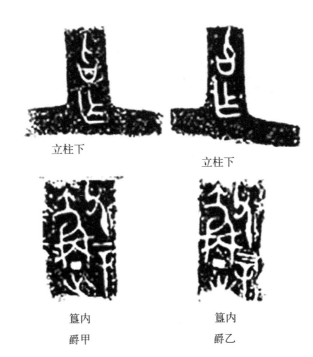

立柱下　　　　　　立柱下

簋內　　　　　　簋內
爵甲　　　　　　爵乙

圖 4-22　燕侯作父辛爵(甲乙)銘文

圖 4-23
燕侯觚銘文拓片

另外還有兩爵銘文是父乙,一件銘文是父丁,一件無銘。另外,還有一件觚的銘文是"燕侯作瓚"(見圖4-23),這是唯一一件自銘稱觚爲"瓚"的觚形器①。根據尊和卣的銘文,可知這六件爵是燕侯旨爲姑妹鑄作并放置在卣裹面的,爵的銘文分別作"父辛""父丁"和"父乙",説明六件爵是拼凑起來的,意在凑成一個六爵級別。燕侯旨的姑妹是嫁給霸伯爲妻的姬姓女子,也是召公的後裔。霸伯死,燕侯旨代表娘家爲姑妹的夫婿賻贈禮器。大河口的另一座墓葬(見圖4-24)是霸伯級別的七爵墓,燕侯爲他的姑妹拼凑了六爵。此禮制應該有下其君一等的用意。燕

_____

①　大河口霸國銅器及銘文資料參見《山西翼城大河口西周墓地一號墓發掘》,《考古學報》2020 年第 2 期,第 187—252 頁。

侯旨的爵位是九鼎之侯的爵位,作爲監鎮北土的姬姓諸侯,他是能夠通過賻贈喪葬禮器等手段,爲霸伯的爵位定級在七爵的。這種死後贈爵略等于生前的賜爵,也證明燕侯旨的爵位是高于霸伯的七爵的,因爲只有高級貴族才可能賜予低級貴族的爵位,同時,按照商周用爵、用鼎制度的爵位等級結構,貴族之間因爲存在有爵位的上下等級差別的社會關係,才可能發生上級貴族向下級貴族賜爵封官,宗主、族長或領主,乃至諸侯、國王賜給下級貴族爵位,都是要先追述受封被賜的貴族祖先的功績,對于家族和王朝的貢獻,然後進行册封賜命。燕侯旨爲其姑妹作器乃是高一級貴族爲低一級内親貴族賜爵,他在諸侯國和家族中的地位高于霸國家族和姑妹,才能夠以高一級貴族的等級地位,爲低一級内親貴族確定爵位高低,而燕侯旨是通過爲姑妹作六爵賻器來間接確定姻親霸伯的爵位。霸伯是七爵的爵位,姑妹是其妻,按照名分,用禮要下其君一等,所以,燕侯旨爲其姑妹作了六爵。反而言之,這也證明了燕侯旨的爵位是高過七爵的。

圖 4-24　大河口 M1 出土的青銅器

根據如上的召公家族的資料,可以知道召公世系如下

召公—燕侯克—燕侯旨、姑妹

—……建公—燕仲太保

—……叔造

其中,姑妹是和燕侯旨同時期人,西周早期的霸國夫人,她獻祭給霸伯六爵,説明她的爵位等級是七爵一級的。燕仲太保是西周晚期的召公後代,是七鼎的爵位。姑妹和燕仲太保都是級别低于燕侯的身份,他們是七爵和七鼎的等級,是推導出召公和燕侯的爵位的用爵和用鼎的數級的重要依據,據此可以推導出召公十爵(鼎)、燕侯九爵(鼎)。僅就燕仲太保七鼎和姑妹七爵而言,屬于召公家族第二等級的爵位就是七鼎,比曾國第一等級的五鼎還高一級,説明周朝和商代一樣,存在十鼎之侯、九鼎之侯、七鼎之侯和五鼎之侯,相對應于周代文獻記載的五等爵制:公、侯、伯、子、男,十爵(鼎)應該對應公爵,九爵(鼎)應該對應侯爵,七爵(鼎)應該對應伯爵,五鼎應該對應子爵,而三爵(鼎)則應該對應男爵。比較燕國的九鼎和曾國的五鼎,可以説,雖然在爵制上存在高低,但五鼎和九鼎分别代表了曾國和燕國的一國之尊,代表了各自諸侯國内的最高權力,這和商代諸侯的爵位代表諸侯國的最高權力是一致的。

第四節　虢國仲季與九鼎七鼎

虢國仲季是指先周到西周時期的姬周季歷之後的兩支王族,也是周文王的兩個弟弟的後裔。《今本竹書紀年·文丁十一年》説:"周公季歷伐翳徒之戎,獲其三大夫,來獻捷。王殺季歷。王嘉季歷之功,賜之圭瓚、秬鬯,九命爲伯,既而執諸塞庫。季歷困而死,因謂文丁殺季歷。"季歷是"九命爲伯",死後,這個九命伯位傳于長子姬昌,就是後來的文王。文王稱伯,一爲季歷是九命之伯,而且後來紂王也封文王爲西伯;一爲季歷有三子,長子就是文王姬昌,排行也是爲伯,次子是仲,史稱虢仲,三子是季,史稱虢季。文王繼位伯後,將兩個弟弟封爲虢侯:二弟封在東虢,史稱虢仲；三弟封在西虢，史稱虢季。武王即位後，稱兩個叔輩的虢侯爲虢叔仲和虢叔季。虢仲、虢季又稱虢叔，在西周金文中已有發現，1974 年扶風强家莊出土的師㝬鐘，將虢季的兩代諸侯分別稱爲"烈祖虢季究公幽叔"和"朕皇考德叔"，虢季一支的後裔（師㝬）（見圖 4－25）稱先祖先父爲叔，説明虢叔的稱呼和虢季是可以并存的，從而證明虢叔不只是人名，而且還是一個輩分的稱呼，從最早一代的虢仲、虢季是武王周公一代的叔輩而言，虢叔之名很有可能最早來自武王這一輩對虢仲、虢季兩位叔父的稱呼，以後就以叔爲氏了，成爲虢仲和虢季兩支後裔的氏號，他們既用叔來稱自己的祖考，也用虢叔仲、虢叔季來分稱自己的族支。

圖 4－25　師㝬鐘及銘文

　　虢季在西虢，地在今寶鷄以東的鳳翔一帶。虢仲是東虢，在制，亦即今河南省滎陽市汜水鎮。過去或有學者不審虢仲和虢季乃文王之弟，而虢叔乃武王一輩對虢仲虢季的稱呼，硬把虢叔説成是文王的三弟，虢季是文王的四弟，武王周公一輩因而被誤傳有三個叔叔：虢仲、虢叔和虢季。其實，季歷之子有三，姬昌（文王）爲伯子，其二弟是虢仲，三弟是虢季，明顯是只有伯仲季三兄弟。對于武王周公一代而言，虢仲、虢季都是叔輩，因而才有“虢叔”之稱。二虢是西周時期拱衛有周、左右文武的兩個姬姓諸侯，例如，傳世的虢季子白盤銘文（見圖 4－26）記録了西虢這一支在宣王時期爲周室征討獫狁立下戰功的事跡。

隹（唯）十又二年正月初吉丁亥，虢季子白作寶盤。丕顯子白，壯武于戎工，經維四方。搏伐玁狁，于洛之陽。折首五百，執訊五十，是以先行。桓桓子白，獻馘于王。王孔嘉子白儀。王各（格）周廟宣榭，爰鄉（饗）。王曰：『白父，孔顯有光。』王賜乘馬，是用佐王；賜用工，彤矢其央；賜用鉞，用征蠻方。子子孫孫，萬年無疆。

圖 4－26　虢季子白盤銘文及釋文

從銘文裏得到的信息，是虢季子伯在周宣王時期仍然在經維四方，搏伐玁狁，并立下戰功，向宣王獻捷，宣王册命嘉獎，虢季子伯表示將用宣王的嘉獎和賞賜“用以佐王”“用征蠻方”，由此可見，虢季這一支在宣王時期還是爲周王室所倚重的虎賁御林軍式的悍軍。然而，平王東遷前後，虢仲、虢季卻也跟著遷徙，而且是兩虢匯合，一起遷到了焦國，即今三門峽一帶。三門峽上村嶺虢國墓地時跨兩周,以虢季子伯征討獫狁爲據,則西虢在宣王時期還在鳳翔,至平王東遷之後,三門峽上村嶺已經出現虢仲墓(見圖4－27)和虢季墓,説明兩虢仲季已經匯合在這裏了,不僅西周迅速土崩瓦解,兩虢跟著背井離鄉,狼狽遷離故土的速度也是太快了。

圖4－27　虢仲作姑尊鬲

　　三門峽上村嶺虢國墓地,經歷20世紀50年代和90年代的兩次發掘,已經探明這是一個分區爲“邦國”和“兆域”兩大墓區的虢國墓地,匯合了虢仲、虢季兩支虢氏家族。從季歷、文王起,虢國分仲、季,東、西,到春秋時晉國滅掉虢國(公元前655年),季歷之後的虢國歷經六百多年的歷史最終在三門峽所在的“上陽”畫上了一個句號。

　　虢國的爵位等級來自季歷,季歷的爵位如《竹書紀年》所説,是“九命之伯”。季歷死,姬昌繼位,從後來武王遷九鼎到洛邑的傳説來看,文王是繼承了季歷的九命之伯的爵位的。武王時,把兩個虢叔封爲虢侯,根據上村嶺虢國墓地的M2001和M2009的用鼎禮數,可以知道,虢仲是九鼎,看來武王應該是讓虢仲這一支虢叔繼承了季歷的九命之伯的爵位(見圖4－28);虢季是七鼎,比虢仲低了一級。同爲諸侯,仲的用鼎高于季的用鼎,這種級別之差應該是比較普遍的,例如燕國的長子姬克一脈和太保仲子一脈,也存在這樣的伯仲級別之差,太保仲子只是采邑主,死後隨葬用鼎是七鼎,排行爲伯的姬克一脈作爲燕侯,級別就應該是九鼎。

　　根據虢國各座墓葬的用鼎數量(見表4－4、4－5)的統計,大致存在九鼎、七鼎、五鼎、三鼎以及二鼎、一鼎這樣五個用鼎級別,不同級別的墓葬在“邦國”和“兆域”兩個墓區,兩個墓區都存在高級別的七鼎墓,像M1052、M2011和M2001都是七鼎墓,M2001、M2011在兆域墓區,M1052

在邦國墓區。從墓制上看,M2001 是大型墓葬,墓主是虢季,遷國前是西虢諸侯,所以,M2001 被認爲是諸侯墓,其爲七鼎,是因爲虢季的諸侯級別是七鼎,比虢仲低一級。M2011 和 M1052 都是太子墓,級別都是七鼎,如果是虢季一脈的太子,應該是從五鼎按照諸侯級別追加一等到七鼎的。如果是虢仲一脈,虢仲是九鼎,太子七鼎,也符合禮制。M2012 是虢國夫人梁姬的墓葬,五鼎的級別説明她可能是虢季一脈的虢國夫人,因爲虢季七鼎,其夫人下其君一等,五鼎是符合虢季夫人的級別的。

虢仲令公臣䚄朕
百工易女馬一乘鐘
五金用事公臣拜
稽首敢揚天君丕
顯休用作尊簋公
臣其萬年用寶茲休

圖 4-28　公臣簋

　　五鼎級別除了梁姬墓,虢國墓地還發現了三座,它們是 M2010、M1706 和 M1810,這三座墓葬據説都是"貴族墓葬",M1706 和 M1810 都有隨葬兵器,可以確定爲男性貴族,他們的用鼎級別和梁姬相同,級別很高,應該是卿一級的貴族墓葬。

　　三鼎級別的墓葬共有七座,其中三座是女性:M1810、M2006 和 M2013。M2006 是孟姑墓,M2013 是丑姜墓,這三座墓的三鼎也是婦爵,級別都低于梁姬墓的五鼎。另外四座中,M1705、M1689、M1602 都隨葬兵器,被認爲是男性墓葬,被認爲是大夫墓。整個虢國墓地,還有大量的二鼎和一鼎墓,這些一鼎和二鼎墓被確認爲士一級的墓葬(見表 4-6)。

表 4－4　虢國墓地北區墓葬隨葬青銅器統計概覽表

墓葬編號	墓室面積 M²	殉葬人數	銅器總數	鼎	簋	鬲	甗	盨	簠	豆	罐	匜	尊	壺	盤	盉	盂	盆	爵	觚	觶	鎛	鐘	鐃鉦	
M2009	24.64		120	29				4																	統計未全 九鼎墓
M2001	18.27		58	10	9	8	1	4		2	2			4	4		3		3		2	3	8	1	戈 15 矛 5 七鼎六簋墓
M2011			34	9	8	8	1	4		1	1	1		4	1		3	1						1	戈 7 矛 5 甕 8
M2010				5	4	8																			統計未全
M2012			68	11	10	8	1	4		2	2	1		2			6	7	4	1	6	5			梁姬 五鼎四簋墓
M2017			5	2	1										1										
M2016			4	2	1										1										
M2006				3		4																			統計未全 孟姞三鼎墓
M2013				3																					統計未全
M2021			2						2																

表4-5　虢國墓地南區墓葬隨葬青銅器統計表①

墓葬編號	墓室面積 M²	殉葬人數	銅器總數	鼎	簋	鬲	甗	盨	簠	豆	罐	匜	尊	壺	盤	盉	盃	盆	爵	觚	彝	鐘	鐃	兵器
M1052			31	7	6	6	6			1	1	1		2	1							9		戈4矛6劍2
M1706			19	5	4	4			1	1		1		2	1									戈2矛2
M1810			17	5	4	2	1			1		1		2	1									戈2矛1
M1689			12	4	5							1			1		1							
M1602			9	3	4							1			1									戈2矛1斧1
M1705			8	3	4							1												戈1矛1
M1820			19	3	4	2	1		2	1	2	1		2	1									
N1721			5	3								1		1										戈1矛1劍1
M1711			4	2								1		1										戈2矛1

① 採自張瀟《虢國青銅器分期斷代研究》，河南師範大學碩士論文，2017年。

續　表

墓葬編號	墓室面積 M²	殉葬人數	銅器總數	鼎	盨	鬲	甌	須	簋	豆	罐	匜	尊	壺	鑒	盤	罍	盃	盂	盆	爵	觚	觶	彝	鐘	鐃	戈
M1612			2	2																							
M1691			2	2																							
M1715			2	2																							戈1
M1819			2	2																							
M1640			3	1	2																						
M1704			3	1		1				1																	
M1701			3	1								1				1											
M1702			3	1								1				1											
M1777			4	1		2	1																				
M1714			3	1								1				1											
M1761			3	1								1				1											

179

表4-6 虢國各級用鼎一覽

墓葬編號	墓室面積M²	殉葬人數	銅器總數	鼎	簋	甗	瓶	盨	豆	罐	匜	尊	壺	盤	盞	盉	盆	爵	瓿	觶	彝	鐘	鐃鉦	備註
M2009	24.64		120	29				4														8		鈕鐘8甬鐘8 九鼎墓
M2001	18.27		58	10	9	8	1	4	2		1		4	4		3		3		2	3	8	1	戈15 矛5 七鼎墓
M2011			34	9	8	8	1	4	1	1	1		4	1										戈7 矛5 甀8 七鼎墓
M1052			31	7	6	8	6		1	1	1		2	1		1						9	1	戈4 矛6 劍2 七鼎墓
M2010				5	4	8											1							統計未全 五鼎墓
M2012			68	11	10	8	1		2	2	1		2	2		6	7	4	1	6	5			梁姬墓 五鼎四簋
M1706			19	5	4	4			1		1		2	1										戈2 矛2 五鼎墓

續　表

墓葬編號	墓室面積 M²	殉葬人數	銅器總數	鼎	簋	鬲	甗	盨	簠	豆	罐	匜	尊	壺	盤	罍	盅	盆	爵	觚	觶	彝	鐘	鐃鉦	備註
M1810			17	5	4	2	1			1				2	1		1								戈2矛1 五鼎墓
M1689			12	4	5										1		1								三鼎墓
M1602			9	3	4							1			1										戈2矛1斧1 三鼎墓
M1705			8	3	4						1														戈1矛1 三鼎墓
M1820			19	3	4	2	1		2	1	2	1		2	1										三鼎墓
M2013				3																					三鼎墓
M2006				3		4																			三鼎墓
M1721			8	3								1				1									1戈1矛1劍

　　從虢仲的九鼎到士一級的一鼎和二鼎,虢國墓地存在的五個用鼎的爵位等級,已經突破了傳統的關于天子九鼎、諸侯七、卿五、大夫三、元士一的説法,M2009 的虢仲九鼎已經證明九鼎不是天子之尊,而是王季之後的虢仲就能擁有的諸侯爵位,而且,虢仲的九鼎,比曾侯乙的九鼎早了二百年左右,虢國是一個老牌的姬姓封國。如果曾國始祖是南宫括,只及于文王,那麽虢國的始祖就要追溯至王季,比曾國的資格還要老一輩。列代虢侯對周王室忠心耿耿,直至宣王時期,仍然有虢季子白爲宣王征討獫狁,平王東遷後,虢仲跟著遷到了焦,這麽一個忠于周王室的老牌姬姓諸侯國應該是知道九鼎這一等級的意義的,如果九鼎真的像何休所説的那樣,是天子的級別,虢國是絶對不可能去僭越爵制而公然違反禮制的,因爲虢國没有理由在初來乍到于焦國故地之際,脚跟未穩,就想著冒犯一次天子之禮的。

第五節　芮國、應國、倗國和要國

　　歷史上的芮國分姜姓芮國和姬姓芮國,姜姓芮國是古芮國,在陝西隴縣,姬昌爲西伯時,與虞國争訟不能决,請姬昌調解,就是這個在隴縣的古芮國。武王克商之後,古芮國也被周人所滅。武王再把姬姓宗室封爲芮侯,國在渭汭。春秋前後,芮國由西向東,來到了韓城,之後,芮國從陝西過黄河,進入山西芮城地區。考古界先後在劉家窪和梁帶村兩地發現和發掘了兩周時期的芮國大型墓葬。在韓城梁帶村芮國墓地發現了大型西周墓葬,墓地的 M27 是芮公墓,用鼎級别是七鼎六簋。M26 是仲姜墓,用鼎級别是五鼎四簋。M19 也是女性墓,用鼎級别是四鼎四簋,其中三鼎同款,所以確定爲三鼎四簋。作爲公一級的芮公有七鼎六簋,比曾國的公只隨葬五鼎四簋高了一級,而 M26 的仲姜也是五鼎四簋。芮公祖上在成王、康王兩代擔任過周王室的天子公卿(司徒),成王將崩,臨終向公卿托付康王,芮伯排在太保之後,是六個成王托孤公卿之一。芮伯是伯爵,所以他的後人就有了七鼎的爵位。劉家窪曾國墓地(見圖 4-29)則發現了

至少兩座中字型大墓,劉家窪的 M2 也是七鼎級別。曾國之先祖南公盂
是在康王時期才封爲伯爵的,所封給他的曾國比芮國低了一級,只附葬五
鼎。一個是成王的托孤大臣,一個是康王封的伯爵,僅就資格而言,芮伯
就比南公盂老,所以芮伯的爵位自然就比曾國高了一級。芮公用禮七鼎
六簋,其夫人仲姜低一級,是五鼎四簋,也比曾國諸侯夫人的三鼎四簋高
了一級(曾公求的夫人漁就是三鼎四簋)。而在芮國墓地,三鼎四簋是芮
公的二夫人(M19)的級別。芮國的 M26 是正妻仲姜的墓葬,M19 是二夫
人的墓葬,兩個墓葬隨葬的用鼎等級,顯示了婦爵也存在和男爵一樣的等
級高低,正妻爲五鼎,庶妻低一級,就是三鼎。

圖 4-29(a)　劉家窪 M6 出土的青銅鼎

圖 4-29(b)　劉家窪 M3 的芮公鼎

　　另一方面,分封到渭汭地區之後,芮國對非姬姓的諸侯國也施加了影
響,考古界先後在霸國和倗國發現了芮國芮伯的青銅器。這説明在進入
山西芮城地區之前,芮國已經對山西地區的霸國和倗國有過影響。大河
口霸國墓地是西周早期的墓地,一如上述,霸國墓葬所體現的青銅禮器制
度,更多的是商制風格,比如兩座霸國國君墓葬(大河口 M1 和 M2)的用
爵是七爵等級,M1 還隨葬了 12 件圓鼎。就是在霸國國君的墓葬裏,還出

土了一件霸簋(見圖4-30),銘文記載"芮伯舍霸馬兩、玉、金,用鑄簋",霸伯是七爵之侯,與芮伯平級,所以,芮伯贈給霸伯馬、玉以及吉金,不能説上賜下的賜,只能説"舍"。這也説明芮伯的級别比燕侯低一級,燕侯旨通過姑妹賻贈給霸伯六爵,説明燕侯的級别是高過七爵的,所以,燕侯可以根據禮下一等的制度爲姑妹賻贈六爵給霸伯。芮伯與霸伯没有姻親關係,與霸伯同級的爵位也使他不可能贈送同于自己爵位等級的禮器,其至連賻贈禮物也被霸伯記録爲"舍",這説明芮國諸侯的爵位是低于燕國諸侯的一級的,燕國是侯爵,芮國是伯爵。不過,劉家窪的大型墓葬(參表4-7)是中字型的規制,其中的 M2 經過嚴重盗擾,所出的七鼎是否實際的用鼎級别還難以確説。比劉家窪 M2 稍晚的梁帶村 M27 是七鼎六簋的級别,倒是和霸伯墓葬禮制同級。

蓋銘　　　　器銘

圖4-30　芮公舍霸簋

　　山西絳縣横水倗國墓地也出土了一批與芮國有關係的青銅器,通過這批青銅器,可以知道芮國和倗國有聯姻關係[1]。墓地的 M2158 出土了五件芮伯作的銅器,分别爲兩件簋、一件瓶、一件盉和一件盤(見圖4-31)。簋銘説:

　　芮伯作倗姬

　　寶媵簋三

①　馬軼男《芮國有銘銅器整理與研究》,上海古籍出版社,2012年。

表 4-7　劉家洼芮國墓地墓葬隨葬青銅禮器概覽

墓葬編號	墓室面積 M²	殉葬人數	銅器總數	鼎	簋	鬲	甗	盨	簠	豆	罐	匜	尊	壺	盤	罍	盂	盉	盆	爵	觚	觶	鐘	鐃鉦	備註
劉家洼 M1	111																								中字型大墓 芮公墓
劉家洼 M2	111		10	7	1											1								9		鎛 1 中字墓 芮公墓
劉家洼 M3	35	9		3	2																					殉葬壅龕 9
劉家洼 M6							1							1	2											
劉家洼 M27						2																				太子墓

芮伯作倗姬
寶媵簋三

内白拜稽首
敢作王姊甗
其眔倗白邁
年用鄉王逆澇

芮伯拜稽首敢
作王姊盤其眔倗
伯邁年用鄉
王逆澇

圖4-31　芮伯作倗姬簋、王姊甗、盤

説是四件簋,墓中只見兩件,兩件同銘。銘文稱簋是"媵簋",説明簋是倗姬嫁到倗國時的陪嫁,倗姬死後,倗伯取了四件媵器中的兩件隨葬。爲什麼出嫁時是四簋,死後隨葬二簋,這可能與倗姬的身份地位有關,有一個細節值得先提出來討論,這就是 M2158 隨葬的青銅簋的銘文稱之爲倗姬,其他三件甗、盉和盤的銘文都稱爲"王姊"。

甗銘如下:

　　芮伯拜稽首

　　敢作王姊甗

　　其眔倗伯萬

　　年用饗王逆澇

　　盤銘、盉銘除了器名,其餘文字與甗銘相同。同墓隨葬的銅器的銘文上,同一個人物有兩個稱謂,一個叫"王姊",一個叫"倗姬",這和稱呼她的人的立場有關。從王姊的王出發,作器的芮伯意在突出這個"王姊"與王的關係,姊是王室姬姓的姊姊,以顯示所作的三件銅器的器主是這個姬姓的王姊,倗伯在這裏只是一個可以使用這些銅器的人物,"其眔倗伯用饗王逆澇"(見圖4-32),就是供倗伯專用于迎送祭享王姊娘家的王,但不能用于倗伯家的宗廟祭祀。稱"倗姬"等于告訴倗伯,這些是倗姬陪嫁的媵器,所以,人叫倗姬,器是媵器,都姓倗了(見圖4-33)。這個倗姬因

186

爲是芮國出嫁的姬姓千金,所以又被倗伯稱爲"芮姬"。倗伯作芮姬簋(見圖4-34),雖説是爲芮姬而作,卻明言是用于祭祀朕文祖考之"宗用",這和上面的媵器稱爲倗姬媵簋是一樣的,都是成爲倗家的宗廟之器了。而且,即使作器者是芮伯,爲"倗姬"而作的器,都是歸屬于倗伯"宗用"的。事實上,三鼎之侯在商周時期也不是只有倗國一個,上已述及,山東濟南劉家莊 M121 出土了一方鼎三爵二觚,證明了 M121 可能是一個叫"要國"的方國諸侯的墓葬。這兩個名不見經傳的方國,一個見三爵,一個見三鼎,證明了文獻所説的五等爵制存在最低一級"男爵",其用爵或用鼎等級是三爵或三鼎(見圖4-35)。

芮伯稽首敢
作倗伯其
罙佣伯邁年
用鄉王逆洮

圖4-32　芮伯作王姊盉

芮伯作倗
姬旅甐

圖4-33　倗姬甐銘文及釋文

倗白肇作内姬寶毁其
用夙夜盲于厥宗用盲
孝于朕文且考用匃百
福其萬年永寶子孫其
萬年用夙夜于厥宗用

圖4-34　芮姬簋銘文及釋文

圖4-35　劉家窪 M6 出土的青銅壺

第六節　商周社會的女爵

在第一章關于爵字的討論中,筆者曾引用到了縣改簋,縣改簋銘文 (見圖4-36)有"敭乃功縣伯室,易女婦爵",這是僅見的關于婦爵的金文 資料,值得對縣改簋的銘文再作討論,以對商周時期女爵問題進行仔細地 觀察。縣改簋的銘文記錄的是貴族伯犀父對內親縣改賜婦爵。其銘文釋 文如下:

佳十又二月既朢,辰才壬午,伯犀

父休于縣改,曰:敭乃功縣伯

室,易女婦爵,䢔之戈、瑑玉、

黄、櫓,縣改敏揚伯犀父休,曰:

休伯㜎展,卹縣伯室,賜君我

佳賜壽我,不能不罙縣伯

萬年保,肆敢施于彝,曰:

其自今日孫孫子子毋敢朢伯休。

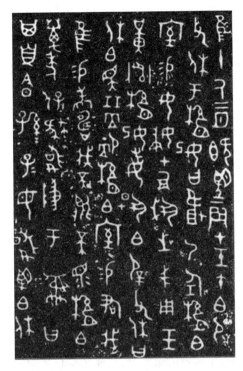

佳十有二月既望辰在壬午伯屖
父休于縣改曰戠乃功縣伯
室易女婦爵斻之戈琱玉
黄櫨縣改敏揚伯屖父休曰
休伯曩展邮縣伯室易君我
佳易壽我不能不杲縣伯
萬年保肆敢施于葬曰
其自今日孫孫子子毋敢望伯休

圖4－36 縣改簋銘文

伯屖父是西周懿、孝、夷三世的人物，所以縣改簋屬于西周中期的青銅器。
以下對銘文稍作注釋。

休于縣改：休字四見，第一個休就是少見的把休字用若動詞，《説文》
古文休作庥，有蔭庇之意，用若動詞就是賜休的意思。改，姓氏，從女，省
女即己，紀姓。縣改是縣伯的妻室。

戠：又作攎，取。

戉：从工从人，佐，釋功，作動詞，有功于。縣伯室，縣伯的家室。戠
乃功縣伯室，猶言因爲你對縣伯家室有功。

婦爵：女爵，伯屖父是縣伯的大宗，爵位比縣伯和縣改高，所以能夠
給縣改賜爵。授予縣改女爵，或是因爲縣改在家族的地位有了提升。

休伯曩展：休伯，感恩伯的休德。休字再次作動詞，是"感恩……的

189

休德"的意思。，奰，《玉篇·大部》："奰，壯也。"《淮南子·墜形》："食木者多力而奰。"《説文》作𡩋，壯大也。从三大三目。其實《説文》𡩋字就是三個字的疊加，所以釋爲𡩋是説得通的。，展，《説文·尸部》："屢，展，轉也。"从玨省从血，當是玨的變體，而玨字《説文》説是極巧視之也的意思，从四工。《玉篇》則説，玨今作展。，就是𡩋展，壯大發展之謂。

：从血从卩，即卹，卹縣伯室，撫卹縣伯家室，似乎是説縣伯已經過世，伯屖父前來撫卹，并賜爵給了縣伯夫人縣改。

賜君我佳賜壽我：賜給我夫君的爵位就是賜給我匹配于他。君承上文婦爵而言，伯屖父賜給的婦爵之婦當指妻室，婦爵即妻室之爵。壽，儔，匹配，賜儔我就是賜給我匹配于我的夫君的意思，猶言賜給了她和夫君一個等級的女爵。

不能不罘縣伯萬年保：將能夠延長縣伯的萬年長的保佑。罘，及，延及。

銘文大意是説，在既望吉辰，十二月的壬午日，伯屖父舉行賜給縣改休恩的典禮，説：你（縣改）有功于縣伯家室，賜給一個婦爵爵位，一件玉戈，以及瑂玉、璜等。縣改贊揚伯屖父的休恩，説：感謝伯屖父壯大提携之恩，撫卹縣伯家室，賜給我夫君的爵位就是賜給我匹配于他的榮耀，這將能延及縣伯萬年長的保佑，所以我敢在這件寶彝上立言説，從今以往，子子孫孫毋敢忘了伯屖父的恩德。

涉及女爵的兩個關鍵詞是"乃功縣伯室，易女婦爵"和"賜君我惟賜儔我"。因爲縣改有功于縣伯室而被賜給了婦爵，而這個婦爵是和縣伯的爵位相匹配（儔）的。這和周代的貴族夫婦墓葬所見的隨葬青銅禮器所反映的爵位制度是相符合的。周代貴族夫婦并穴合葬墓中的女性墓葬大都是有爵位的，而且是和她們的夫君的爵位相匹配的。按照縣改簋的説法，這種女性享有的爵位叫"婦爵"。婦爵之婦，是夫婦之婦，婦爵因此就是夫人之爵的意思。而縣改應該是在夫君縣伯過世後，被授予了和夫君縣伯相匹配的爵位，很有可能是從側室升級到了正室，得到了正室的爵

190

位,而且這個婦爵的等級可能還是和縣伯的爵位同一數級。

女爵是商代即已存在的女性爵位,它的等級和男爵一樣,也是用爵的數級來體現,商代流行王后與王同庖的用爵制度,所以王后婦好的用爵級別就是天子之數的十二爵。比婦好低一級的應該是十爵,但尚無發現女爵十爵的資料。婦好墓出土的三套九爵的禮器中,有一套銘文涉及司娉母,司娉母是武丁的次妃,她以次妃向婦好獻祭,所用的九爵是她的次妃地位的等級所限定的,而這個司娉母的女爵爲九爵的數級,和同墓的由亞其獻祭的青銅爵的數級是一個級別,説明商代男女爵位的等級是一樣的。

根據周代各個諸侯國所見的夫婦合葬墓的用爵用鼎的數量,可以判定男女爵位都存在高低不同的等級,目前而言,周代還没有發現和司娉母的九爵相同的女爵等級,但存在女爵採用七鼎、五鼎和三鼎三個等級,都是諸侯國夫人的女爵等級,説明商、周兩代諸侯的男女爵位存在一樣的等級,即男性爵位分十二、十、九、七、五、三,女性爵位也分十二、十、九、七、五、三(参表4-8)。

從表4-8所見的女爵爵位的用爵用鼎數字可以知道,商周諸侯夫人的女爵級别和諸侯一樣,男女爵位的葬儀數級是一致的,即十二、九、七、五、三,缺十這一級的女爵資料。而已知的周代各級諸侯夫人的爵位最低是三鼎,最高是七鼎,加上商代的十二鼎(婦好)和九鼎(司娉母),大體上與商周社會的男性爵位制度相一致。男性爵位有王爵和公、侯、伯、子、男五等爵制,女性爵位雖然暫缺十爵或十鼎的考古發現,但其他五個數級與男性爵位的五等爵制是對應一致的。三鼎以下,因爲不存在女性入仕爲官的官場背景,女爵尚未發現三爵、三爵以下的爵位等級,縣改被伯犀父賜封的爵位是幾爵或幾鼎,尚無資料可證,所以商周女爵只是與男子的五等爵制相對應的考古發現,説明了商周的女爵主要存在于與各級諸侯對應的貴族社會,尚無考古資料證明商周社會存在與男子士一級的一爵或一鼎相對應的女爵。

以迄今所見的女爵等級,可知婚姻和婚族是影響女爵爵位高低的重要因素,婦好的十二爵和司娉母的九爵,主要是因爲她們的婚姻使她們取得了王后和王妃的地位,而女族在商代婚姻制度中的地位比較高,使得通婚的婚族都是相互匹敵的"敵族",在用爵制度上因而也就有了男女同庖的制度,到了周代把這種男女同庖改稱爲"王后與王同庖"和"夫人與其君同庖"。召公家族對商族禮俗的仰慕,不僅在葬制上保留了人殉葬制和腰坑殉狗制度,在男女隨葬用鼎方面,也保留了商代爵制的男女同數的古風,以北白鵝燕仲墓地所見,可以知道召公的後裔一直把這種商代葬制和商代古風保留到了西周晚期。

然而宗法社會的男子畢竟擁有絕對的父權,在周代宗法制的社會中女子的地位通常是"下其君一等",這就是在曾國、虢國和芮國等國發現的諸侯和夫人的并穴合葬墓中,諸侯的爵位比其夫人的爵位高一級的夫婦爵位制度。諸侯用七鼎,其夫人就用五鼎;諸侯用五鼎,夫人就用三鼎。曾侯與的夫人羋加隨葬了編鐘,足以證明她來自楚國大族的顯赫地位,但在用鼎制度上,只能採用低于曾侯與五鼎的三鼎。

但是,當女族的社會地位和政治勢力高于男族,小族的男族爲了高攀王族和望族,宗法之下的"男尊女卑"就可能出現倒掛,變成"女尊男卑",女爵反而高過男爵。絳縣橫水的 M2 和 M1 是倗伯和畢姬夫婦并穴合葬墓(見表 4 - 9),畢姬因爲是姬姓,來自畢伯家族下嫁了倗國,死後隨葬了五鼎五簋,其夫君死後反而只隨葬了三鼎。橫水 M2158 是倗伯夫人芮姬的墓葬,隨葬的兩件簋都是媵器,銘文説是有四簋的媵器,也比 M1 倗伯隨葬的一簋高級。芮伯稱芮姬爲倗姬和王姊,爲她出嫁時作四件媵簋時稱芮姬爲"倗姬",應該是因爲嫁去倗國之故。因爲是王族,芮伯又稱倗姬(芮姬)爲"王姊",爲她作了三件專門用于接待王的禮器,即一件甗、一件盤和一件盉,這三件禮器屬于象徵王姊芮姬的王族身份的禮器,倗伯是不能用作倗國宗廟之器的。芮伯爲了芮姬出嫁作了媵器四簋,是因爲芮伯認爲芮姬是下嫁倗國的有四簋之尊的王姊。但是媵器作爲陪嫁之器,自然歸夫家所有,在芮姬過世後,媵器用作隨葬禮器就要按照爵制的規定,倗伯給芮姬的 M2058 隨葬二簋,就等于給這座墓葬定級爲二簋墓。西周中期以下的墓葬禮器逐漸以鼎簋組合爲核心禮器組合,與二簋組合

表 4－8　兩周諸侯夫人用爵、用鼎等級一覽

人名	墓葬編號	合葬墓編號	諸侯國別	隨葬銅器總數	鼎簋數目	合葬墓用鼎	時代	
未詳，葉家山 M2 墓主	葉家山 M2	葉家山 M28	曾國	7	3 鼎 2 簋	5 鼎 2 簋	昭王時期	M28 是曾侯
未詳，葉家山 M50 墓主	葉家山 M50	葉家山 M27	曾國	9	2 簋	5 鼎 4 簋	昭穆時期	M27 是曾侯
曾公㶑漁夫人	棗樹林 M191	棗樹林 M190	曾國		3 鼎 4 簋	5 鼎 4 簋	春秋早期	
曾侯寶之妻羋加	棗樹林 M169	棗樹林 M168	曾國		3 鼎 4 簋	5 鼎 4 簋	春秋早期	
虢季夫人梁姬	虢國 M2012	虢國 M2001	虢國	68	5 鼎 4 簋	7 鼎 6 簋	春秋早期	
虢季二夫人孟姞	虢國 M2006		虢國		3 鼎		春秋早期	
虢季二夫人丑姜	虢國 M2013		虢國		3 鼎		春秋早期	
燕仲夫人	北白鵝 M5	北白鵝 M6	燕仲采邑		7 鼎 6 簋	7 鼎 6 簋	西周晚期	
霸伯夫人燕侯姑妹		大河口 M1	霸國		6 爵		西周早期	獻祭霸伯用器
仲姜芮伯夫人	梁帶村 M26	梁帶村 M27	芮國		5 鼎 4 簋	7 鼎 6 簋	西周晚期	
芮伯庶室	梁帶村 M19	梁帶村 M27	芮國		3 鼎 4 簋	7 鼎 6 簋	西周晚期	

續表

人名	墓葬編號	合葬墓編號	諸侯國別	隨葬銅器總數	鼎簋數目	合葬墓用鼎	時代	
芮公王姞倗夫人	橫水M2158		倗國	5	2簋	3鼎	西周中期	王姞出嫁時有媵盤4件
畢姬倗伯夫人	橫水,2	橫水M1	倗國	25	5鼎5簋	3鼎1簋	西周中期	M1殉葬5人 M2殉葬3人

表4-9 絳縣橫水M1、M2隨葬銅器統計表

墓葬編號	墓室面積M²	殉葬人數	銅器總數	鼎	簋	甗	扁足鼎	盂	豆	罐	鑊鼎	尊	壺	盤	罍	盉	盆	盂	爵	觚	觶	彝	鐘	鉦	鐃
橫水M1		4	16	3	1			1					1	1	1		1		1	1					
橫水M2		3	25	5	5	2	2				2		1	1	1		3	1	2		1		1		

194

的是三鼎,芮姬的爵位可能就此被定爲三鼎二簋,比畢姬的五鼎五簋低了一級,但仍然和佣伯的三鼎級別同級。芮姬的娘家是把芮姬視爲四簋級別的王姊的,芮姬成爲佣姬之後,降級成了二簋佣伯夫人,佣國沒有承認芮姬的四簋等級,但即使芮姬是三鼎二簋的級別,仍然和佣伯的三鼎之侯的級別相當,而在芮伯的眼中,佣伯是高攀了四簋的王姊。比較有意思的是,芮伯稱嫁到佣國的姬姓女爲佣姬,有時候也稱爲王姊,而佣伯們則稱自己的夫人爲"芮姬"或"畢姬",稱謂就能區分出嫁來的姬姓女的族出。從族出區分姬姓姻族,可能與這些姬姓女子所出的家族的社會等級有關。畢姬的橫水 M2 是一座五鼎五簋墓,與她并穴合葬的那一代佣伯只有三鼎一簋。因爲是姬姓畢氏之女下嫁了三鼎的佣伯,所以出現了"女尊男卑"的現象。到了芮姬這一代,佣伯是否提升了爵位,尚不得其詳,但在芮國的芮伯嫁芮姬到佣國的時候,芮伯是把這位芮國公主的身價,定位在七鼎之國的公主級別上的,芮伯并稱她爲"王姊",所以,他爲芮國公主作了四簋級別的陪嫁媵器。這個四簋級別,是和畢姬的級別相當的(畢姬是五簋),也高于畢姬那一代佣伯的級別(佣伯只有三鼎一簋)。但是,芮姬的墓葬裏只隨葬了兩簋,這説明芮國芮伯給芮姬的四簋的級別,并沒有被芮姬這一代的佣伯所承認和接受,所以芮姬生前的四簋最後降級到死後的二簋。他可能認爲芮姬不能享有和畢姬一樣的爵位。但是,芮姬嫁到佣國時,不僅有陪嫁的媵器,還有屬于她的"王姊之器",對這些專門用于"饗王逆澎"的禮器,佣伯是必須讓芮姬帶走的。

佣國作爲三鼎之侯,與姬姓的九鼎畢國和七鼎芮國通婚,提高了在周朝的諸侯地位。但是,佣國先"恭"于畢而後"倨"于芮,不給芮姬四簋隨葬的等級,原因應該是很多的。一個原因可能是因爲在佣國眼中,芮國地位不如畢國。確實,芮國在成王臨終托命時,地位略低于畢國。《顧命》:成王"乃同,召太保奭、芮伯、彤伯、畢公、衛侯、毛公、師氏、虎臣、百尹御事"。芮國以芮伯排在成周以西諸侯長召公之後,畢國以畢公爲成周以東諸侯長,率衛侯(即康叔)和毛公入侍。次日康王即位,"太保率西方諸侯入應門左,畢公率東方諸侯入應門右",奉迎新王,向康王獻覲見禮,召畢二公同爲東西諸侯之長。説明畢公的地位確實比芮伯略高,應該在九鼎和十鼎之間,而芮伯則可能只有七鼎的級別。另一個原因可能是經過和畢姬通婚那一代佣伯的努力,佣國因妻族而榮,得到了提升爵位的機會,到了與芮姬通婚的這一代佣伯,已經今非昔比,不甘于只有三鼎之侯,所以不能聽任芮姬繼續享有四簋的等級。

女爵是諸侯夫人的爵位。因爲諸侯國存在不同的禮俗和風尚,也因爲諸侯國的諸侯地位存在高低,勢力存在大小,女爵存在與諸侯爵位同級、女爵低于諸侯一級和女爵高于諸侯一級這樣三種情況。橫向比較各個諸侯國的女爵級別,爵位的高低還和諸侯國的等級地位相關。同樣是諸侯夫人的爵位,曾國夫人的級別只有三鼎,只相當于虢國諸侯的庶妻爵位。再比較于燕仲太保夫人的七鼎,則虢季和芮公爵位與燕仲太保夫人的七鼎相當,而燕仲太保實際只是一個采邑主,還稱不上諸侯國。虢國的虢季和梁姬,葬制也是七鼎六簋和五鼎四簋。而佣國夫人畢姬的爵位級別卻因爲出自畢公之後而採用五鼎五簋,相當于曾國曾侯的爵位級別。

總之,以目前所能收集到的女爵(婦爵)等級,商周的王后和諸侯夫人的爵位有十二爵和九爵、七鼎、六爵、五鼎、三鼎這樣幾個級別,基本接近于男子爵位。除了婦好的十二爵,男子諸侯的爵位等級分爲十、九、七、五、三,迄今所見的女爵,還没有發現十鼎或十爵這個級別。這樣的女爵等級,應該還有一套相對應的女爵稱號。比如,在縣改簋中,縣改被封了一個"君"的婦爵。在《春秋》中,魯國十二公的生母有的是正妻,有的不是正妻,但非正妻的生母大都得到了魯國夫人的禮遇,死後都以魯國夫人之禮下葬。這個魯國夫人也可以看作是諸侯夫人一級的婦爵的爵號。

從這些文獻的和考古的女爵資料分析商周的女爵制度,可以推論形成這樣的女爵制度,主要的因素是女爵的家族背景,導致畢姬五鼎五簋、佣伯三鼎一簋的"女尊男卑"的因素,顯然主要是畢姬的家族身世顯赫。事實上,與王族、豪族和望族大姓通婚是商周時期婚俗的時尚,姬周就有太王因爲王季有妊姓所生的文王,而屬意于讓王季繼位,因爲妊姓是大姓,結果造成太伯、仲雍出逃。文王爲了取得在商王世系的地位,也和帝乙的女兒通婚。利用女族的家族背景提高本族的社會地位,在商周時期是一個常態,女族的家族背景因而可以影響到這些出嫁的女子在夫家的等級地位,一個極端的例子,就是倗國的畢姬的爵位高過丈夫倗伯的爵位。

　　商周時期流行世姓世族通婚,但同姓不婚的禁忌不僅影響到父姓,也影響到母姓,周代因而以生母隔代異姓的習俗作爲同姓不婚的補充,所以,西周王后姓氏因代而異,姬姜世代通婚,兩代姜姓王后之間一定有一代非姜姓的王后或王母。春秋十二公,也是在兩代姜姓魯國夫人之間,必有一代魯侯生母是非姜姓的生母,也就是説,魯國春秋十二公,因爲同姓不婚的禁忌,甄別生母的姓氏是很嚴格的。這樣就造成了十二公中,有不少是庶出的魯公,他們的生母因爲非姜姓的家族出身,就會産生在魯國的名分和地位的問題,也就是這些非正妻身份的生母的女爵的問題。繼承人的生母的爵位受著繼承制度的影響,這在周代是一種常態,由此就會帶來女爵的重新賜予和改授。而縣改被賜封爲君的婦爵,很可能就是因爲她原來是側室庶妻,在縣伯死後,她因爲兒子繼位爲縣伯而"母以子貴"得到了正室的爵位。

　　總之,商周時期的女爵經歷過商代男女同庖的同爵數階段,因爲商代没有如同周代宗法制那麽森嚴的男權和父權,所以,女族雖然也是有著父權結構的家族,但是因爲没有森嚴的宗法制度,女子在家族中的地位尚處于和男子同爵的地位。所謂的后與王同庖和夫人與其君同庖,根據殷墟婦好墓十二爵的發現,可以説這是商代制度的遺留,而在仰慕商代禮俗的召公家族,竟還把這種男女同爵的古風保留到春秋早期,以至于戰國以下的禮書把這種男女同爵的禮數記録爲男女同庖的"夫人與君同庖"。另一方面,周王朝建立之後,周人把西土的宗法制度帶到中土,使得女爵成爲男爵的附屬品,以男權(父權)爲核心的宗法制度使爵位制度形成男尊女卑的結構,這就是在曾國、虢國等地的"夫人下其君之禮一等"的女爵,倗國雖然出現了女尊男卑的用鼎現象,造成畢姬五鼎、倗伯三鼎的背景還是姬姓這個王族的父權。

第五章　商代用爵制度與周代
用鼎制度的比較

第一節　爵字和鼎字的字義比較

用爵制度的核心禮器組合,從商代早中期的盤龍城爵斝組合,到殷墟中期用爵制度形成後的爵觚組合,再到商末周初形成的爵鼎組合,與爵構成核心組合的青銅器,先後經歷了斝退出核心組合而觚代替斝、觚退出核心組合而鼎代替觚等組合變化,至西周晚期,三足爵也退出青銅禮器的行列。從二里頭三期和盤龍城三期(約在公元前 18 世紀)開始出現的三足爵,歷經商及西周前中期的八九百年的時間,終于在西周晚期寫下了終結的句號。

伯公父爵(見圖 5-1)自銘"金爵",這個🦴字用若一件圈足爵的器名,恍如一個古文字學與考古學、文物學的巧合,它從文字學的角度,把圖畫文字的爵和今字的爵聯繫了起來,又以古文字學的字義歸真,對文物學的爵形器從三足到圈足的器形演變作出了文字學的解讀。爵字的象形字符所經歷的 🦴—🦴—🦴、🦴—🦴 這樣一個訛變過程,實際上也是爵形器演變歷史的文字寫照。事實上,爵字的足部象形出現在毛公鼎和師𡨄簋的象圈足之形不能説是偶然的,縣改簋的 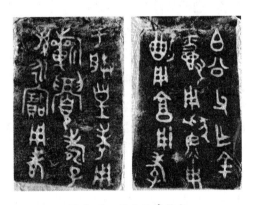字是西周早中期的爵字,介于三足的 𤔲、𤔲 和圈足的 壴、𣁐 之間的過渡性字體。在商周金文裏的爵字,特別是周代早期的金文中的爵,以大盂鼎和盂爵爲例,已經和爵的本義脱離了,有的用若爵位、加爵的意思,有的用若功爵、功勞的意思,盂爵銘文所説"王令盂窑觴(爵)伯",是把爵用若爵位,王令盂窑爵伯就是康王賜命盂定爵位爲伯的意思,而盂爵這個爵字并不是這件青銅爵的自銘,它的自銘是"寶尊彝",有意思的是,盂爵的爵字的爵形器足部象形已經是圈足象形——從皿,作 𣁐。考慮到康王在《顧命》的即位典禮中用的十二同可能就是内史亳同自銘的"爵同",是一種圈足的飲酒器,康王時期的盂爵出現從皿的爵字,是不難理解的。難以理解的是這個從皿的爵字用若爵位和加爵的意思,而且是用在一件青銅爵的銘文裏。

圖 5-1　伯公父爵銘文

　　一個合理的解釋是,從盂爵到毛公鼎和師𡨄簋,這些從皿的爵字在用爵制度已經從商代流行到周代的背景下,已經主要用于爵位以及與爵位相關的字義,爵(形器)在爵位等級的象徵意義,早已是一個禮俗約定,至于它的器形如何,已經不那麼重要了。同時,康王時期的小盂鼎和旨爵兩件青銅器的銘文都以壘爲自銘,説明西周早期的爵字不僅是一個多聲字,也是一個多義字。而伯公父爵的爵字在西周晚期返璞歸真地再次成爲器名,很大程度上是因爲爵退出作爲象徵爵位的禮器行列。

細讀伯公父爵的銘文:

> 伯公父作金
> 爵,用獻用
> 酌,用享用孝
> 于朕皇考,用
> 祈眉壽,子
> 孫永寶用考。

這件"金爵"已經不是盂爵所説的"寶尊彝",而是把這件金爵的用途記録爲家祭禮器,爵字已經不是毛公鼎和師翻簋上的"有爵于周邦"之類的用法,説明雖然 🏺 和 🏺 、🏺 都是爵字,字義卻已經不同,這個 🏺 字的出現,既是因爲爵形器的象形文字早已從器名衍生出類似爵位之類的字義,并成爲常用的字義,所以一旦爵形器的演變需要一個用于定名的新爵字,就需要另造 🏺 這樣的字,它去掉了足部象形的字符,加入了周代特色的元素——㐭的字符;也是因爲爵形器作爲爵位的象徵已經逐漸讓渡給了鼎形器,爵字積澱的爵位字義已經從用爵制度深入轉化到用鼎制度,對于退出核心禮器的爵的再度定名,也需要 🏺 這樣一個字來從字形上有別于傳統的爵字。從字形結構上講,本來 🏺 、🏺 也適合作爲伯公父爵這樣的圈足爵的器名,但新造一個 🏺 更能爲人接受,即用㐭和又兩個字素構造的新爵字從爵形器的用途上,通過會意的字符的加入,把爵字的器名古義保留了下來,這種器名古義的返璞歸真,被許慎釋讀後收入到《説文解字》,揭示了從 🏺,到篆文爵,再到今爵字的器名古義的一致性,而爵字在商周時期衍生的衍生義則繼續作爲通行的字義,保留在 🏺—🏺—🏺—🏺 、🏺 等商周金文的爵字之中。重要的是,🏺 到今字爵的演變是在用爵制度向用鼎制度的演變的背景之下完成的,以前用爵制度的關于爵的禮儀也消融在用鼎制度的關于鼎的禮儀之中,🏺 因而也和从爵的裸字極其相像,難分彼此。裸禮是用爵奠酒的禮儀,所以,在商代甲骨文和西周早中期的金文中,裸字就已經从示从爵之省从凸从又(或从廾),有的裸字乾脆無从示部分,直接作从爵之省、从凸和从又(史獸鼎的 🔶)。比較 🔶和🔶,可以説,一方面,🔶字保留了爵字的古典字義,不僅多義、而且字形也多變①;另一方面,伯公父爵的🔶字雖然和🔶的所从字符相同,卻已然成爲爵形的器名專用詞,成爲和今字爵一致的字形。🔶出現在用鼎制度形成的西周晚期,實際上是一個用鼎制度替代用爵制度的文字學標志,也是三足爵退出、圈足爵流行的文字學的證明。

更重要的是,從商代甲骨文開始,爵字已經具有爵位、加爵等字義,至周代,雖然出現了魯侯爵的爵和旨爵、史獸鼎以及小盂鼎的壘等專門用作爵形器的器名的字,以及史獸鼎的 🔶 和内史亳瓶的 ▓ 等用作器名總稱的字,但是,金文更多的爵字或从爵之字的字義已經和爵之作爲器名的本來字義相去甚遠,特别是盂爵銘文的爵字不作器的自銘,反而用若爵位的爵,完全把爵字和它的本來字義區別出來,而冏尊(見圖 5－2)所記出自成王的誥語的"有爵于天",是把从曰从爵的囂字用若功勞的字義,使爵和功有了互訓的字義。而同器的裸字,用若名詞,"武王豊裸",倒反而和爵字的古義接近。這就説明周代早期,爵的功爵、功勛字義已經是相當普遍使用的字義,以至于連成王的誥語都使用了爵的這個字義。這就是説,爵字在周代更爲普遍的字義已經不是飲酒器的器名,金文爵字已經失去了爵形器的器名的字義,西周早期的用若器名的爵字和从爵之字也因爲爵字後起的字義而不爲人們使用,特别是到了西周中晚期,當人們需要給類似伯公父爵一個器名時,因爲早先的用于爵形器的器名的字不再適用,人們反而需要一個新爵字來作爲器名。

對比于爵字,作爲鼎形器的象形字的鼎有這樣幾種用法:一是用作器名;二是用作禮器的總稱或統稱;三是用作人名。這三個用法之外,不論是甲骨文的鼎字還是金文的鼎字,尚未有類似爵字的爵位、功勛等字義的用法。和爵一樣,鼎也通過加聲符而產生了一些从鼎某聲的字。例如,从鼎才

---

① 參見附録拙稿《爵裸瓚詑》。

聲的鼑,从鼎乃聲的鼐字,从鼎將聲的鼒字,从鼎宀聲的鼏字,从鼎貞聲的鼎字,从鼎金聲的鎘,等等。這些从貞、从才、从將、从金、从乃同時又作爲聲符的从鼎之字,并没有像从爵某聲的字那樣,增生和爵作爲器名的字義完全不同的新字義,這些从鼎某聲的字基本都是和鼎形器的器名的字義相關的字。這就是説,爵字增加字符也增生了諸如爵位、加爵等新的字義,這些新字義完全和爵形器的器名無關;鼎字雖然也出現了許多从鼎某聲的字,没有產生"鼎位""加鼎"之類的字義,鼎在形成用鼎制度之後,用鼎的禮數都和用爵制度的禮數一致,這就意味著鼎的象徵等級的字義還是引用了爵的字義。如下是漢典網收集的甲骨文和金文的鼎字(見圖5-3),可參考。

佳王初興宅成周復稟
珷王豊祼自天在四月丙戌
王誥宗小子于京室曰昔在
爾考公氏克逨玟王肆玟
王受兹大命佳珷王既克大
邑商則廷告于天曰余其
宅兹中或自之䢩民烏
虖爾有唯小子亡戠于
公氏有爵于天徹命敬
享哉惠王恭德裕天訓我
不敏王咸誥何易貝卅朋用作
圓公寶尊彝佳王五祀

圖5-2 盉尊銘文及釋文

「鼎」甲 1180 合 30288 何	「鼎」甲 1633 合 30995 何	「鼎」甲 2307 合 21028 自	「鼎」甲 2851 合 20355	「鼎」甲 3575 合 21477 自	「鼎」乙 745 合 6485 賓	「鼎」甲 2902 合 20576 □	「鼎」戠 47.4 合 21970	「鼎」俟 495	「鼎」燕 297 合 38431 黄	「鼎」宜人 36 合171 賓組	「鼎」掇 1.325	「鼎」掇 2.8 合 15267
「鼎」乙 1971 合 3171	「鼎」乙 8606 合 22528	「鼎」鐵 65.4 合 19699	「鼎」鐵 202.4 合 8388	「鼎」前 5.3.4 合 19500	「鼎」後 1.6.4 合 22145 子	「鼎」京都 99 合 11350	「鼎」明藏 44	「鼎」乙 9085反合 20463反	「鼎」乙 9073 合 20577 自	「鼎」戠 47.8 合 22317 賓	「鼎」郊3 下.32.1	「鼎」續 5.16.4 合 20294
「鼎」鼎方彝 商代晚期 集成	「鼎」鼎父己尊 商代晚期或西周	「鼎」鼎父辛爵 商代晚期或西周	「鼎」□木虎父乙又父庚	「鼎」鼎作父乙鼎 西周早期 集	「鼎」鼎 西周早期 集成	「鼎」亞豚鼎 西周早期 集成	「鼎」小臣邍鼎 西周早期 集成	「鼎」舍父鼎 西周早期 集成	「鼎」先獸鼎 西周早期 集成	「鼎」小臣鼎 西周早期 集成	「鼎」麥方鼎 西周早期 集成	
「鼎」伯旅鼎 西周早期 集成	「鼎」□□易婁□皿方鼎 西周早期 集成	「鼎」作寶禽方鼎 西周早期 集成	「鼎」大祝己鼎 西周早期 集成	「鼎」作父□小子鼎 西周早期 集成	「鼎」土 西周早期 集成	「鼎」毛公旅方鼎 西周早期 集	「鼎」□□冉土白方鼎 西周早期 集成	「鼎」曺 西周早期 集成	「鼎」作冊大方鼎 西周早期 集	「鼎」作冊鼎 西周早期 集	「鼎」史獸鼎 西周早期 集	
「鼎」大盂鼎 西周早期 集成	「鼎」利簋 西周早期 集成	「鼎」貝簋 西周早期 集成	「鼎」考卣 西周早期 集成	「鼎」狀 西周早期或中期	「鼎」蠢 西周早期或中期	「鼎」盧 西周早期或中期	「鼎」益□ 帶作父丁鼎 西周早期	「鼎」從 西周早期或中期				
「鼎」考 □□□鼎 西周早期或中	「鼎」狀 西周早期或中期	「鼎」蠢 西周早期或中期	「鼎」盧 西周早期或中期	「鼎」益□ 帶作父丁鼎 西周早期	「鼎」從 西周早期或中期	「鼎」作旅鼎 西周早期 集	「鼎」車作寶方鼎 西周中期 集	「鼎」樂作旅鼎 西周中期 集	「鼎」吉□ 示啓鼎 西周中期 集	「鼎」彙 西周中期 集	「鼎」具作父庚鼎 西周中期 集	
「鼎」嬴霝德鼎 西周中期 集成	「鼎」非□ 井仍鼎 西周中期 集	「鼎」rs 西周中期 集成	「鼎」□□伯 口土□者 各□□□ 西周中	「鼎」□戈 西周中期 集成	「鼎」□□ 各□□□ 鼎 西周中期	「鼎」嬴霝德鼎 西周中期 集成	「鼎」非□ 井仍鼎 西周中	「鼎」rs 西周中期 集成	「鼎」□□伯 西周中期 集	「鼎」□戈 口土□者 西周中期	「鼎」□□ 各□□□ 鼎 西周中	
「鼎」師器父鼎 西周中期 集成	「鼎」七年趞曺鼎 西周中期 集	「鼎」大鼎 西周中期 集成	「鼎」師至父鼎 西周中期 集成	「鼎」習鼎 西周中期 集成	「鼎」是□ 馬𩵋角鼎 西周中期 集	「鼎」師器父鼎 西周中期 集成	「鼎」七年趞曺鼎 西周中期 集	「鼎」大鼎 西周中期 集成	「鼎」師至父鼎 西周中期 集成	「鼎」習鼎 西周中期 集成	「鼎」是□ 馬𩵋角鼎 西周中	
「鼎」□有 卹再鼎 西周中周晚期 集	「鼎」史免鼎 西周晚期 集成	「鼎」雍伯原鼎 西周晚期 集成	「鼎」𢼸孝鼎 西周晚期 集成	「鼎」吳生公子乍□叕鼎 西周晚期 集	「鼎」虢文魚父鼎 西周 集	「鼎」㝬大鼎 西周晚期或春	「鼎」㝬公子鼎 西周晚期或春早	「鼎」㝬子仲□鼎 西周晚期或春 集	「鼎」純仲鬲 春秋早期 集	「鼎」㝬公鼎 春秋早期 集		
「鼎」𧀾侯弟鼎 西周晚期 集成	「鼎」伯晤父鼎 西周晚期 集成	「鼎」仲師父鼎 西周晚期 集成	「鼎」無□鼎 西周晚期 集成	「鼎」毛公□簋 西周期 集	「鼎」盉皇 西周晚期 集成	「鼎」黽斌簋 春秋早期 集	「鼎」武生鼎 春秋早期 集	「鼎」曾伯從鼎 春秋早期 集	「鼎」邾□伯鼎 春秋早期 集	「鼎」邻王矦叔鼎 春秋早期 集		

圖5-3　商周甲骨文金文所見鼎字匯覽

第二節　從爵鼎同數到鼎替代爵

　　從商代晚期到西周早期,爵鼎同數的禮器組合,先是鼎替代觚而形成爵鼎核心組合,繼續的發展就是鼎的地位進一步超過爵,這在周初的太清宮隱山大墓和大河口 M1 等墓葬已經有所見。但是周初的鼎超過爵還只是在用爵制度的框架下的超過,初創的周朝還沒有形成本朝的禮器制度,用作爵位象徵的禮數還是前朝商朝的制度,所以在同時隨葬爵和鼎的墓葬中,用爵和用鼎都是按照商制的風格(見表5-1)。比如方鼎的使用,仍然是主要出現在封國諸侯的墓葬,而用方鼎主要還是商制的遺留,到了西周中期以後,方鼎就很少見于墓葬和銅器窖藏。商代晚期使用圓鼎隨葬的風俗在用爵制度的影響下也趨于禮器數級化,而在爵鼎組合成核心禮器的過程中,用鼎和用爵一樣趨于禮器制度化,使得周代形成了以鼎簋為核心組合的用鼎制度,由此,爵開始失去它的核心禮器的地位,逐漸淡出。

　　先是三足爵消失而為圈足爵所代替,接著是墓葬隨葬的爵不再作為墓葬等級的標志,然後是周代用鼎制度形成,成為象徵和標志爵位等級的

表 5-1　周代早期各地墓葬隨葬青銅器概覽表

墓葬編號	墓室面積 M²	殉葬人數	銅器總數	爵	斝	觚	角	觶	尊	壺	盉	盂	卣	瓿	鼎	簋	瓶	盤	斗	備註
鶴壁辛村 M3	約 9.36	2	11	1				1	1				1		1	2	1	2		
長安花園村 M15			11	2				1	2				2		2	2				
長安花園村 M17	10.92		14	2		1		2	1			1			2	2	2	1		
襄縣霍村			7	2				1	1				1		1	1				
元氏西張			10	2					1		1	1	2		1	1	1			
張家坡 M87	6.12		9	2		1			1		1	1	1		2	1	1			
長安馬王村			9	2		1		1			1	1			2	1	1		1	
普渡長由墓	9.45		19	2		2					1	1	1		4	2	1	1	1	鐘 3
北白鵝 M1		1		1				1		2				2	6	6	1		1	罍 1 匜 編鐘 1　有殉狗腰坑
北白鵝 M5	12.3		33							2	2				7	6	6	1		盨 2 匜 1 盙 1
北白象 M6	27														7	6	6			
北白象 M4									1	2					3	3				盜擾嚴重
北白象 M2										2	2	1			3			1		盨 2 豆 1　盜擾

續表

墓葬編號	墓室面積 M²	殉葬人數	銅器總數	爵	斝	觚	角	觶	尊	壺	觥	罍	盉	卣	甗	鼎	簋	瓿	匜	盤	斗	備註
北白象 M3			8													4	4					盜擾嚴重
扶風雲塘 M20			8	2					1					1	1	1	2					
長安普渡 M2			7	2					1							1	1		2		1	
扶風雲塘 M13			7	2				1	1					1		1			1			
靈臺白草坡 M1			23	1		1	1	1	2					3	1	7	3				2	
平頂山 M8			22	1				1	2	2						5	5			2		方彝 2 匜 1
靈臺白草坡 M2			11	1				1	1					2	1	2	2					
涇陽高家堡 M1	6.33		13	2				1	1				1	2	1	2	2			1		
65 歸城姜家 M			8	2				1	1				1	1	1	2						
扶風齊家 M19	10.92		12	2							1		1	1	1	2	2					
扶風莊白 M1			14	2				1	1				1	1	1	3	3		1	1		飲壺 2
扶風劉家村丰姬墓			20	1			3		2	1			1	3		3	3		1	1		
薛國古城 M4			37	3		1		1	3	3			1			11	6		6	2		圈足爵匜 1 簋 2 鑑 1 斗 1

禮器制度。河南平頂山 M8 有五鼎五簋一爵,這件爵顯然已經不再作爲這座應國墓葬的等級爵位的象徵,而是以五鼎五簋爲等級爵位的象徵,故稱此爲一座五鼎墓。虢國 M2001 虢季墓有十鼎九簋三爵,列鼎爲七鼎六簋級別,用爵三爵顯然是和七鼎六簋不相稱的。靈臺白草坡 M1 有七鼎一爵,一爵除了標注這座墓葬的年代,已經無法和七鼎相比。這些墓葬有的是西周早期,有的是西周中期,墓葬隨葬的爵都是三足爵,一方面,這些爵作爲這些墓葬的時代的標志;另一方面,這些墓葬也顯示了三足爵的流行時間大致以西周中期爲終結點。伯公父爵之類的圈足爵是繼三足爵之後的爵的新器型,因爲三足爵在西周中期已經失去了核心禮器的地位,不再作爲爵位等級的象徵,所以繼起的圈足爵也一樣不再作爲爵位的象徵,比如,薛國古城 M4 是春秋早中期的墓葬,用鼎制度早已替代了用爵制度,這座墓出土了三件圈足爵。薛國古城 M4 和虢國 M2001 一樣,也是七鼎六簋墓,顯然,這三件圈足爵和虢國 M2001 三件三足爵一樣,和七鼎六簋的爵位級別是不相稱的。

鶴壁辛村 M3 是周初衛國的殷商遺民的墓葬,其中隨葬一爵一鼎二簋,屬于該墓地的中型級別的墓葬。鶴壁辛村 M3 是一座葬制兼採商制和周制的墓葬,其爵鼎同數是保留了商制,其隨葬一鼎二簋則是周制的體現。該墓有兩個殉葬孩童,也是商制的遺留,和太清宮隱山大墓一樣,都保留了有殉葬人的葬俗。類似的商遺民的墓葬也見于涇陽高家堡墓群,高家堡 M1 是一座二爵二鼎二簋墓。普渡長由墓雖然有二爵四鼎二簋,應當也是一座二爵二鼎二簋。長花 M17、扶風齊家 M19、張家坡 67M87、長安馬王村周墓以及長安花園村 M15、M17 等周初墓葬也都是爵鼎同數的二爵二鼎墓。這些一爵一鼎和二爵二鼎的一般級別的貴族墓葬採用的都是商制的用爵用鼎制度,這樣的葬俗或禮制一直保留到西周中期,用鼎的數級因爲和爵是同數,所以基本可以説,在周代形成當代的用鼎制度的過程中,其用鼎所象徵等級的禮數和規制都留下了商代用爵制度的深刻印記,以至于周代用鼎制度形成之後,反映等級的是關于"爵位"的觀念,而不是關于"鼎位"的觀念。

　　通過這些周代早中期墓葬的爵鼎同數現象，基本上已經可以看到一些早期用鼎數級所反映的等級爵位概念。比如上述隱山大墓的九方鼎和殷墟花園莊 M54 的九爵的同數，婦好墓十二爵與隱山大墓和大河口 M1 的十二鼎的同數，早期用鼎的數級概念都可以看作是參照和採納了用爵制度的等級禮數。雖然像隱山大墓的九方鼎和十二圓鼎還不能説是用鼎制度的鼎數概念，但問及爲什麼是九方鼎、爲什麼是十二鼎的問題的時候，用爵制度的禮數等級立即可以作爲參考性的答案，這一點是毋庸置疑的。

　　爵制和鼎制交錯的西周早中期，用鼎形成爲象徵爵位的制度，已經成爲必然的趨勢，但像太清宮隱山大墓同時出現十爵、九方鼎和十二鼎，大河口 M1 同時出現六爵和十二鼎，鼎制等級還高過爵制，則可能是因爲爵制和鼎制在商周兩代有著不同的意義。商制被周朝認可和接受是有條件的，像大河口的六爵，可以視作是周王室認可和接受的爵位，十二鼎則可能不在周朝接受的範圍之內，彼時周制尚在草創，一切都只有沿用商制。對于商制，隨葬十二鼎可能是一種僭越禮制的行爲；對于周朝，十二鼎之設的意義還沒有形成禮制層面的概念，這應該是十二鼎可以在周初出現在太清宮和大河口兩地的原因，況且太清宮隱山大墓的墓主是集商王之兄、周代宋侯和商王祀繼承人于一身的人物，其隨葬十二鼎符合他的商王祀繼承人的身份，對于監鎮他的衛國衛侯康叔來講，這應該也是可以接受的。至于大河口 M1 霸國的十二鼎，其冒犯僭越的是商禮商制，事實上，周朝通過燕侯賵贈六爵，只承認其七爵的周制爵位，已經明確表示了王朝對于霸國爵位等級的定位。燕侯賵贈六爵給霸伯，和周朝讓隱山大墓墓主隨葬九方鼎的意義是一樣的，周朝應該是借此確認宋國的九命之侯和霸國的七爵之侯的爵位。

　　不過，類似這種鼎制數量超過爵制數量的變化，在一開始只是量變，但已然表現出鼎超過爵的趨勢。隨著時間的推移，用鼎制度從成形到完善，爵反而成爲鼎的陪襯。到了西周晚期，爵成爲用鼎制度爲核心的青銅禮器組合的點綴，像薛國故城周墓採用七鼎六簋的級別隨葬，同時隨葬三件圈足爵，已經完全失去了爵形器象徵爵位的意義，鼎爵嬗代更替也由量變到質變,以用鼎制度替代了用爵制度。而見于考古界的商周方國考古的成就,展現了諸如曾國、虢國、燕國、芮國、應國、霸國、倗國、要國等諸侯的等級和爵位,使得商周的用爵用鼎制度可以進行展開和深入的研究。

　　商代用爵制度最早來自南方方國(盤龍城)用爵禮俗,在商王朝走向鼎盛的殷墟時期,用爵形成爲禮器制度,因爲商代禮制多不見經傳,有關用爵制度的資料,主要見于商代的墓葬,因而用爵制度實際是喪葬制度的一部分。通過用爵制度,可以給商代墓葬制度分級分等,從而可以對商代社會的爵位等級結構展開研究。

第三節　商代用爵制度和周代用鼎制度的比較

　　通過對于商代墓葬隨葬的爵的分級研究,可知商代社會的社會等級結構可分爲王爵和侯爵兩等,王爵爲最高,禮數是十二,禮器是十二爵。侯爵分五等,禮數依次是十、九、七、五、三,禮器依次是十爵、九爵、七爵、五爵、三爵。五等侯爵又稱外服爵位。商朝在殷墟王畿地區實行內服爵制,內服地區墓葬用爵的分級狀況,表明商朝王畿地區存在一種縱向的爵位等級體系,這種爵位體系也是以用爵的數級來體現其爵位高低,從而構成了官爵一體的統治結構,其數級結構與外服基本相同,最高是王爵十二,其次是亞爵十,亞爵和伯爵九,七爵、五爵、三至一爵,差別在外服三爵最低,十爵最高,內服十二(王爵)最高,一爵最低。這種內服等級結構,也存在于各個方國內部的縱向上下的等級結構,除了沒有王爵十二,十至一爵的等級構成上下統屬的權力關係。

　　用爵制度隨著商王朝的崩潰而成爲周代全面繼承的遺産,其對周王朝的影響,不僅僅在周朝的用鼎制度是對用爵禮數的全面繼承,主要的還是周朝乃至其後的中國歷代社會都從三足爵生成的爵的數位等級中,得到了關于爵位的觀念——等級地位是以爵爲象徵,從而積澱成了中國文化的"爵位"概念。也就是説,爵位概念最早來自商代人用于祭祀死者的飲酒器(即爵)的祭祀禮儀,之後形成爲禮制等級,由此,爵的禮數概念就是中國爵位概念的由來。爵又被一部分商周人稱爲觴,確實,三足爵形器是中國爵位等級觀念的"濫觴"。

周代的用鼎制度最後代替了用爵制度,歷經商周兩代,其過程是鼎從爵的配器到爵鼎同數,再到爵成爲鼎的配器,其制度内核則是用爵制度所體現的爵位概念和制度。從以爵爲核心之器到爵的禮數禮儀制度化,由此,爵爲鼎代替後,爵的禮數通過制度化的禮儀規定,自然地體現在用鼎的禮數之中,以至于周代的用鼎禮數實際就是對于商代的用爵禮數的繼承,十二爵變成了十二鼎,十爵變成十鼎,九爵變成九鼎,七爵變成七鼎,五爵變成五鼎,三爵變成三鼎……周代正是用鼎體現爵的數級,體現標志等級的爵位。

首先,商代用爵制度與周代用鼎制度的差別,在于商朝的用爵的等級結構保持了方國的權力結構的形態,雖然在最高的王爵方面没有發現地方王國的十二爵,但是每一個方國都在當地擁有一個最高級别,這種自成山頭式的等級結構,使得方國之内,只有最高,没有更高,用爵制度顯然成爲方國最高爵位和最高權力的標尺,一個個方國最高用爵等級往往也是當地最高權力的象徵,從而方國的權力易于形成獨立的權力,使得商王朝更像是一個鬆散的方國聯盟。周代雖然繼承了商代的用爵制度,在爵位分等方面也基本採用了商代用爵制度的禮數規定,卻在統治方國的制度方面採取了加強控制的措施,周族在征服商族的過程中,實行方國的重新分封,在重新分封的過程中,形成了一套授爵、授民、授疆土三合一的制度,具體做法就是西周早中期的讓受封者到封國作侯,所謂"侯于國"。比如宜侯夨簋,把夨侯封到宜,銘文就説"侯于宜";康侯簋(見圖5-4),用了"啚于衛"(啚是受的意思①,啚于衛就是授于衛)。西周晚期不再有

① 《説文·啚部》,啚:"嗇也。从口靣。靣,受也。"銘文下文有"沬司土疑眔啚",眔啚就是眔受的意思,于金文多見,一般用于土地轉移的交付環節,比如,衛盉銘文有"三有司……眔受田",五祀衛鼎作"邦君厲眔付裘衛田",九年衛鼎就省作"眔受",眔受和眔啚,語例相同,而啚有受的意思。又,康侯簋首句"王朿伐商邑"之朿就是敕的意思。

封國,而是讓受封者到封土采邑作侯,比如四十二年逨鼎就有"侯于采",就是到采邑爲侯,又如太保燕仲以七鼎采邑主就封北白鵝采邑。這種把爵位和封土封國一體化的做法無疑造成了方國諸侯對于周王室的仰賴,自然削弱了方國自成山頭的權力。

王朿伐商邑征
令康侯啚𢀛衛
沬司土疑眔啚
作厥考尊彞
冊

圖5-4　康侯簋銘文及釋文

　　其次,商代子姓未有封國,商自稱大邑商,所有的方國都是方國林立、互爲獨立的鬆散聯盟狀態,所以到了商末,即使商朝國力達到鼎盛,仍然不能阻止姬周在商邑周圍逐個剪除崇國、黎國等方國,一個原因就是這些方國彼此互相獨立,與商朝也只是若即若離的盟國關係。到了周代,王朝利用姬姓諸侯對四方加强監鎮,改變了商代方國的爵位等級與商朝的權力實際脱節的局面,使姬姓諸侯國擁有高級爵位,并按照爵位的高低形成王朝與方國和方國與方國之間的等級秩序。王命之下,高爵位的方國可以通過婚姻、賜爵乃至討伐等手段,控制低爵位的方國,從而改變了商代方國諸侯以本地爲獨立王國的局面。雖然影響周代同姓諸侯和異姓諸侯的關係的因素有很多,但周代的姬姓諸侯爵位高過異姓諸侯爵位的爵位等級體系顯然是一個重要因素。

　　第三,商代方國自立,方國只是加盟于商朝,商王對于方國的權力説到底,只是大邑商對于盟國的盟主的權力,因爲子姓等王族姓氏并没有被大量地封爲諸侯,使得商王朝在方國面前的地位甚至連宗主國的地位都不如。周代以姬姓諸侯作爲控制方國的中堅力量,王室與姬姓諸侯的宗法關係使王室確立了對于同姓諸侯國的宗主國的地位。這種宗主地位的擴大和延伸,就使所有方國都居于周朝的藩屬國的地位。作爲天下大宗的周王,他的王爵成爲封國和方國的天下共主的權力象徵,爵位等級和宗法權力的一體化,使得周代的用鼎制度成爲王朝的宗法禮制的等級象徵,成爲宗法秩序的禮儀標尺。比如,虢國的兩支和文王是伯、仲、季關係,武王封兩位虢叔爲侯,至西周晚期,虢仲氏爲九鼎之侯,虢季氏爲七鼎之侯,顯然作爲周王的王爵只有是高于九鼎和七鼎的十二鼎,虢氏仲、季才有可能是九鼎和七鼎之侯。伯、仲、季的爵位等級按照宗法順序分身份高低,也見于召公姬奭家族,召公是公爵,長子姬克就封燕國,是侯爵,召公次子一支因爲召公的太保之職和兄長姬克的燕國之侯而作爲氏和名,號稱"燕仲太保",考古發現這支太保燕仲是七鼎爵位,則燕侯姬克和召公的用鼎數級可據以上推知,太保燕仲之下,召公還有一支後人,這就是叔造尊所記的排行爲叔的這一支,雖然没有叔造的爵位等級的記録,但叔造可以爲召公宗作器,證明了這一支是排行在姬克和太保燕仲兩支之後的召公後裔,按照太保燕仲是七鼎爵位來推理,這個排在叔行的叔造,或許應該是五鼎級别。

第四,商代用爵制度并没有和商王的權力一體化,至少在册命授爵方面,文獻學和考古學都没有留下任何有關商王賜命授爵的記録。周代從王朝建立就通過嚴格的周王册命典禮的制度來加強周王的權威,用鼎制度形成之前和之後,王命對于爵位制度一直就是一種權力的實體存在,其表現就是周代的封侯、命官和授爵都要經過王命册命。商周的爵位制度,即用爵、用鼎制度都存在内服和外服兩個系統,周王比商王更加注意强化在内服和外服的權威,不論是外服的封侯,還是内服的命官,周王都有一套嚴格的册命典禮,内服命官級別高到十鼎級別的虞林(四十三年逨鼎),低到三鼎級別的司掌洛陽二十家貯户的史(頌鼎)和一鼎級別的王畿采邑的司貯(山鼎),都要經過王命册命的確認,外服的諸侯封立也必須經過王命確認(克罍)(見圖5-5),這在商朝是聞所未聞的。

周代用鼎制度繼承了商代的用爵制度。孔子説,"殷因于夏禮,所損益,可知也;周因于殷禮,所損益,可知也"。毫無疑問,用鼎制度對于用爵制度是有所損益的,但前提是用鼎制度因于用爵制度,也就是説,用鼎制度是脱胎于用爵制度。其所損益者,就是商代的用爵制度的爵位等級的禮數内核,被周代按照"禮樂征伐自天子出"的設計,建立起了比商代爵制更爲完整和成熟的周代爵制。

王曰太保隹乃明乃鬯亯
廾乃辟余大對乃亯
令克侯于匽旖羌馬
叡雩駍長克宅
匽入土眔厥亂
用作寶尊彝

圖5-5　克罍銘文及釋文

附録一　爵裸瓚祼

一、爵與裸

《説文·示部》説裸"灌祭也,从示果聲",果也作奞,奞極像从爵省的字,比如,縣改簋的爵字作🔲,上部就是木字的字形,裸字的果,是倒寫的奞,而奞原本是古爵字之省的訛寫,裸从示果聲,也就是从示奞聲,奞是古爵之省,則从示奞聲就是从示爵聲。甲骨文的裸字从凸,從漢典網收集的55個甲骨文的裸字來看,所有的字都从凸省,除了从凸,還分从示、从収和从示从収三種字形,也有僅是从凸的字形,比如🔲。凸字符是裸字的主體字符,通過凸加示和収這兩個字符,商代甲骨文就有了裸這個字。接著,裸的訛變,從从示从収从凸的裸變成了幾個不同的字形:

其一,从示从収从凸,如🔲、🔲和🔲等。
其二,从示从凸,如🔲、🔲、🔲、🔲和🔲等字形。
其三,从収从凸,如🔲、🔲、🔲和🔲等。
其四,僅是从凸,如🔲、🔲、🔲和🔲等。
其五,从凸的部分發生訛變,如🔲、🔲和🔲。

　　甲骨文的裸字(見圖附 1－1)从㔽,其所从㔽字實際是變化成裝㔽酒的酒器的象形字,這就是第五種字形的 和 ,這兩個字形已經和金文的裸字的从㔽的部分很接近了。而根據金文裸字,甲骨文的這類从㔽省的裸字實際和金文的从爵省的裸字是一類的,也就是説,甲骨文裸字的从㔽省等于就是金文裸字的从爵省。這種从爵省的裸字,其實就是从示从奋,奋就是爵之省,所以从示果聲,就是从示奋聲,也就是从示爵聲。

圖附 1－1　漢典網收集的甲骨文裸字

金文中的祼字(見表附 1-1),除了從爵,其所從的字符(偏旁)還分四種:一是從示,二是從又,三是從収,四是從卩,又和卩是金文祼字所從的偏旁比甲骨文多出來的兩個偏旁,金文祼字會有四個偏旁中的二到三個,有的只有一個。下表所列十四個被讀作祼的字例有 8 個從収,5 個從示,3 個從又,3 個從卩。

表附 1-1　金文所見祼字用例及字義比較表

字形結構	出處來源	金文例句	字義解釋	疑難字	釋文	所從字符	爵字結構
𥛱	毓祖丁卣	歸祼于我多高亼	動詞詞性祼祭之祼	亼	祼	示、又	從邑從爵省,無足部象形
𥛱	德方鼎	征祕祼自旁	名詞詞性祼主之義猶如神主		祼	示、収	從爵省,無足部象形
𥛱	我方鼎	咸與遣祼	動詞名詞化祼祭	敦,與一舉	祼	示、収	從邑從爵省,無足部象形
𣪊	毛公鼎	賜汝秬鬯一卣,祼圭瓚寶	與瓚對舉當是器名		鄻	卩、収	從邑省、從爵省,無足部象形
爵	史獸鼎	尹賞史獸爵	賓語名詞作豕鼎和甒的總稱		爵	又	從爵省,無足部象形
𥛱	矩尊	復稟武王豐祼自天	動詞名詞化祼祭		祼	示、収	從邑從爵省,無足部象形
祼	小盂鼎	王祼	動詞		祼	収	從爵省,從足部象形
𥛱	小盂鼎	王賜盂爵鼎、甒	名詞鼎和甒的總稱		祼	示、又	除了偏旁示,爵字與史獸鼎相同
𣪊	鄂侯鼎	乃祼之	動詞		鄻	卩、収	從爵省,從足部象形(圈足)

字形結構	出處來源	金文例句	字義解釋	疑難字	釋文	所從字符	爵字結構
	榮簋	王休,賜厥臣榮父瓚、玉爵、貝百朋	器名名詞與從玉瓚對舉,釋爵		爵	廾	從爵省從畐,從器足象形
	内史亳觚	王賜内史亳豊爵用作爵同	字兩見皆名詞,作器名		禰	示、又	從爵省從畐,無器足象形
	不栺鼎	王在上侯,應,萃,裸	動詞裸祭		鄸	卩	從爵省從畐,從器足象形

　　甲骨文和金文的不少裸字的從畐的字符,是有不同的變化的,比較明顯的變化就是直接就在畐字上面加從辛省或從卩的字符,如尋、尋和爵①的裸字都是畐字上加了從辛或從卩的字符。這種畐字符加從辛和從卩的變化也見于商周的瓚字,兩者的差别在從辛從卩的裸字從畐,以畐代盛酒之器的象形字,而從辛從卩的瓚字,如,則從觚(同)。

　　、是兩個奠觚(同、瓚)的象形文字,像一個人雙手奉舉一觚,從字形上講,和是奠觚的字形,而和是裸爵的字形,的的部分和的的部分在字裏就是,是把分解成兩個字符了,即(卩)和,而就是甲骨裸字和中的從爵的字符。由此,似乎可以説金文裸字中從廾的字符就是之省,省去的是卩,甚至可以説,金文中的從収爵字的収也是之省,裸字因此可以説就是從爵的,在有些場合,裸字還是有爵的字義的。

　　根據上列金文裸字用例和字義表,裸用作動詞、具有裸祭字義的例子有四例,用作器名名詞,字面意思是爵的有五例,動詞名詞化的有三例。字義爲爵的例子,見于史獸鼎、内史亳觚、小盂鼎和毛公鼎。史獸鼎銘文

──────────

① 甲骨文裸字的從畐的字形與酉很像,古文字中從畐從酉往往可以互通。

（見圖附 1-2）中的"尹賞史獸爵"中爵字,舊讀也讀作祼,但是這個爵字的位置,明顯是一個名詞的位置,讀作動詞的祼顯然是無法讀通的。如果讀若名詞的爵,就可以理解爲下文的"賜豕鼎一、彝一"的同位語,即作爲鼎和彝的總稱。重要的是,這個爵并不從示,其字從爵之省、從皀、從又,可以説是伯公父爵的爵字的西周早期版。

尹令史獸立工
于成周十又一月
癸未史獸獻工
于尹成獻工尹
賞史獸爵易豕
鼎一彝一對揚皇尹
不顯休用作父
庚永寶尊彝

圖附 1-2　史獸鼎銘文

内史亳觚銘文（見圖附 1-3）如下：

　　成王賜内

　　史亳豐爵,

　　弗敢虘。作

　　爵同。

成
王賜内
史亳豐爵
弗敢虘作
爵同

圖附 1-3　内史觚銘文

其中,舊讀作祼的□字兩見,一爲"豊□",一爲"□同",豊□是"成王賜内史亳豊□"一句的雙賓語之一,明顯是名詞,豊通作禮,修飾□。□與下文的"作□同"對應,作爲名詞,讀爵。□同因而也就是爵同。

小盂鼎有五個祼字,一個作□,四個作□,□的例句是"王賜盂□:鼎、鬲"。這個□從示,從爵省,從邑,從又,不看從示部分,這個字的從爵從又的部分和史獸鼎的祼(爵)如出一轍,字義也相同,也是作爲鼎和鬲的總稱,據此,小盂鼎的□無疑是應該讀作爵的。小盂鼎的□四見。出現在一句中:

　　……王格廟,徝酉入廷三人,邦賓丕□,服酉,用牲禘周王、武王、成王,林鐘十,有肆。王□,□述□邦賓。

□字陳夢家釋奠。李學勤在"邦賓不□"四字未作識讀,在"王□,□述□邦賓"處先釋祼,後釋瓚,讀作"王祼祼遂,瓚邦賓"。甲骨文的奠從土,作□,像酒樽置于土,後來的奠基與其字形是符合的,金文從奠從丌,丌亦聲,是下基的意思。□是從卅的字,顯然是不能釋作奠的。邦賓丕祼,丕本作不,不丕古通。邦賓丕祼,語倒,猶丕祼邦賓。用牲是用人牲之謂,指被殺的三個敵酋作爲牲體,周王在武王、成王之前,當指文王。禘,禘祭典禮。王□,就是王祼,王指康王,康王舉行祼禮。□,李學勤釋遂。該字從辵尤聲,在大盂鼎銘中有"殷□命",□命就是墜命的意思,□可釋作墜。但小盂鼎的□字在祼字之後,釋作墜于文理不通。應該是述,述是遹的意思,遹是辟,又有《釋詁》説遹,訓也,訓就是緒,李學勤釋爲遂,遂也有順的意思,所以□釋述,即緒,代指上文的"周王、武王、成王"三王,祼緒就是爲三王舉行祼祭之禮。祼邦賓就是向參加獻俘禮的邦賓也行祼飲之禮。這個□和另一個□,字形不同,字義也不同,詞性也不同,是動詞,即祼。另有毓祖丁卣銘文(見圖附1-4)有"歸裸于我多高仚（①）”,這個裸也是動詞,即裸祭的意思。

辛亥王在廙降
令日歸裸歼我
多高仚易鬉
用作毓祖丁尊

圖附 1-4　毓祖丁卣

　　商周金文中被讀作裸的字,有的具有名詞的詞性。比如德方鼎(見圖附 1-5)的“珷裸”,武王之“裸”,這個裸顯然是動詞裸的名詞化。夨尊(見圖附 1-6)有句“佳王初鄻宅于成周,復禀武王豊裸,自天”,這個裸字從爵從廾從示(福),與德方鼎的裸字語例相同,德方鼎的語句作“祉珷爵(裸)自蒡”,夨尊的語句作“復禀武王豊裸自天”,珷是武王的合寫,所以珷爵(裸)和武王豊爵(裸)可以說是一樣的意思。我方鼎(圖附 1-7)也有“遣裸”,裸在動詞遣之後,也應該是名詞。夨尊的“復禀武王豊裸自天”和德方鼎的“祉珷爵(裸)自蒡”都提到了把武王的“裸”(爵)從天和蒡遷到成周。這種遷裸(爵)與文獻所說的武王遷九鼎于洛陽頗有相似之處,而小盂鼎和史獸鼎都是用爵(裸)作爲鼎和甗的總稱,所以德方鼎和夨尊兩次提到武王之福(福),應該是指祭祀武王用的禮儀饌器,特別是夨尊提的是武王豊爵,與内史亳觚的豊爵相同,説明武王豊福就應該釋爲武王豊爵。

---

　　① 這個字從人從夂從山,象人登山之形,可隸定爲仚。

220

佳三月王在
成周征斌
裸自蒿成
王易德貝廿朋
用作寶尊彝

圖附 1-5　德方鼎

佳王初興宅玨成周復再
斌王豐裸自天在四月丙戌
王誥宗小子玨京室曰昔在
爾考公氏克逑玟王肆玟
王受茲大命佳斌王既克大
邑商則廷告玨天曰余其
宅茲中或自之辟民烏
虖爾有爵玨天徹命敬
公氏有爵玨天徹命敬
享哉王恭德裕天訓我
不敏王咸誥雊易貝卅朋用作
圜公寶尊彝佳土五祀

圖附 1-6　雊尊

221

父己寶尊彝　亞若
賓貝五朋用作
二母咸與遣裸王
且己妣癸祉礿祭
我乍御祭且乙妣乙
隹十月又一月丁亥

圖附 1-7　我方鼎

　　不栺鼎的銘文(見圖附 1-8)有句"王在上侯,应,莽裸",裸字从爵从卩。金文有从卩的圖形瓚字,即,是象一人雙手捧瓚之形。不栺鼎此字是會一人雙手捧爵之意,作動詞,釋裸。這個从卩的字形也見于鄂侯鼎,從語句"王乃裸之"來看,鄂侯鼎(見圖附 1-9)也是用作動詞裸的。

揚王休用作寶鼎彝
貝十朋不栺捧稽首敢
在上侯应莽裸不栺
隹八月既望戊辰王

圖附 1-8　不栺鼎

222

王南征角遹唯還
自征在坏噩侯馭方
内壺于王乃裸之馭
方伓王王休隹乃射馭
王宴咸飲王窺易馭
方玉五穀馬四匹矢五
束馭方拜手稽首敬
對揚天子不顯休資
用作尊鼎其萬年
子子孫孫永寶用

圖附1-9　鄂侯方鼎

　　總之,從字形上講,甲骨文和金文的裸字从示从爵,今字裸从示从果,果亦聲,這是否也表示甲骨文和金文的裸从示从爵,爵亦是義符? 答案是可能的。甲骨文和金文的裸用作裸禮的意思時,爵是裸禮用器,从示从爵是表示以爵奠鬯酒的意思,換言之,就是裸禮用爵。其从爵的字形使得甲骨卜辭和金文把這個裸字用作器名名詞時,基本有三層意思: 一是指爵形器,二是指在禮儀上用到了裝鬯酒的爵,三是指包括爵形器在内的器皿的總稱。這個字在商代甲骨文裏已經以鬯字符代爵字符之省,至周代金文裸字,則演變成从爵之省和从鬯从又(収)的字形。除了从示从卪,周代金文的裸字已經和伯公父爵的爵字以及篆文爵字基本一致了,即从爵之省,从鬯,从又(収)。這説明由于金文裸在字義和字形兩方面都與關于爵形器的器形和使用禮儀相關,商周人才會把裸字用若爵字,而爵作爲裸禮的專用禮器,所形成的裸祭的儀禮,使商周舉行裸禮必用到爵,裸字因此而从爵从祀(示)。這種由爵形器的使用而産生的祭名用字,其實并非孤例,其他祭祀專名也有以所用材料、器物和禮儀來定祭祀之名的例子。如柴禮就是燔木祭祀山,其名來自柴,奠字來自置酒樽于地的禮俗,甚至祭字本身就是以手抓肉敬神的會意字,所以,以爵奠酒爲裸,裸字的

223

字義乃是得自于用爵的禮俗,而且只有用裝鬯酒的三足爵奠祭的禮俗才能稱爲祼。

二、瓚 與 詫

瓚字因爲山西翼城大河口一號西周墓出土的觚形器自名"瓚"而引起了關于觚形器的命名的再討論。大河口 M1 的發掘報告發表的燕侯觚[①],自銘"燕侯作瓚"(見圖附 1－10)。根據發掘報告的描述,這件觚器内有一銅木質地的插件,因爲已經腐朽,只留有殘高。觚内有插件,以前在大河口 M1017 的發掘報告中已經有發現。M1017 號墓發掘出土有兩件觚,其中一件爲銅木觚(M1017:90),喇叭口,細長腹,平底,喇叭形圈足,圈足上部和下部各有一周凸起的箍帶,箍帶面和箍帶間各鑲嵌三塊橢方形玉,橫向等距分佈,上下箍帶面的鑲嵌玉相對稱,中部一行與上下相錯列,共有五個鑲嵌玉塊脱落,未葬入墓内,嵌玉凹槽中部各有一豎向凸稜。腹内有一喇叭形内腹,平底,底面有一近圓形穿,内腹殘存錐狀木腔。其

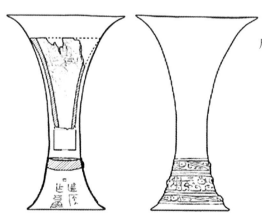

尺度:銅觚口徑 12.2、
圈足徑 8、
通高 22.2 釐米。
木腔外口徑約 7.2、
殘高 10.4 釐米。
銅管直徑 2.2、
高 2.4、
底部孔徑 0.6 釐米。

圖附 1－10　燕侯作瓚

① 《山西翼城大河口西周墓地一號墓發掘》,《考古學報》2020 年第 2 期,第 187 頁。

結構分三層,外層爲較薄的銅質觚體,腹内套置較厚的銅喇叭形内腹,内腹内再套置木質内腔。圈足中部飾一周垂鱗紋,其上飾一周凸弦紋,下飾一周凹弦紋。銅外觚體和内腹腔分別合範鑄成,與木質内腔組裝而成。銅觚打磨精細,未發現範綫和墊片。圈足内壁鑄銘文"父辛"二字。殘高17釐米圈足底徑8.2釐米,重455克[1]。

　　葉家山曾國墓地的 M28 出土的兩件觚(見圖附 1－11)中,也有一件帶這種銅木插件[2]。另外,梁帶村芮國墓地的 M27 也出土了一件完整的帶銅木插件的觚[3],該觚中部有一個壁厚 1 釐米的木筒,木筒内有一個木塞,木塞上部呈半球形凹下,中間鑲嵌一根上下貫通的綠松石細管,其上置放一個上部爲細杆、下部爲球形的銅杆,連銅杆通高 16.8 釐米。這些部件可以取出,但其間縫隙極小。梁帶村 M27 的帶插件觚的插件保存完好,可以用來和燕侯觚内的插件比較。這一類帶插件的觚因爲被燕侯觚的自銘

圖附 1－11　葉家山 M28 出土的帶瓚觚

---

①　山西省考古研究所、臨汾市文物局、翼城縣文物旅遊局聯合考古隊、山西大學北方考古研究中心《山西翼城大河口西周墓地 1017 號墓發掘》,《考古學報》2018 年第 1 期。

②　黄錦前《試説葉家山 M28 所出觚形器》,載武漢大學簡帛研究中心,2016 年 10 月 22 日。http://www.bsm.org.cn/show_article.php? id＝2649,付强《從大河口墓地 M1017 出土的所謂"銅木觚"談商周時期的"瓚"》,"先秦秦漢史"2018 年 5 月 29 日,網址見 https://www.gushiciku.cn/dc_hk/107181921。

③　付强《從大河口墓地 M1017 出土的所謂"銅木觚"談商周時期的"瓚"》。

稱爲"瓚",證明瓚不僅是觚形器的泛稱,也特指這種帶插件的觚形器①。

這件燕侯作瓚的發現,改變了一些傳統的觀點。首先,它正式確認了瓚是觚形器的名稱之一,與此前有關内史亳觚自名爲同的名稱并列,説明觚形器和其他商周時期的飲酒器一樣,也存在多名的現象,"同"和"瓚"可能就是觚形器的諸多叫法中的兩個。其次,由于這件觚形器自銘瓚,使得古文字學的瓚字的字形得到了文物學的印證。如花東 M493 的![字](![字])字,从辛从![字],其从![字]部分,據燕侯觚的銘文(見圖附 1-12)可知,就是觚形器的象形,而从辛的部分就是插入觚形器的插件的象形。金文中有類似![字]的圖形文字,井父戊觚的![字]字,是一個从![字]从![字]的字,其![字]的部分和![字]是一個字形,可以看作是![字]字的金文字形,即去掉从![字]的字符,這個字就是一個金文圖形文字的瓚字![字]。金文還有一個![字]字②,它的从![字]部分和花東 M439 的![字]字基本相似,也可以看作是金文的瓚字。![字]井族還有一器,叫"![字]井父戊觚"(見圖附 1-13、1-14)。這個![字]字的左邊的字形像一個有插件的觚形器,象形插件的部分比![字]更加細緻,幾乎就是梁帶村 M27 出土的觚(見圖附 1-15)的圖形文字,燕侯觚把這類有插件的觚形器命名爲瓚,![字]字因而可以隸定爲从瓚的字,過去把![字]隸定作祼,這是不貼切的。上已述及,金文中可以隸定爲祼的字都是从爵的,這個字是从瓚的,所以,這個字不應該是祼字。

圖附 1-12
燕侯觚銘文

圖附 1-13
罷井父戊觚底部銘文

---

① 付强《從大河口墓地 M1017 出土的所謂"銅木觚"談商周時期的"瓚"》,"先秦秦漢史"2018 年 5 月 29 日,網址見 https://www.gushiciku.cn/dc_hk/107181921。
② 薛尚功《歷代鐘鼎彝器款識法帖》,中華書局,1986 年,第 10 頁。

圖附 1 - 14 瓵井父戊觚圈足内銘文照片

圖附 1 - 15 梁帶村 M27 出土的有插件的觚

　　由于天津博物館收藏的玉器殘件"小臣艅瓚"（見圖附 1 - 16）自銘稱
"瓚"，不少學者因而稱插入觚形器内的插件爲"瓚"。如李春桃先生認
爲，"從器物自名、考古實物及古文字形體等多個角度來看，將玉柄形器
命名爲'瓚'是可信的。當然，從古文字形體來看，'瓚'所指的是由同、玉
柄形器及相關飾件所組成的一套瓚器，這種可能性也是很大的"①。其説

————————

　　① 李春桃《從斗形爵的稱謂到三足爵的命名》，《"中研院"歷史語言研究所集刊》第八
十九本，2018 年，第一分第 47—118 葉。

雖然傾向于把插入同(觚)的插件稱爲瓚,但也謹慎地保留了意見,説瓚也很大可能指的是"由同、玉柄形器及相關飾件所組成的一套瓚器"。洛陽北窯 M155 出土的漆觚也是一件帶有插件的觚形器。根據這件漆觚的插件形制可以推知小臣𡥀瓚可能是這類觚中插件的殘件。

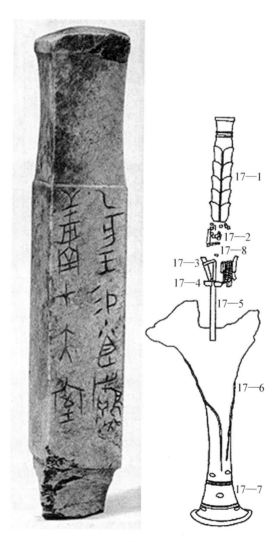

圖附 1-16　小臣𡥀瓚和洛陽北窯 M155：17

　　觚是宋代金石學家定的名,因爲有内史亳觚(見圖附 1 - 17)自銘"爵同",學界認爲這類觚形器應該叫"同"①,但是商周對于類似爵、觚和觶等飲酒用的器皿的定名并不存在一律的特點,更多地,是存在一器多名的現象。固然,同是飲酒器,在文獻上有所證明,但是,像觚這一類的飲酒器,其實和爵一樣,也是多名的飲酒器。大河口西周墓葬 M1 出土的燕侯觚的銘文把觚稱爲瓚,等于推倒了觚形器只有名"同"一説的觀點,至少,在瓚和同之間,兩個名稱是彼此彼此,不分孰是孰非的。況且内史亳觚自銘"爵同",其實是和爵聯稱,是一個具有統稱意義的名稱,而燕侯觚以"瓚"自銘,是針對插有附件的觚形器的特稱,且和考古學發現的有插件的觚形器和文字學發現的圖形文字瓚的字形相符合,説明"瓚"才具有作爲這一類觚形器的一般名稱的意義,有關"'瓚'所指的是由同、玉柄形器及相關飾件所組成的一套瓚器"的意見②,可能更加符合文獻記録和考古實際。

爵　弗　史　成
同　敢　亳　王
　　彪　豐　賜
　　作　爵　内

圖附 1 - 17　内史亳觚銘文

　　《周禮·春官·典瑞》:"裸圭有瓚,以肆先王,以裸賓客。"鄭玄注引鄭司農云:"于圭頭爲器,可以挹鬯裸祭,謂之瓚。"

　　《周禮·考工記·玉人》:"裸圭尺有二寸,有瓚,以祀廟。……大璋、中璋九寸,邊璋七寸,射四寸,厚寸,黄金勺,青金外,朱中,鼻

---

① 吴鎮烽《内史亳豐同的初步研究》,《考古與文物》2010 年第 2 期,第 30—33 頁。
② 李春桃《從斗形爵的稱謂到三足爵的命名》。

寸,衡四寸,有繅,天子以巡守,宗祝以前馬。”鄭玄注:“瓚如盤,其柄用圭,有流前注。……三璋之勺,形如圭瓚。”

《禮記·祭統》:“君執圭瓚祼尸,大宗執璋瓚亞祼。”鄭玄注:“圭瓚、璋瓚,祼器也。以圭、璋爲柄,酌鬱鬯曰祼。”①

鄭玄説的“于圭頭爲器,可以挹鬯祼祭,謂之瓚”和“圭瓚、璋瓚,祼器也。以圭、璋爲柄,酌鬱鬯曰祼”,雖然没有明確地説插有圭璋之類的插件的觚(瓚)叫瓚,但在描述祼禮或酌禮時都提到了將圭或璋插入瓚的細節,説明插件(圭璋)對于瓚的命名的重要性。

内史亳觚的銘文除了自銘觚形器爲同,還用到了一個爵字,和同聯稱“爵同”。内史亳觚的這個爵字从示、从爵之省、从鬯、从廾,在銘文出現了兩次,過去一直被隸定爲祼字,但從銘文上下句而言,第一個字的詞性明顯是名詞,“成王賜内史亳豊爵”,豊爵當連讀,是成王賜給亳的賞賜物的名稱,舊讀把豊和“祼”讀開,作“成王賜内史亳豊,祼”,從語序上講,這樣的句讀存在兩個問題:一是豊作爲賞賜物如何解釋的問題;二是釋讀爲祼,是作爲謂語動詞,其主語是誰的問題。特別是第二個問題,因爲把豊和祼讀開,就只能把祼字讀若動詞,誰在祼?是成王還是亳?用什麼祼?用“豊”嗎?顯然,把豊和祼讀開是很難把銘文讀通順的。如果把這個“祼”理解成器物名詞(爵)而和豊連讀,豊爵,豊即醴,成王賜内史亳醴爵,這樣讀解,上述的問題就都不存在了。況且銘文還有第二個爵同,第二個爵字舊讀也是讀若祼,字面上祼同固然也通,但從禮制上講,祼字从示从爵,祼禮所用的禮器是爵,不是觚,“祼同”和禮制不符,應讀作“爵同”,這和考古發現的爵觚組合倒是相合的。根據上引文獻説到的“酌鬱鬯曰祼”和“于圭頭爲器,可以挹鬯祼祭,謂之瓚”,祼是可以祼客,而酌鬱鬯也叫祼,從爵字从鬯而論,祼禮用的酒是鬱鬯,用的酒器是爵。而同或瓚是觚形器,用觚形器奠酒,從古文

① 轉引自李春桃《從斗形爵的稱謂到三足爵的命名》。

字學上講,應該是 ![字] 或 ![字] 。

![字]字何解,姑且不論。這裏先分析一下金文所見瓚字的用法及其字義。除了内史亳觚把自名的同用作器名,金文中,瓚字多數是被用如酒器的。例如,榮簋銘文有“王休,賜厥臣父榮瓚、玉爵、貝百朋”,瓚和玉爵并提,表明這個瓚和爵一樣,是飲酒器。榮簋的這個瓚字與金文常見的瓚字不同,常見的瓚字上部從门或從冂,甲骨文的瓚字上部或從辛,都是象插入同(觚)形器的插件之形;榮簋的這個瓚字的上部的字符從玉,表示插入觚形器的插件的柄是玉質的,這個從玉的字符倒是和實物所見的玉質插件相符的。

以榮簋(見圖附 1－18)爲例,金文中的瓚字大體上有四種用法: 第一就是榮簋的用法,特指一種器類,可以和玉爵對舉,和榮簋銘文瓚的用法相同的有肇尊、新尊、子黃尊、宜侯矢(虞)簋等;第二種用法是和圭璋等玉器對舉,比如榮仲方鼎(見圖附 1－19)的“玎瓚”、敔簋、多友鼎和我簋(見圖附 1－20)等器的“圭瓚”,卯簋的“瓚璋”,毛公鼎的“爵圭瓚寶”等;第三種用法是作爲觚形器的自銘,比如内史亳觚和燕侯觚,一個自銘曰同,一個自銘曰觚;第四種用法是作動詞,用若贊,具體有三類用例:一是用于“瓚(贊)王”,因爲贊的是王,用句中還是主賓倒裝,賓語的王在主語

佳正月甲申榮
各王休易厥臣
父榮瓚玉爵
貝百朋對揚天子
休用作寶尊彝

圖附 1－18　榮簋銘文及釋文

231

前,例如畯簋是康公瓚(贊)懿王,銘文尊王爲先,句子作"瓚(贊)王康公",小盂鼎有兩句"瓚(贊)王邦賓",都是邦賓以瓚贊康王的意思,但邦賓被放在了瓚王之後。二是用若設饌上瓚,小盂鼎有另外兩個用例,一句是"賓即位,瓚賓",這個用法表示給賓上瓚的意思。三是贊引,小盂鼎有"王呼賓瓚盂以夷酉進",這個瓚就是贊引的意思,康王命令邦賓贊引盂把敵酉帶進來。

王作榮仲宮
在十月又二月
生霸吉庚
寅子加榮仲
玨瓚一牲大牢
己巳榮仲速
芮伯戠侯子二
易白金鈞用
作父丁鷺
彝史

圖附 1-19　榮仲方鼎

佳王十年正月
初吉甲申王命
我遇魯侯白敢箆乓
考父我歷賜圭瓚彝
一肆醬尊以乓備賜小子
宰一家自日乓以友五十夫我
拜稽首敢對揚朕公子魯
侯丕顯休用作呂姜
寶尊簋其用夙夜亯
于宗室用祈純魯
之子孫孫永
寶用

圖附 1-20　我簋銘文及釋文

232

　　上已述及,榮簋的瓚字从玉,説明榮簋提到的瓚是一件玉器,是玉質的瓚,這個从玉的瓚字對于銘文并提到的玉字的認識很有幫助。過去把榮簋銘文讀成"惟正月甲申,榮格。王休賜厥臣父榮瓚,王裸貝百朋。對揚天子休。用作寶尊彝",因爲沒有認識到上面的瓚字从玉,表示這兩件王賜給榮的器物都是玉器,所以就把本來應該是玉的字讀成了王字,王下面的字本來是爵,因爲玉讀成了王,名詞的爵就不能讀通了,就只能讀成動詞的裸,解釋賜,這樣才能把下文的"貝百朋"理順。但是這樣一來,還是帶來了問題。先是王賜給榮一件瓚,接著,王"裸"給了榮貝百朋。且不説裸字可不可以解釋成賜,就是把一次賞賜的王命要分記成"賜"和"裸"來分述,就顯得有點不著邊際了。事實上,瓚字从玉等于在提示下面的器物也是玉器,所以這個所謂的"王"字應該是玉字,與爵連讀,就是"玉爵",整句"王休賜厥臣父榮瓚玉爵貝百朋"只有一個動詞,即"賜",瓚、玉爵和貝百朋是王所賜給榮的三宗賞賜物品,句子的句讀應該是"王休賜厥臣父榮瓚、玉爵、貝百朋"。

　　瓚也有从辛的,甲骨文有▨,金文有▨、▨和斬尊的▨等字和字符,這些字和字符與玉器刻文▨相似,也和甲骨文和金文的言(▨、▨和▨)的字形相近。這類从辛、也像言字的字符,很有可能是來自柄形器的柄部的象形,與从玉的字符不同,从玉是爲了表示玉質,从辛(言)和从冂一樣是爲了指示柄形器的形制。

　　从冂的瓚字主要見于金文瓚字的字形。多友鼎和敔簋的瓚都是从冂的瓚,都和圭字相連,稱"圭瓚"。文獻上的"圭瓚"是指奠酒時將柱形的玉器(圭)插進瓚中,因此,圭和瓚是兩件器物。金文圭字是雙土相疊,甲骨文的圭象柱形,作▨和▨等。甲骨文的圭字與商周青銅爵和青銅斝上的柱非常相像,可以説是柱的象形字(見圖附1-21)。但是商周的觚形器是沒有柱的,金文如多友鼎等所見的"圭瓚"説明了兩點,一是雖然插有插件的觚形器是稱爲瓚的,但是沒有插件的觚形器除了叫同,也是可以叫瓚的;二是在叫瓚的場合,插入觚中的插件可能叫圭,所以才會有圭瓚的連稱(見表附1-2)。

「圭」乙 6776 合 11006 賓	「圭」乙 7094 合 11006 賓	「圭」乙 7224反	「圭」乙 8523 合 21310
「圭」林 2.4.17 合 18546 自	「圭」京都 1593 合 24368	「圭」存 1805 合 33085 歷	「圭」鐵 12.4 合 1950

圖附 1-21　商代罩柱及甲骨文圭字

表附 1-2　西周金文所見瓚字例句匯覽

器　名	瓚　字　例　句
敔簋	圭瓚。
毛公鼎	易汝秬鬯一卣,爵圭瓚寶。
多友鼎	易汝圭瓚一。
榮簋	王休易厥臣父榮瓚、玉爵、貝百朋。
卯簋	賜汝瓚璋
宜侯矢簋	賞瓚一𢑫
我簋	賜圭瓚,彝一肆
子黃尊	王賜子黃瓚一、貝百朋
畯簋	瓚王康公
小盂鼎	瓚王邦賓——賓即位,瓚賓——王呼賓瓚盂以夷酉進
斦尊	仲賜斦瓚
榮仲方鼎	加(嘉)榮仲玒瓚一、牲大牢
肇尊	(侯)賜肇瓚一、貝五朋(見圖附 1-22)
燕侯瓠	燕侯作瓚

佳六月丁亥侯氏大
室肇御易肇瓚一貝
五朋侯曰肇夙夕明
乃事余肇敢揚侯
休用作寶尊彝其
萬年用永寶日庚

圖附 1-22　肇尊銘文摹本及釋文

　　許慎説瑤，“玉爵也，夏曰瑤，殷曰斝，周曰爵。瑤，或從皿”。瑤從玉戔聲，戔也表示字義，所以它還可從酉爲醆，從皿爲盞，從木爲棧。從金爲錢(錢古有二音，其一就是戔聲，讀若盞，《字彙補》釋錢“古與盞通。酒器也。《續鐘鼎銘》有‘雀錢’”。雀錢，就是爵盞)。另外，還有從角的觴和從缶的罆。所以戔在這些字裏面，既作爲聲符，也作爲義符，戔的字義就是酒器，從木、玉、金而有棧、瑤、錢，是表示不同材料作成的酒器，醆是表示這是個酒杯，而盞是表示這個酒杯的器形從皿。這就是説，戔在古文字中是一個飲酒器的專用字，而根據《字彙補》所引的《續鐘鼎銘》記載，戔還和爵連用，作“雀錢”，也就是“爵盞”。這就是説，戔作爲爵的別稱，可以從玉、也可以從酉，可以從皿、也可以從金，而根據宜侯夨簋，這個字還可以從卣。

　　宜侯夨簋有“錫𬼎卣一卣、商瓚一戔”。這個戔字過去有人隸定爲從甫從戈，經過目驗銘文照片，此字左邊似不從甫從又，卻似從卣，右邊上部顯示像戈字上部，但至中部已經收筆，下部似另作一戈，故右邊是從戔，所以這是一個從卣戔聲的字，就是戔，戔與醆是一個字，差別只是在從酉和從卣之間，由此，這個從卣戔聲的字是表示有一種專門裝卣酒的酒盞叫戔。而在宜侯夨簋的銘文裏，這個戔是用作量詞的，“商瓚一戔”即賞瓚一戔。作爲瓚的量詞，戔的詞性和瓚的詞性是相通的，即只有在瓚和戔都是飲酒器(酒盞)的前提下，戔才可能作爲瓚的量詞，戔的字符從卣，瓚在其他銅器銘文裏稱“圭瓚”。圭瓚也稱卣爵，所以，戔成爲瓚的量詞，當不只是因爲戲戔聲,還因爲从酉,和瓚是酉爵的字義是相通的。正如棧在周曰爵一樣,从酉的戔就它是从酉戔聲而言,很可能就是爵的別稱,因此,"商瓚一戔"就是"賞瓚一爵"的意思。即是說,根據宜侯夨簋"商瓚一戔"的賜命的語境,戔通爵,而爵可以作爲瓚的量詞。戔作爲瓚的量詞的前提,是戔和瓚都是飲酒器,這個前提在燕侯觚的銘文裏得到了印證,這說明,觚形器確實也存在多名。燕侯觚自銘"燕侯作瓚",器內有插件的殘留,說明瓚指這類帶有插件的觚形器。

天津博物館藏玉器的銘文說"乙亥,王易(賜)小臣𡕱瓚,在太室",學界爲此或認爲這件玉器就叫"瓚"[1],其實,這件有銘玉器是一個殘件,把它和洛陽北窯 M155:17 的"帶瓚漆觚"進行比較,就能發現漆觚所帶的"瓚"分爲柄和木棍兩部分,其標號爲 17-1 的,是柄的部分,其造型與天津博物館所藏有銘玉器的造型一樣,說明天津博物館的有銘玉器只相當于北窯 M155:17 的柄部,它的銘文中的瓚字既可以是飲酒器的器名,也可以是包括插件和觚形器兩件一體的名稱,但顯然不能看作是殘件部分的名稱。燕侯觚是一件帶有插件殘件的觚形器,其自銘叫瓚,是包含了觚和插件于一體的名稱。而內史亳觚自銘叫同,其是否原來也是帶插件的,已經無從知曉,同樣,小臣𡕱瓚的銘文是否還指它所插入的漆觚的名稱,也是無從知曉的。但因爲有燕侯作瓚的發現,可以證明同只是觚形器的一種叫法,觚形器也可以叫瓚,而且瓚這個自銘是包括插入在觚的插件的,即觚和插件一體才叫"瓚"。而且,在內史亳觚的銘文裏是把這件觚叫作"爵同"的。爵同是器名名詞重疊,略等于尊彝等的器名重疊,類似于統稱。

毛公鼎的"祼圭瓚寶"四字分別是 𤭗、圭、𤲞 和 𡧜,多友鼎圭瓚作 圭 和 𤲞,敔簋的圭瓚分別是 圭 和 𤲞,這三器都是圭瓚連用,而卯簋(見

① 付强《從大河口墓地 M1017 出土的所謂"銅木觚"談商周時期的"瓚"》,"先秦秦漢史"2018 年 5 月 29 日,網址見 https://www.gushiciku.cn/dc_hk/107181921。《談談青銅器中的"爵"和"瓚"》,"簡帛網"2018 年 5 月 25 日,網址見 http://www.bsm.org.cn/show_article.php? id=3131。李春桃《從斗形爵的稱謂談到三足爵的命名》,《"中研院"歷史語言研究所集刊》第八十九本,2018 年,第 47—118 頁。

圖附1-23)作瓚璋,字作和。古代玉器制度中,圭比璋尊貴。《尚書·顧命》提到召公作爲成王之尸時,秉持著介圭,"太保,太史,太宗皆麻冕彤裳。太保承介圭,上宗奉同瑁,由阼階隮",但在代成王喝酒時,因爲必須還持臣節,即必須持璋而飲,所以"太保受同。降,盥,以異同秉璋以酢"。其作爲成王之尸時,是尸成王的圭瓚(同)級別,其代成王行飲禮時,就要回到臣節的璋瓚級別。圭和璋都是插入瓄形器的插件,根據考古

隹王十又一月既生霸
丁亥榮季入右卯立中廷榮
伯乎令卯曰䢼乃先祖考死嗣
榮公室昔乃祖亦既令乃父死
嗣䇂人不盩㝅我家䢼用喪今
余非敢夢先公又蓮余懋
蔑人汝毋敢不善易汝瓚䇂毅
先公官今余隹令汝死嗣䇂宮
宗彝一䵼寶易汝馬十匹牛十易于匸
一田易于宦一田易于陵一田易于戠
一田卯拜
手稽手敢對揚榮伯休用作寶尊
簋卯其萬年子子孫孫永寶用

圖附1-23　卯簋

發現,有洛陽北窯的 155:17 的玉柄木管款式和梁帶村 M27 的銅木管腔款式兩種,這是不是就是金文和文獻所説的圭和璋的兩種款式,尚未能知其詳。但是金文記載確實是存在圭瓚和璋瓚兩個級別,這是沒有疑問的。

像召公那樣,一人可以同時擁有圭和璋。金文也有記載,即師遽彝銘文(見圖附 1-24)記載的周王賜給師遽一件圭和四件璋:"王呼宰利賜師遽瑁圭一,瑗璋四。"根據《顧命》的記載,圭代表高貴級別,璋代表次一級的級別,賜給師遽的瑁圭,應該是代表王賜命師遽一個高級別的爵位;賜給師遽四件瑗璋,是作爲師遽覲見周王的玉瑞。周代臣下覲見周王,有持圭瑞,也有持璋瑞,圭瑞是天子公卿一級的玉瑞,璋瑞是大夫和士級別的玉瑞。比如,四十三年逨鼎記載逨受到封官授爵之後,以虞林之官向宣王行覲禮,持的是圭瑞。頌鼎記載三鼎大夫頌以司貯之史向宣王行覲禮,持的是璋瑞。而山鼎記載一鼎之士的膳夫山覲見宣王時,持的也是璋瑞。這些都説明圭璋代表了兩個級別,和瓚一起使用的場合,一個叫"圭瓚",一個叫"璋瓚",這和文獻記載也是相合的。《禮記·祭統》説:"君執圭瓚祼尸,大宗執璋瓚亞祼。"圭和璋都是可以插入觚形器(瓚)的插件,但君尊貴,所以用圭,大宗次于君,所以用璋。燕侯觚銘稱插有插件的觚形器爲瓚,説明不管是插圭還是插璋,這一類插有插件的觚形器又可以通稱爲瓚。

佳正月既生霸丁酉
王在周康寢饗醴師
遽蔑歷侑王乎宰利
易師遽瑁圭一瑗璋
三師遽拜稽首敢對
揚天子丕顯休用作
文祖也公寶尊彝用
匄萬年亡疆百世孫子永寶

圖附 1-24　師遽彝銘文

小盂鼎銘文出現的瓚(☲)字凡四,都是用作動詞"瓚":

贊王邦賓 ☲ 王 邦 ☲

賓即位,贊賓 ☲ 邦 太 ☲ ☲

王呼贊賓盂以夷酋進 王 ☲ ☲ ☲ 盂 ☲ ☲ ☲ ☲

贊王邦賓 ☲ 王 邦 ☲

第一、第四兩個句子之"瓚王邦賓"(☲ 王 邦 ☲),瓚用作動詞,當是贊的意思。爲了不讓邦賓佔先位,盂在作銘時採用了倒語,正確的語序應該是"邦賓贊王",盂把它説成了"贊王邦賓"。第二句的"瓚賓",是給賓上瓚的意思。第三句的正語語序應該是"王呼賓贊盂以夷酋進"(王叫賓贊引盂把夷酋押進來)。畯簋銘文(見圖附1-25)也出現了類似的句子,即"贊王康公"。贊王康公和小盂鼎的贊王邦賓一樣,也是倒語,表示尊王爲先。小盂鼎銘文四次、畯簋一次以瓚字作爲動詞,應該和瓚這一觚形器被頻繁使用于商周禮儀生活有關。瓚也稱同,在康王即位典禮上,康王和召公君臣共用到了十三件同,其中康王使用的十二同因爲和介圭合用,可以説是圭瓚,而召公下階秉璋而持的同,則是璋瓚。召公"以異同秉璋以酢"這個行爲,用小盂鼎的説法,也可以説是"☲",即贊。由此,今語所謂贊助之贊,原本應該來自商周使用瓚的禮儀。而這種使用瓚的禮儀,很有可能就是金文☲和☲所反映的託禮。

比較甲骨金文和玉刻的瓚字和言字,不難發現,言字和瓚字的圖形文字極其相像,這令人聯想到《尚書·顧命》的"三託"的託,《説文·宀部》説託"奠爵酒也。从宀託聲。《周書》曰:王三宿三祭三託。"託的意思就是用同奠酒。許慎的時代不見觚,商周流行的觚形器早已不復存在,加上爵更多的是作爲飲酒器的統稱,所以許慎自然會不分爵觚,把託解釋爲以爵奠酒,其實《顧命》的上文出現的酒器是同,即觚,託應該以同祭酒的意思。

239

佳十年正月初吉甲寅王在周成
大室旦王各廟即位賚王康公入
門右畯立中廷北鄉王乎作册尹册
命畯曰戈舀乃祖考辥有爵于先
王亦弗暠乃祖考登襄垕曲封
于服今朕丕顯考龏王既命汝
更乃祖考事作嗣徒今佳
靁先王命汝緫嗣西㢙嗣徒訊
訟取徵十乎敬勿灋朕命易
汝巤卤赤市幽黄攸勒畯拜稽首對
揚天子休用作朕剌考幽叔寶
尊簋用易萬年子子孫其永寶
寶

圖附 1-25　畯簋銘文

訛字从言，這個从言的字符，很有可能是从瓚字符的訛變，因爲根據
《尚書·顧命》記載的禮儀，康王"三宿三祭三訛"所用的酒器是"同"，也
就是瓚，按照瓚字的古文，是很容易把它訛刻訛傳成言的。訛字《今文尚
書》或作詫和宅，从言从宅，或不从言。而宅的古文作 ，字形和訛相
近，訛字在古文中，很有可能本从瓚从卩，字形和 、 相似，它的基本
字形可能是从 从 ，到了許慎的時代，他所見的古文 字，从 訛變

成了從言,而從訛成了從宅,如此,從瓚從卩的  就變成了從言從宅的詫,而根據詫的本來字義,所詫的酒器是也叫瓚和同的觚形器,即所謂"詫同",許慎因爲不識同爲何物,誤作詫是"以爵奠酒"的解釋,實際上,應該是"以瓚奠酒"(見圖附1-26)。

圖附1-26 甲骨金文玉刻所見瓚字及言字

總之,詫和裸是兩種不同的禮儀,差別在詫是以瓚(同)奠酒,而裸是以爵奠酒。禮儀中以觚爲禮器的瓚禮,也叫"詫禮",詫字的金文初形,應該就是 。其字義是《尚書·顧命》提到的"詫",詫是瓚的禮儀用法,即以觚奠酒,而在小盂鼎銘文中,這種詫禮可以直接表述爲瓚(見圖附1-27)。

圖附1-27
詫井尊銘文

241

附録二　《春秋》十二公的生母考

《春秋》所記魯國十二公的生母，根據《春秋》三傳以及《史記》，可略知其詳，從隱公之母聲子和桓公之母仲子，到哀公之母定姒，魯國前後九代十二公①，他們的生母的姓氏，除了姬姜世婚的姜姓，還有隱、桓之母的子姓，僖公之母的風姓，宣公之母的嬴姓②，襄公和哀公之母的姒姓（《公羊》和《穀梁》作弋姓），以及昭、定二公的生母的歸姓。此外，桓公"修先君之好"，恢復了魯齊姬姜通婚，惠公娶宋國子姓爲妻，没有姜姓，所以説桓公修先君之好，等于是説修了惠公的先君魯孝公之好，也就是説，惠公的生母也可以説是姜姓。以下，將逐代、逐公地考訂春秋十二公的生母，對周代世族通婚的制度和同姓不婚的禁忌，以及婚姻制度所涉及的生母與繼承人的關係談一些看法。

一、隱公生母不是嫡母

《春秋》始于隱公，隱公和桓公都是惠公的兒子，一庶一嫡，他們的生

---

① 隱、桓一莊、閔一僖一文一宣一成一襄一昭、定一哀。隱、桓公都是惠公之後，算一代，莊、閔爲堂兄弟，亦爲同代，之後，僖、文、宣、成、襄，至昭公，死後由兄定公繼位，昭、定又算一代（第八代），哀公爲第九代。

② 《左傳》説是嬴姓，《公羊》和《穀梁》説是熊姓。

母都是子姓,一個叫聲子,一個叫仲子。他們的嫡母叫孟子,無後而早薨。《史記·魯周公世家》説魯惠公爲僖公娶兒媳,找到宋國宋武公之女仲子,見其美而自娶之,生了桓公。前人已經質疑過司馬遷的依據,其實,惠公三個妃子,都是子姓,從輩分上講,是不應該會有惠公再爲庶子姬息(一名息姑,即隱公)在宋國找子姓兒媳的①。所以這個仲子應該是惠公在孟子死後爲自己續的弦。而且仲子是宋武公之女,出身也屬貴胄,所以她生的姬允(桓公),立即被立爲太子。只是因爲惠公還不及升仲子爲正妃就薨了。另外,惠公薨時,桓公尚小,就讓桓公庶兄隱公攝了政。隱公以庶子繼位,《春秋》不承認他的正統性,所以不書其即位②。

但是,身爲魯君之生母,聲子還是在死後被認同爲魯君夫人的。關於聲子之死,《春秋》隱公元年記載:"秋,七月,天王使宰咺來歸惠公仲子之賵。"《左傳》説這是一個烏龍,説給魯國送來惠公的喪儀是對的,但聲子未死就送來喪儀,所以《春秋》要記下搞出烏龍送喪儀給活人的宰咺的名字③。但是聲子死在隱公二年,《左傳》卻搞錯了。《春秋》:"十有二月,乙卯,夫人子氏薨。"《公羊傳》:"十有二月乙卯,夫人子氏薨。夫人子氏者何?隱公之母也。何以不書葬?成公意也。何成乎公之意?子將不終爲君,故母亦不終爲夫人也。"隱公三年,《春秋》又記"夏,四月,辛卯,君氏卒"。《左傳》説這個"君氏"就是聲子:"夏,君氏卒,聲子也,不赴于諸侯,不反哭于寢,不祔于姑,故不曰薨,不稱夫人,故不言葬,不書姓,爲公故,曰君氏。"而《公羊傳》卻認爲這個君氏當作尹氏,是一個大夫④,不是聲子。兩傳互相矛盾,而且都有錯誤。《公羊傳》所記二年薨的夫人子氏應該就是聲子,因爲是隱公之母而稱薨。《春秋》所説三年卒的君氏,應該是仲子,因爲不是隱公的生母,而稱爲君氏,不稱薨,而稱卒。仲子在惠

---

① 《史記·魯周公世家》【索隱】《左傳》宋武公生仲子,仲子手中有"爲魯夫人"文,故歸魯,生桓公。今此云惠公奪息婦而自妻。又經傳不言惠公無道,《左傳》文見分明,不知太史公何據而爲此説。譙周亦深信不然。

② 《左傳·隱公元年》:元年,春,王周正月,不書即位,攝也。

③ "秋,七月,天王使宰咺來歸惠公仲子之賵,緩,且子氏未薨,故名。"

④ 《公羊傳·隱公三年》:"夏,四月辛卯,尹氏卒。尹氏者何?天子之大夫也。其稱尹氏何?貶。曷爲貶?譏世卿。世卿,非禮也。外大夫不卒,此何以卒?天王崩,諸侯之主也。"

公生前并没有升爲正妃，對于隱公而言，嫡母是孟子，不是仲子，所以《春秋》記爲君氏。而《左傳》對隱公元年宰咺送錯喪儀的烏龍有傳，卻對于隱公二年"夫人子氏薨"無傳，還把隱公三年君氏卒誤傳成聲子之死了。至于《公羊傳》則因爲把君氏讀作尹氏，就把這個君氏不著邊際地看成了天子的大夫。所以，《春秋》記的隱公二年十二月薨的夫人子氏，是聲子；《春秋》記的隱公三年四月卒的君氏，是仲子。

隱公以庶子攝政，代異母弟弟桓公而攝爲魯君，所以他一直認爲自己身後是要把魯君君位返傳給弟弟姬允（桓公）的。司馬遷説惠公是有"登宋女爲夫人，以允爲太子"。其實仲子死的當年，連夫人都不算，也不是薨，只憋屈地給了個"卒"，説明仲子在魯國史官眼中，并沒有魯國夫人的名分。這對于隱公來説，是件不落忍的事，所以，隱公五年，隱公爲仲子舉行了一個"考"的禮儀。按照禮制，追贈了弟弟的生母仲子一個類似正嫡魯國夫人的名分。考是祭祀之名，考妣之謂，考之妣之，就是追宗仲子爲正妣嫡母的意思①。

《春秋》：九月，考仲子之宫，初獻六羽。

《左傳》：九月，考仲子之宫，將萬焉，公問羽數于衆仲，對曰："天子用八，諸侯用六，大夫四，士二，夫舞，所以節八音，而行八風，故自八以下。"公從之，于是初獻六羽，始用六佾也。

考仲子，禮數等級應該如何，隱公没有數，就問了衆仲。衆仲説周代禮制有規定，"諸侯六佾"，就是爲諸侯跳萬舞的舞隊是六佾。衆仲等于告訴隱公必須給仲子以諸侯的六佾待遇。周代禮制有"夫人與君同庖"的説法，國君和國后的禮制待遇是同等的，衆仲要隱公給仲子六佾的待遇，等于要隱公給仲子一個作爲魯惠公的正妃嫡妻的名分。隱公接受了衆仲的建議，爲

---

① 《穀梁傳·隱公五年》："九月，考仲子之宫。考者何也？ 考者，成之也。成之爲夫人也。""禮，庶子爲君，爲其母築宫，使公子主其祭也。"

仲子之宫配置了六佾,等于遂了乃父惠公一個遺願。終隱公一生,因爲生母聲子是個陪嫁的媵妾,影響到了他的隱忍退讓、委曲求全的性格。

二、桓公立嫡子爲太子

羽父想做太宰,就勸隱公殺掉姬允,隱公説自己受先君之命攝政,是要返政于姬允的。羽父怕隱公告訴姬允,就反過來讓姬允殺隱公,當時姬允尚未成年,就聽任羽父雇凶殺了隱公。隱公拒絶羽父殺姬允的建議時,還説自己準備退位,返政于桓公,説明是他一個把惠公的遺囑銘記在心的老實人①,他還爲姬允的生母仲子舉行了追尊爲惠公正妃嫡母的考禮,他對弟弟姬允是相當關照的。桓公生母因爲隱公的關照,取得了嫡母的名分,加上自己的太子名分,《春秋》因此書了"公即位"。生母的身份差異,決定了隱公姬息和桓公姬允的不同命運。

桓公三年春,魯桓公和齊僖公會于嬴,"成昏(婚)于齊",秋,派公子翬去齊國迎親,娶了文姜。隱公只當了十一年攝君,當初攝政是因爲姬允年少,到十一年隱公被殺時,姬允應該在十六、十七歲左右。桓公三年迎娶文姜,約當二十左右。《左傳》《公羊》《穀梁》三傳都説這次通婚是"修先君之好",其實是指惠公之前的先君之好,惠公連娶宋國孟子、聲子和仲子,没有姜姓的正妻,按照姬姜世婚的婚俗,所以桓公修先君之好是算不到惠公與宋國子姓的通婚的。桓公娶文姜,修的是魯孝公時魯國與齊國的合好,所以可以反推出惠公的生母也是姜姓,桓公把自周公和姜太公以來魯國和齊國的姬姜之好的傳統又恢復了。

桓公六年,文姜生了個兒子,桓公因爲兒子與自己生日相同,就給他取名爲同,并立即爲姬同舉行立爲太子的大禮。春秋十二公中,姬同是唯一一個有行過太子之禮的魯公。文姜是個高產婦,加上桓公年當二十,所以桓公

---

① 《史記·魯周公世家》:"十一年冬,公子揮諂謂隱公曰:'百姓便君,君其遂立。吾請爲君殺允,君以我爲相。'隱公曰:'有先君命。吾爲允少,故攝代。今允長矣,吾方營菟裘之地而老焉,以授子允政。'"

與文姜三四年間生了好幾個兒子,除了姬同,還有慶父、叔牙和成季,史稱"三桓"。文姜又是一個被春秋筆法多次提及的"問題女子",問題就糾結在其與同父異母的親哥齊襄公之間說不清理還亂的"倫理關係"。當初,魯桓公讓公子翬到齊國迎親時,齊僖公就戀戀不舍地一路送女兒出嫁,一直越境,從齊國送到了魯國。弄得魯國不知如何稱呼這個齊國新娘,一直要到冬季齊國派年仲送來一封聘書,才敢在《春秋》裏稱文姜爲夫人。桓公十八年,文姜隨桓公入齊,竟與齊襄公亂倫偷奸。桓公發現奸情,責罵了文姜,文姜向哥哥齊襄公哭訴,齊襄公就讓公子彭生把魯桓公殺了。太子姬同繼位。

《公羊傳·莊公元年》記下了這麽一段:

> 三月,夫人孫于齊。孫者何? 孫猶孫也。內諱奔,謂之孫。夫人固在齊矣,其言孫于齊何? 念母也。正月以存君,念母以首事。夫人何以不稱姜氏? 貶。曷爲貶? 與弒公也。其與弒公奈何? 夫人譖公于齊侯:"公曰:‘同非吾子,齊侯之子也。’"齊侯怒,與之飲酒。于其出焉,使公子彭生送之。于其乘焉,搚幹而殺之。念母者,所善也,則曷爲于其念母焉貶? 不與念母也。

說桓公懷疑太子姬同是齊襄公的種,所以被生氣的齊襄公殺了。從當初送文姜到魯國的是齊僖公,而不是齊襄公來講,齊襄公雖然後來與文姜確有奸情,卻不可能有與文姜生出姬同的冤情,桓公三年娶的文姜,六年生的姬同,這三年文姜尚無與其兄私會偷情的記錄,所以《公羊傳》所說不足爲信。桓公是莊公的生父,文姜是莊公的生母。

三、莊 閔 繼 桓

莊公繼位時才十二歲,其生母文姜實際上因亂倫而參與謀殺了他的親爸,使得莊公繼位當年就和親媽文姜斷絕了關係,而文姜則乾脆不加掩飾地繼續與齊襄公亂倫。桓公死後,文姜幾乎年年都要和齊襄公幽會,桓公死在十八年的四月,直到莊公元年三月,文姜都没有回到魯國,以致莊公繼位,因爲嫡母文姜不在魯國,《春秋》不能書莊公即位。接著,《春秋》有如下的記載:

1. (莊公二年)冬,十有二月,夫人姜氏會齊侯于禚。
2. 四年,春,王二月,夫人姜氏享齊侯于祝丘。
夏,夫人姜氏如齊師。
冬,齊人來歸衛俘。
《左傳》:冬,齊人來歸衛寶,文姜請之也。
3. 七年,春,夫人姜氏會齊侯于防。
冬,夫人姜氏會齊侯于穀。
《左傳》:七年,春,文姜會齊侯于防,齊志也。

直至莊公八年齊襄公被殺,文姜才消停了幾年。莊公十五年,文姜再次回齊國,十九年,"夫人姜氏如莒"。對于文姜這兩次到齊和莒的目的,經傳都没有細説,從年齡上講,假設文姜十六歲出嫁,那麼到桓公十八年,文姜是三十三四歲,至莊公十五年,文姜約四十八九歲,這一年文姜在齊襄公死後第一次回齊國。莊公十九年,文姜約五十三歲了,再次回齊國。再過兩年,莊公二十一年,約在五十五歲時,文姜薨。莊公以小君爲文姜舉行了葬禮。莊公自己在二十四年迎娶哀姜,至其三十二年薨,八年間莊公與哀姜并没有生子。但娶哀姜前,莊公已經和黨氏孟任生有子般。哀姜因此和慶父私通,想讓慶父立哀姜之娣叔姜所生的姬啓作魯君,姬啓是莊公的庶子,叔姜是哀姜的陪嫁媵妾,三傳説叔姜有姬啓這麼一個兒子,有點突兀,因爲三傳都是在莊公臨終的時候才突然提到有這麼一個姬啓的。

莊公生病了,問三弟叔牙誰可繼位,叔牙没有看好子般,就説:"一繼一及,魯之常也。慶父在,可爲嗣,君何憂?"要莊公傳位給慶父。莊公又問成季,成季説,願意誓死讓子般繼位。這裏,叔牙想讓慶父繼位,是希望兄終弟及,慶父與莊公同父同母,但兄終弟及一般都是因爲兄無子嗣才會弟及,桓公有子般,自然要傳位給子般。哀姜因此與慶父私通,想讓慶父立姬啓繼位。姬啓與子般同父異母,兩人都是庶子,作爲子嗣,莊公卻希望子般繼位。成季不同意慶父繼位,又希望按照桓公的意願讓子般繼位,就一邊承諾莊公一定要讓子般繼位,一邊逼三哥叔牙喝毒自殺,以斷了慶父繼位的念想。但是慶父因爲哀姜與之私通,在莊公死子般立之後,竟雇了子般以前懲罰過的圉人犖,賊殺了子般。子般繼位本來是順位,立爲繼承人也是莊公的意願,并已經得到成季的認可,卻被慶父雇凶賊殺,哀姜以莊公嫡妻正妃的身份,立姬啓爲繼承人,這才有了閔公的兩年爲魯君。從生母的角度,閔公(姬啓)的生母是姜姓,是庶母。子般是孟任所生,妊姓,也是庶母,兩人與莊公嫡妻哀姜是同輩。

閔公的生母叔姜,是作爲哀姜的媵妾,即陪嫁女"娶一送一"陪嫁給莊公的。叔姜生姬啓,當在莊公二十四年娶哀姜之後,莊公三十二年,莊公就薨了,所以姬啓被上位之際,應該約七八歲。而按照此前隱公、桓公的舊例,姬啓屬年少,加上他是媵妾叔姜所生,與祖母文姜同姓,是不應該上位的,但哀姜爲了不讓君位旁落到非姜姓的孟任之後,硬讓姬啓上位,這就要讓魯公連著兩代在姜姓所出之子之間相傳。對此,哀姜應該是有點心虛的,所以在閔公二年,哀姜又想出讓自己私通的慶父以叔叔代替小侄閔公繼位爲魯公,慶父與莊公同出于文姜,哀姜想讓他兄終弟及,卻違反了實際魯公傳承的序位,因爲魯君君位實際已經經由子般和姬啓之間的異母兄弟的傳接,如果慶父再上位,就不是兄終弟及了,而是叔僭侄位,就如西周孝王僭繼懿王一樣,是違反魯國國君傳位的禮制的。但是哀姜一意孤行,竟和慶父再次雇凶,讓卜齮殺了閔公。

成季知道了,就從陳國帶著姬申(僖公)來到了邾國避禍。慶父、哀姜前後連殺兩個魯君,激起了魯國公憤,故慌忙出逃。慶父逃到莒國,成季知道後,立即在邾國立了姬申爲魯君,這就是僖公。成季立僖公後,向莒國索取慶父,莒國交出了慶父,在解押回魯國的路上,慶父自殺。哀姜眼看大勢已去,也逃到了邾國。結果被齊人所殺,齊人還把哀姜的屍體帶回齊國。僖公爲了給哀姜下葬,就去求齊國,齊國這才把哀姜的棺木還給了魯國。閔公的生母叔姜則下落不明。齊國殺出嫁了的哀姜,意味著兩點:一、哀姜所爲嚴重擾亂了魯國國君的繼承傳接的序位,還干政殺了兩個魯君,已經嚴重超出了齊國作爲娘家對哀姜的容忍度。哀姜所爲已經對剛剛恢復的齊魯姜姬之好起了嚴重的破壞作用,影響到了齊魯兩國關係。二、齊國殺哀姜,等于殺了魯國國后,這是違反禮制的。齊國本應把哀姜交還給魯國處置。齊國這麽一殺,魯僖公和成季就只能爲了魯國的尊嚴,向齊國要回"國后小君"哀姜的遺體,并以國后小君之禮安葬了哀姜,反而無法追究哀姜的罪行。至此,魯國從惠公算起,惠公—桓公—莊公—子般—閔公這一脈,列公的生母姓氏是:(姜姓)—子姓—姜姓—妊姓—姜姓,莊公一脈到此(閔公)中斷。

四、誰是僖公的生父

繼閔公之後,是僖公,僖公名申。他的生母是有確切記載的,叫成風,風姓。但僖公生父到底是誰,很有説頭。傳統的解釋都説是桓公的小妾成風生了僖公。但是,在桓公和叔牙及成季議論誰可以繼位時,三人都没有提到過成風和姬申(僖公)。桓公、子般和閔公都死了之後,成季突然帶著姬申出奔到邾國,《史記·魯周公世家》如斯説:

> 湣(閔)公二年,慶父與哀姜通益甚。哀姜與慶父謀殺湣公而立慶父。慶父使卜齮襲殺湣公于武闈。季友聞之,自陳與湣公弟申如邾,請魯求内之。魯人欲誅慶父。慶父恐,奔莒。于是季友奉子申入,立之,是爲釐(僖)公。釐公亦莊公少子。

司馬遷這一段介紹姬申的文字,信息量很大,分類一下,一是説他是湣公的弟弟,"季友聞之,自陳與湣公弟申如邾";二是説季友是奉子立的僖公,"于是季友奉子申入,立之,是爲釐公";三是説姬申是莊公的少子,比閔公還小,"釐公亦莊公少了"。

上文提到,閔公姬啟接位時才七八歲,做了一年閔公就死了,大概
也就是不到十歲。所以如果姬申是姬啟的弟弟的話,那也只能是不到
十歲,或更小。但是,莊公在二十四年才娶的哀姜,三傳除了突兀地提
到媵妾叔姜爲他生了姬啟,經傳未見任何別的記載説莊公還有一個誰
爲他生了姬申這麽一個比姬啟還小的兒子,所以《史記·魯周公世家》
的第一、第三種説法都缺乏依據,難以徵信。倒是第二種説法,季友奉
子申入,爲解開姬申的生父之謎提供了綫索——姬申可能是季友的
兒子!

《史記》的"于是季友奉子申入,立之,是爲釐(僖)公",除了"奉子",
其餘都採自《左傳·閔公二年》:

> 秋,八月,辛丑,共仲使卜齮賊公于武闈,成季以僖公適邾。共仲
> 奔莒,乃入立之……

左丘明説是以僖公,司馬遷説是奉子,司馬遷説成季奉子申的根據是什麽
呢? 應該是《左傳·閔公二年》左丘明在記録閔公死、僖公立的時候,所
説的一個没頭没腦的説法:

> 成風聞成季之繇,乃事之,而屬僖公焉。故成季立之。

僖公生母成風,何以叫成風? 疑是因爲成季才叫成風的。綜合《左
傳·閔公二年》所記,成風聽説成季出生時占卜之辭和手上的友字之後,
"乃事之",這則成風事成季的故事,不見《公羊》和《穀梁》二傳,獨見《左
傳》。而關于"乃事之"的今注或只是淡淡地解釋是成風與成季"結交"而
已①。其實,在男女授受不親的禮儀之邦魯國,阿風"事"阿季,不管如何

---

① 沈玉成《左傳譯文》,中華書局,1981年,第68頁。

結的交,本身已經是説不清的貓膩①,畢竟這是一筆寫不出兩個成字的風季之交,絶對不可能是泛泛之交,偏偏左丘明還補充説了句意味深長的話,"而屬僖公焉"。注家因爲已經把成風"乃事"成季解釋成了淡淡且泛泛的結交,因而繼續把這個關鍵詞"屬"解釋爲囑托的意思,説是成風把囑托給了成季云②。

"屬"在這裏應該作何解呢?《左傳》所見的屬字,解釋衆多,不一而足③。"成風聞成季之繇,乃事之,而屬僖公焉。故成季立之"這一句子裏的"屬"與"晉侯之入也,秦穆姬屬賈君焉"(僖公十五年)中的"屬"不同,秦穆姬作爲晉侯的正妻,瞭解晉侯的花心,所以"屬賈君焉",就是叮囑賈君防範晉侯的意思,這個屬字之前無須用轉折詞。"(成風)而屬僖公焉"的屬之前有一個轉折詞"而",表明這個屬有别的意思。"而"字承上文的"乃事之"而言,是要點出成風和成季私生了屬僖公,所以要用轉折詞"而"來引述:也就是説,成風"事"了成季,因而"屬"了僖公。

《尚書·梓材》有"至于屬婦",《説文·女部》嬸字引作"至于嬸婦":嬸,婦人妊身也。从女叜聲。《周書》曰"至于嬸婦",這就是説,屬還可訓若妊身懷孕的嬸。用這個訓讀來解讀"而屬僖公焉",就是"(成風)因而懷了僖公"的意思。

所以成風與成季有了私情,并生了僖公,所以閔公橫死之後,成季作爲親爸立即帶著他出奔到邾國,并在那裏把他立爲了僖公。

當初,桓公問叔牙的時候,叔牙説魯國繼承制度有一繼一及之分,慶父可以以弟及位。但是,慶父、叔牙、成季都是莊公的弟弟,所以慶父可以因爲是莊公最大的弟弟而"及"魯公這個君位。但成季認爲應該是子繼,

---

①　《左傳·文公十八年》:"敬嬴生宣公,敬嬴嬖,而私事襄仲焉。"説敬嬴"私事"襄仲,這個"私事"比"乃事之"更直白,《左傳譯文》仍譯作"私下結交",其實,私事在這裏指的是私情。

②　見《左傳·閔公二年》。

③　例如,有歸屬的屬(《成公十三年》程鄭爲乘馬御,六騶屬焉),囑托的囑(《隱公三年》宋穆公疾,召大司馬孔父,而屬殤與公焉),囑目的囑(《定公十六年》師屬之目),屬類的屬(《莊公十年》忠之屬也,可以一戰),此外,還有佩戴(《僖公二十三年》右屬櫜鞬),適宜,理當(《成公二年》屬當戎行),等等。

251

因爲桓公有子般，所以他力主子般繼位。子般、閔公死後，魯公君位已經傳了兩次，莊公再無子嗣，彼時慶父、叔牙都已自殺，莊公、慶父、叔牙、成季四兄弟，獨獨留有了成季一脈，一繼一及，雖然是"魯之常也"，但這時已經是子般、閔公之後，再要兄終弟及，也必須是子般、閔公的同輩，即姬申。也就是説，作爲桓公之後，莊公和三桓，只有成季和姬申一脈了，所以左丘明繼續説，"故成季立之"。總之，桓公之後出二脈，一脈傳莊公，至閔公而斷；一脈經成季，再傳僖公，文公、成公，直到哀公。

而成風之所以姓風名成，也就只能是因爲她爲成季"屬"了僖公，由子而得名，故名成風①。她和成季什麼時候有的姬申已經無從考察。這裏，根據成季的享年作一個推測。桓公三年娶的文姜，六年生姬同，慶父、叔牙和成季應該出生在接下來的三四年間，成季最小，可以假設桓公十年爲成季出生年，桓公死時，成季應該只有約八歲，比莊公小約四歲。歷莊、閔兩公的三十四年，到成季立僖公時，成季約四十二歲，成季死于僖公十六年，享年當約五十八歲。莊公繼位時才十二歲，成季那一年僅八歲左右。莊公三十六歲時（莊公二十四年）正式迎娶哀姜，這一年，成季三十二歲左右。莊公在娶哀姜之前，已經和孟任有了子般，其間，應該也是成風事成季而"屬"姬申的時候，司馬遷説姬申是姬啟的弟弟、莊公的少子，主要是因爲他錯把成風當作莊公之妾了。但他同時説成季奉子申入邾國，卻是説對了成季與姬申的父子關係，桓公、成季都是與非姜姓的女子生子，桓公找的是孟任，生了子般，成季找了成風，"屬"了姬申。姬申應該比子般略小，但肯定比姬啟年長。

僖公上位之後，第一時間從齊國接回了"夫人姜氏"（哀姜）的棺木，次年五月，僖公爲她舉行葬禮時，就改稱哀姜"小君"，僖公八年，再爲哀姜舉行禘祭，給了哀姜嫡母的禮遇。三傳對此都有非議，其實，對于僖公來説，哀姜的嫡母身份非常重要，通過追尊確認哀姜爲嫡母，就能證明他繼位的合法和正統，也可以有助于掩蓋他是成季、成風之子的真實身份。

---

① 或説，成風是魯莊公之妾，此説未見經傳，是未解屬爲嬙所致，不足爲訓。

僖公雖然認哀姜爲嫡母,事生母成風也是至孝,由此,成風還影響過僖公的政事。僖公二十一年,"秋,宋公,楚子,陈侯,蔡侯,鄭伯,许男,曹伯,會于盂",結果楚子把宋公抓了,并討伐宋國。前一年,鄭國因爲滑國叛鄭從衛,而討伐了滑國。鄭國討伐滑國,導致了任、宿、須句、顓臾等風姓小國都受其累,邾國乘機攻伐須句,成風知道了,就對僖公説:"崇明祀,保小寡,周禮也,蠻夏滑夷①,周禍也。若封須句,是崇皞濟而修祀紓禍也。"因爲須句是風姓,成風就讓僖公去救須句,僖公對母命只能唯命是從,就去救須句,結果丟盔棄甲,被邾國大敗,被邾國把僖公的胄甲挂在城樓上羞辱②。

成風一直活到孫子文公繼位。假設約在成季二十歲左右,成風懷了姬申,那一年約當莊公十二年,至莊公三十二年,共二十年,閔公在位兩年,僖公在位共三十三年,至文公四年,這就是五十九年。再假設成風懷上僖公之年,年方二八,那麼,就是五十九再加十六,這樣成風就可能活了約七十五歲。文公四年,《春秋》記載:"冬,十有一月,壬寅,夫人風氏薨。"次年三月,文公以小君之禮葬了祖母成風。《春秋》載:"(文公五年)三月,辛亥,葬我小君成風,王使召伯來會葬。"《左傳》:"五年春,王使榮叔來含,且賵,召昭公來會葬,禮也。"成風從"事"成季而"屬"僖公,到最終以魯國小君下葬,周王還派王使參加葬禮。更在文公九年,"秦人來歸僖公、成風之襚,禮也,諸侯相弔賀也,雖不當事,苟有禮焉,書也,以無忘舊好"。即成風入土五年之後,秦國仍然爲僖公和成風送來喪禮用衣③,其一生亦堪稱殊榮歸焉,遠遠超過了僖公"嫡母"哀姜。

五、文公生母復歸姜姓

僖公依然按照姬、姜世婚的約定,娶了聲姜。《春秋》没有像記録桓

---

① 蠻夷滑夏,或作蠻夷猾夏,承上文鄭國討伐滑國,知此滑(猾)是指滑國,猾夏(滑夏)不是侵擾華夏的意思,而是指滑國和夏國的意思。

② 《左傳·僖公二十一年》。

③ 此次秦國送襚可能和文公娶了敬嬴有關。

公娶文姜那樣，留下明確的僖公娶聲姜的時間記錄。但在僖公十一年，《春秋》記："夏，公及夫人姜氏，會齊侯于陽谷。"十七年，又記："秋，夫人姜氏會齊侯于卞。"聲姜兩次會齊侯，説明聲姜已經嫁到魯國多年了。這就要回溯到僖公五年的春秋記錄了。《春秋》："夏，公孫兹如牟。"《左傳》："夏，公孫兹如牟，娶焉。"比較當年桓公娶文姜的記錄："公子翬如齊逆女。九月，齊侯送姜氏于讙，公會齊侯于讙，夫人姜氏至自齊。""公孫兹如牟"和"公子翬如齊逆女"語例略同，所以《左傳》在"公孫兹如牟"後面傳曰"娶焉"。《公羊》《穀梁》都無傳。《左傳》説"娶焉"，根據《春秋》桓公三年"公子翬如齊逆女"的記錄，應該是想説公孫兹如牟之行和當年公子翬如齊爲桓公迎親一樣，是爲僖公迎娶聲姜去的。當年，桓公迎娶文姜，冒出個齊僖公送嫁過境的狗血劇情，激奮得史官揚筆直書，唯恐漏掉任何細節。至僖公娶聲姜，齊國剛剛殺了魯國夫人哀姜，齊桓公也不可能有齊僖公那麼奇葩的兴致，再加上是在齊魯兩國的共同附庸國——牟國，公孫兹迎親應該是一切順利，所以《春秋》淡淡一筆"公孫兹如牟"，《左傳》加傳二字"娶焉"。

這麼説來，僖公娶聲姜是在僖公五年，從五年到十一年，姬興（文公）應該就誕生在這六年間，取個中數，或可以假設僖公八年爲姬興誕生之年。文公的生母就是聲姜。從僖公八年，至僖公三十三年，文公姬興約二十五歲。文公四年，文公娶了婦姜。

僖公死後，文公生母聲姜在文公九年一月回過一次齊國，住了兩個月，三月返回魯國。聲姜死于文公十六年，文公以小君之禮葬了聲姜。兩年之後，文公也薨了（二月），六月，魯國葬文公。

六、"哀姜"的抗議

文公在三十歲左右娶"哀姜"之前，已有庶妃敬嬴①。敬嬴生了姬俀，

---

① 當在文公九年，那一年秦國贈送了給僖公和成風的喪禮服。

“哀姜”生了姬惡和姬視。但文公并沒有立姬惡爲太子。宣公姬倭的嫡母是“哀姜”①,生母卻是敬嬴。文公十八年春,文公死,襄仲欲立姬倭,叔仲欲立姬惡,這一年秋,襄仲去齊國尋求支持,齊侯(齊惠公)剛剛繼位,同意了襄仲的請求,襄仲回到魯國,竟殺了姬惡和姬視,立了姬倭爲宣公。

《春秋》把姬惡之死記爲“子卒”。“哀姜”痛失二子,大哭著回了娘家。魯國人看著她哭歸娘家,都認爲像桓公哀姜一樣可憐,就稱她爲“哀姜”。其實,文公“哀姜”與桓公哀姜相比,冤屈要大得多,兩個哀姜都是正妃嫡妻;桓公哀姜無後,文公哀姜有兩個兒子;桓公哀姜强立叔姜所生的姬啟爲閔公,文公哀姜有嫡子,卻沒有被文公立爲太子;桓公哀姜自己殺了閔公,文公“哀姜”的兩個兒子被襄仲殺了。所以她哭歸齊國時,痛罵襄仲:“天呀!襄仲所爲太無天道了,竟然殺嫡子立庶子!”(天乎,仲爲不道,殺適立庶!)但是,齊惠公作爲“哀姜”的娘家人,卻聽任襄仲殺嫡立庶,讓姬倭做了宣公,左丘明和司馬遷都說齊惠公是因爲剛剛繼位,希望得到魯國的支持才答應襄仲的請求,但魯國作爲禮儀之邦,做出“殺嫡立庶”這等事,而且是殺了自己的兩個外甥,齊惠公是怎麼咽下這口氣的,還待再議。

敬嬴,《公羊傳》作頃熊,認爲是熊姓。不管是嬴姓還是熊姓,三傳都確認敬嬴(頃熊)不是文公的正妃嫡妻,但是她生的姬倭做了魯宣公,而且從一開始就得到了齊國的承認,并在宣公元年把穆姜嫁給了宣公,姬惡和姬視兩個外甥的死,絲毫沒有影響到齊國把穆姜嫁給宣公。宣公八年,敬嬴薨,十月己丑,宣公以小君之禮葬之,因爲大雨無法安葬,到了第二天庚寅日中才安葬了敬嬴。

七、宣公居喪娶妻

宣公元年,《春秋》書“公即位”。《公羊傳》認爲姬惡本當爲魯君,襄

---

① 《史記·魯周公世家·索隱》記:“此哀非謚,蓋以哭而過市,國人哀之,謂之哀姜。故生稱哀,與上桓夫人別也。”

仲殺姬惡,是弒君行爲,宣公即位,實際是繼承了"弒君",繼"弒君"是不當書"公即位"的,但是因爲是魯宣公的意志,史官就記錄了"公即位"。按照《公羊傳》的意思,既然宣公是繼"弒君"姬惡而爲魯君的,他要求照書"公即位",一方面,是爲了宣示自己才是文公的順位繼承人,另一方面,實際的"弒君"姬惡的存在,又讓宣公覺得父喪三年的約束可以不計,加上文公死在頭年春,所以在自己第一年已經不構成爲先君之喪,所以在即位後,宣公立即讓"公子遂如齊逆女,三月,遂以夫人婦姜至自齊"。此前,魯國諸公娶親都是至少在即位三年之後,比如,

> 桓公三年,"春,正月,公會齊侯于嬴。會于嬴,成昏于齊也"。
>
> 莊公二十四年,"夏,公如齊逆女"。
>
> 僖公五年,"夏,公孫茲如牟,娶焉"。
>
> 文公四年,"夏,逆婦姜于齊"。

到了宣公娶親,竟在即位的第一年正月,所以《公羊傳》說這是"喪娶"。宣公未出父喪而急急忙忙娶了"夫人婦姜",除了因爲姬惡之死使宣公覺得其父之喪可以不計爲先君之喪,另外,宣公嫡母,即"哀姜"大歸,回了齊國娘家,魯國國君即位是不能沒有正宮小君,所以急急忙忙,讓公子遂去迎了親。而且,這門親事,應該是在襄仲頭年前往齊國尋求支持姬倭接位時,襄仲和齊惠公已經商定好的。所以,《左傳》并沒有非議之詞,只是說,公子遂到齊國迎親是"尊君命也"。《公羊》和《穀梁》認爲是喪娶非禮。宣公所娶是穆姜,是成公的嫡母和生母。

成公繼位的時候,也是未及成年,宣公元年娶穆姜,十八年就薨了,假設穆姜是在宣公二三年間生的成公,那麼到宣公十八年薨,成公也就十六、七歲。而宣公是靠襄仲殺嫡立庶做的魯君,宣公活著,就一定要罩著襄仲,而襄仲一族也顧忌三桓,襄仲之後公孫歸父就企圖除掉三桓,可惜,宣公只做了十八年魯公就一命嗚呼了,公孫歸父還來不及下手,三桓就反過來追究襄仲一族殺嫡立庶的罪過。成季之後季文子當朝追問,當初讓

我們殺嫡立庶,因而失去(齊國)大援的,是襄仲啊!(使我殺嫡立庶,以失大援者,仲也夫!)魯國三桓反而驅逐了襄仲一族。季文子的發作,其實是有道理的,因爲襄仲立宣公,本來合乎魯國繼承制度的立庶先例,但不能用殺,殺姬惡和姬視就等于把本來合乎禮制的立宣公變成了非禮的殺嫡立庶,加上公孫歸父還想借宣公之力除掉三桓,三桓季文子之流只能讓襄仲之後扫地出門了。季文子眼中,宣公是庶子,其爲魯公就如當年的隱公,其做魯公就好比隱公攝政,因爲生母非姜姓的關係才得以做了魯公,所以,按照隱公故事,宣公庶子繼統,本來應該是返還嫡統的,却因爲襄仲殺絶"哀姜"所生的二子斷絶了世婚齊國的大援,作爲補救,必須把襄仲西門氏一族驅逐出境。從禮制和婚儀婚制而論,季文子是站在了禮制倫理的制高點的,即按照隱公故事,魯君可以因爲序位,立非嫡母所出爲魯君,但所立魯君應當在身後把君位返還給嫡母所出之後。當然,通過世婚,非姜姓所出的魯君也能通過自己和姜姓通婚,把所生之子立爲新君,但是,這種還政于姜姓之所出,季文子認爲,應該是合乎禮制的,應該是和平進行的,不能以此殺了嫡母所生的兄弟,即不能殺嫡立庶。齊惠公面對襄仲要求立宣公,表示同意,主要是因爲他知道,根據魯國繼承序位,宣公因爲生母是敬嬴,比嫡妻"哀姜"所生的姬惡和姬視更處在繼承順位,可以避免兩代魯公都是姜姓之所出,所以才做的順手人情。但是他沒有想到的是襄仲竟然利用了他的支持,殺了自己的兩個外甥。對此,齊惠公是不是悲憤心痛,《春秋》和三傳都沒有説,但是,季文子却説了,因爲襄仲殺嫡立庶,魯國失去了(齊國的)大援,看來,襄仲殺嫡立庶,還是得罪了齊國并留下嚴重後果的。

八、成襄之交,再演非姜姓所出幼君繼位

成公繼位時,才十六七歲,因爲生母即嫡母,就是穆姜,他的繼位,并沒有受到祖母敬嬴是庶祖母的影響,畢竟有母親是穆姜這麼一層關係,成公還是坐穩了魯公的位置。按照姬、姜世婚的婚制,成公到了成公十四年

才娶妻,《春秋》載成公十四年,"九月,僑如以夫人婦姜氏至自齊"。從年齡上講,成公約在三十、三十一歲,可稱爲十二公中的"晚婚青年"了。成公迎娶的是齊姜,對于這場通婚,三傳各有説頭。

《左傳》説:

> 九月,僑如以夫人婦姜氏至自齊。舍族,尊夫人也。故君子曰:"《春秋》之稱,微而顯,志而晦,婉而成章,盡而不污,懲惡而勸善。非聖人,誰能修之?

《穀梁傳》説:

> 九月,僑如以夫人婦姜氏至自齊。大夫不以夫人;以夫人,非正也,刺不親迎也。僑如之挈,由上致之也。

《左傳》説《春秋》不稱公孫僑如的氏,是爲了表示對夫人齊姜的尊重,《穀梁傳》卻説,公孫僑如是大夫,不是卿,位卑,沒有代成公親迎的資格。《春秋》這樣記載是爲了諷刺成公不以卿去親迎。《左傳》的尊夫人之説未必不成立,因爲公孫僑如如果正如《穀梁傳》所説是個大夫,是不够親迎魯國夫人的級別的,所以只能稱其名,以略稱其名來表示齊姜的尊貴,反過來講,《穀梁傳》認爲,成公派了一個大夫去"以夫人",是一個"非正"行爲,就是不是正式而合乎禮制的行爲。但是,成公爲什麼這麼做? 成公十四年娶齊姜,十八年就薨了,這四年時間,齊姜沒有生育。繼承成公的是十二公中最年幼的繼承人襄公,司馬遷説,襄公繼位時,年僅三歲。也就是説,成公娶了齊姜的同時,還有一個庶妃定姒,成公十五年,她爲成公生了姬午,姬午三歲時,成公就薨了。嫡母齊姜不及有子嗣,只能是由姬午作爲唯一的繼承人,以三歲孩童繼位。成公晚婚而又與定姒有了姬午,似乎可以解釋他漫不經心地只是派一個大夫去親迎的原因了,那就是成公與齊姜成婚時,已經有了庶妃定姒,而且,定姒很有可能已經有了姬午,

加上成公自己的生母是穆姜,娶了齊姜,即使生子,也不可能成爲自己的
繼承人,所以就很不上心地派了個大夫去親迎,史官看不過去,就略去了
僑如的氏,記録爲"僑如以夫人婦姜至自齊"。成公在三十四五歲就薨
了,襄公三歲繼位,做到三十一年,也薨了,也是只活了三十四歲。

　　襄公是個苦命的娃娃魯公,三歲死了父親成公,四歲死了嫡母齊姜,
五歲死了親媽定姒。過五年,十歲的時候,又死了祖母穆姜。從三歲做了
魯公,一直做到三十四歲,三十一年的魯君生涯,因爲魯國與齊國交惡,他
中斷了與齊國的姬姜世族通婚,只能和胡國通婚,娶有妃敬歸,敬歸生了
太子野,襄公三十一年六月,襄公薨,子野立,不幸到了九月就猝死,《春
秋》記爲卒,不算是薨,也就是説,不算魯國國君。

九、昭公與姬吴通婚以及昭定弟終兄及

　　襄公和敬歸之娣齊歸生有兩個庶子:姬裯和姬宋,太子姬野猝死後,
季武子立姬裯爲昭公,孟氏的穆叔反對,説,太子死了,就應該在同母諸弟
中選擇繼承人,没有同母兄弟,就應該立年長的,年紀相當,即應該立賢明
的,賢明相當就由占卜來決定,這是古已有之的常規啊! 姬裯不是嫡子繼
嗣,爲什麽一定要讓媵妾所生的繼位? 而且這個姬裯,居喪期間毫無哀
色,遇到父喪反而像面有喜色,這是一個不知分寸的人,不知分寸的人很
少有不會成爲憂患的。如果一定要立他,必然會讓季氏勘爲憂慮的(大
子死,有母弟則立之,無則長立,年鈞擇賢,義鈞則卜,古之道也,非適嗣,
何必娣之子,且是人也,居喪而不哀,在戚而有嘉容,是謂不度,不度之人,
鮮不爲患,若果立之,必爲季氏憂)。季武子没有聽孟穆叔的,堅持立姬
裯,這就是魯昭公。司馬遷説姬裯繼位時已經十九歲了,仍有童心。昭公
十一年,齊歸薨,下葬的時候姬裯"不戚",就是不悲傷,再次引起非議。
姬裯爲昭公,共三十一年,昭公三十一年,姬裯薨。由齊歸生的另一個兒
子姬宋繼位,這就是定公。昭公傳位定公,是因爲昭公娶了吴國的孟子爲
夫人,因爲吴國是西周太伯所奔,姬姓,昭公與吴國孟子通婚,等于同姓通

婚,屬于其生不蕃,犯了婚媾禁忌的。所以昭公薨,魯君之位就不能傳給昭公和孟子之後。這才有了姬宋以兄及弟,做了定公。姒姓本是姬姓所通婚的一個大姓,文王的原配就是太姒,其孫成王的王后是王姒,也是姒姓。魯國成公之後,與齊國漸行漸遠,轉而投靠晉國,脫離了與齊國的世族通婚,襄公娶敬歸(歸姓),昭公甚至娶了吳國姬姓的孟子。定公繼立後,再娶姒姓,這就是定姒,定公和定姒生了哀公。這樣,春秋十二公的生母都已明確。

十、魯惠公及九代十二公生母一覧

1. 魯惠公(弗生、弗皇)——生母姜姓

2. 隱公(息姑)——生母子姓(聲子);桓公(子允、允)——生母子姓(仲子)

3. 莊公(同)——生母姜姓(文姜)

4. 子般(莊公所立太子)——生母妊姓(孟任);閔公(啟)——生母姜姓(媵妾叔姜);僖公(申)——生父成季,生母風姓(成風)

5. 文公(興)——生母(聲姜)

6. 宣公(俀)——嫡母"哀姜",生母嬴姓(敬嬴)

7. 成公(黑肱)——生母姜姓(穆姜)

8. 襄公(午)——嫡母姜姓(齊姜),生母姒姓(定姒)

9. 太子野——生母歸姓(敬歸),昭公(裯)、定公(宋)——生母歸姓(齊歸)

10. 哀公(將)——生母姒姓(定姒)

根據歷代魯公生母的姓氏,可以看到歷代魯公生母異代異姓的現象,從惠公的生母是姜姓開始,歷代魯公生母是有規律地異代異姓:姜—子—姜—妊、風—姜—嬴—姜—姒—歸—姒。因爲存在姬姜世婚,所以姜姓嫡母和生母佔多數。但是從惠公到襄公,生母只是在祖孫之間可以同姓(姜姓),父子之間則一定異姓,而這不排斥世族通婚,所以歷代嫡母都可能是姜姓,生母卻不能代代同姓,可以説,在世族通婚的場合,生母異代異姓,對于魯國國君繼承制度而言,是一條不能違背的禁律。

十一、西周歷代王后王妃姓氏一覽

根據對西周歷代王后、王妃姓氏的研究,周室歷代王也實行姬姜世代通婚,西周王室實際上也存在歷代王后、王妃隔代異姓的現象。

1. 古公亶父——太姜

2. 王季——摯仲氏任

3. 文王姬昌——子姓、姒姓

4. 武王姬發——邑姜

5. 成王姬誦——王姒

6. 康王姬釗——王姜

7. 昭王姬瑕——王祁、王任

8. 穆王姬滿——王姜、王俎姜

9. 共王姬繄扈——王嬀;孝王姬辟方——王京

10. 懿王姬囏——王伯姜

11. 夷王姬燮——王姞

12. 厲王姬胡——申姜

13. 宣王姬静——王妃豐妊

14. 幽王姬宫涅——申姜、褒姒

西周王室世系,因爲古公亶父娶的是太姜,所以到文王時,文王的王后也應該姜姓,但由于文王希望通過婚姻成爲商王族成員,娶了帝乙的女兒,姜姓遂在文王輪空一代。對此,武王頂了上來,邑姜成了武王的王后。懿王是共王之子,孝王是共王王弟,懿王崩而孝王繼承了侄子,是兩周時期唯一的一個叔逆繼侄子的例子。這個異常例子打亂了西周王室相傳的世系,但是共王和孝王所娶,一是王嬀,一是王京,都不是姜姓,他们的孫輩夷王因爲中間的子輩是懿王,他的王后是姜姓,所以也不能是姜姓爲王后,夷王的王后或王妃是王姞。從厲王到幽王,三代王后都是申后,即姜姓,但宣王又有豐妃,幽王應該是豐妃所生。幽王寵愛褒姒,褒姒是姒姓,文王娶太姒而有周興,幽王寵褒姒而西周亡。

西周歷代王后或王妃,基本上是隔代異姓,與春秋時代的魯國十二公的情況相同,因爲周室也是與姜姓世代通婚,從古公亶父開始,周王后(妃)又嚴格地異代異姓,姜姓和非姜姓互爲間隔,保證了歷代周王的兩代生母不是同姓。兩周的魯國,因爲周公的貢獻,成王給予了周公和魯國天子和周室的禮制待遇,自然,魯國的婚姻制度及禮儀也就和周室的婚姻制度及禮儀是一致的。相因于此,春秋魯國十二公的生母的隔代異姓的現象,就應該看作是實行世族通婚的氏族普遍有的現象。

這種歷代生母隔代異姓的形成,自然和周代的婚制有密切的關係。周代嚴格實行族外婚,有同姓不婚的婚姻禁忌,姓在周代是一個很實質的血親宗族符號,是識別婚族和非婚族的標識。同姓不婚作爲一種婚姻禁忌,其實主要還是一種同姓族內部的生殖禁忌,所謂男女同姓,其生不蕃。掠婚曾是族外婚的最初形式,掠婚進化到族姓之間的族外婚之後,爲了通婚姓族之間的相互利益和穩定的繁衍,世族之間結成婚姻族群,群內婚族世代通婚,使得姻親婚族產生了關于婚輩的倫理,要求兩個姓族通婚甄別輩分,這種甄別使族外婚成爲族外輩分婚,不僅排斥同姓內婚,而且在世族通婚的場合,也排斥異姓異輩婚。這樣就使得亂輩分的異姓性行爲,成爲一種與同姓私通一樣嚴重的亂倫行爲。這種亂倫也是涉及生殖禁忌,即對于這種性行爲所出的後代,禮制和倫理風俗是要剝奪他們作爲宗室和宗族的成員的資格的,他們不能成爲宗子,不能成爲合倫理和合法的繼承人。

世族通婚實行的第一禁律,同姓不婚,其實是同父姓不婚。由于代代都與同一個婚族通婚,宗族宗室就需要解決繼承人的母姓代代相同的問題,其途徑是:第一,實行輩分婚,防止亂倫。第二,在輩分婚的基礎上,實行繼承人生母異代異姓,以此來保證繼承人的生殖和產生,不僅是受限制于父姓的同姓不婚,也受限制于母姓的同姓不婚。兩周的周室和魯國都與姜姓保持了世族通婚，所以王室和魯國的儲君的生母都必須隔代異姓，姜姓王后和魯妃只能跨代作爲儲君生母。兩代儲君生母不能同姓，因而也就成爲選儲的一項禁律。

十二、魯國歷代姜姓之際遇再分析

在這麽一項選儲禁忌之下，再來看魯國歷代姜姓夫人的遭遇，許多歷史困惑就容易解釋了。

周宣王強迫魯武公廢太子括立公子戲爲儲君，武公死，戲立，這就是魯懿公。魯懿公九年，廢太子括的兒子伯御弑殺了魯懿公自立，史稱魯廢公。宣王率王師伐魯而殺伯御，立懿公弟姬稱爲孝公。孝公孫子桓公恢復與齊姜通婚，號稱“修先君之好”，桓公先父惠公娶的是子姓，所以桓公修的先君之好，是孝公之好，說明孝公合好的，是齊國姜姓。從魯孝公開始，魯國國君生母跨代都是姜姓，一直到成公。而孝公之子惠公娶了子姓，以避開姜姓，其子隱公、桓公都因爲子姓生母而繼位魯公。桓公作爲惠公的太子而立，娶了文姜。桓公與文姜生了莊公及三桓，儘管文姜與齊襄公有不倫之情，但因爲魯桓公娶文姜符合姜姓跨代爲儲君生母的規律，所以她的風流和不倫之戀絲毫沒有影響到她作爲太子魯莊公的嫡母和生母的尊貴。

僖公繼莊公之後，與祖父桓公和高祖孝公一樣，姜姓再度輪到可以作爲儲君生母，因而僖公嫡妻聲姜爲僖公生了文公。而文公之子宣公則也正當姜姓輪到儲君生母的輩分，生了成公。這是輪到作爲儲君生母的諸姜的際遇。

再來看沒有輪到作爲儲君生母的諸姜的際遇。莊公娶哀姜之前先與孟任生了子般。哀姜作爲嫡妻，容不得子般的存在。但是哀姜自己沒有子嗣，莊公與哀姜媵娣叔姜生了閔公。作爲嫡妻，加上婆婆是文姜，且不說哀姜她沒有子嗣，即使有了，其子也已經不可能成爲魯國儲君。而莊公在二十四年娶哀姜時，納入房，用相見男子的贄見禮，而不是贄見女子之禮。("男贄,大者玉帛,小者禽鳥,以章物也;女贄,不過榛、栗、棗、脩,以告虔也。今男女同贄,是無別也,男女之別,國之大節也,而由夫人亂之,無乃不可乎。")這個贄見禮用男禮被認爲是違反禮制的,不僅如此,在成婚之前,史傳莊公多次與哀姜婚前幽會。但是無論怎麼説,嫁給魯莊公之後,哀姜比婆婆文姜的婦德要好得多。莊公自己先有了子般,又與叔姜生了姬啟,卻只有立子般爲儲君的意思。哀姜不可能理解,決定立儲君的,有生母異代異姓這麼一個因素,或者,即使知道,也想向它挑戰。所以在莊公死後,她不甘魯君君位落入子般之手,就殺了子般。繼而不甘心君位旁落到叔姜生的閔公頭上,想讓慶父效仿西周孝王逆繼懿王故事,繼承魯君,就通過和慶父私通,讓慶父和她一起殺了閔公。她和慶父連殺兩個魯君,又與慶父叔嫂亂倫私通,打斷了莊公傳位的正常序位,又圖謀打亂魯君繼位的輩分倫序,不僅魯國不能容忍,齊國娘家也無法容忍,所以齊桓公必須殺了哀姜。

文公即位後,先有庶妃敬嬴生的姬俀,娶了"哀姜"爲嫡妻後,"哀姜"生了姬惡和姬視。但文公因爲親生母親是聲姜,就希望姬俀作爲儲君。"哀姜"作爲嫡妻,自然是不能接受文公立姬俀爲儲君的,但是,"哀姜"沒有想到的是,齊惠公竟然同意魯國立姬俀。顯然,"哀姜"也是不瞭解姬姜世婚背後的生母異代異姓的禁律的,更不知道這條禁律超越了嫡庶的名分。襄仲殺姬惡和姬視後,"哀姜"大哭著回歸娘家,痛斥魯國殺嫡立庶,《春秋》載"夫人姜氏歸于齊"。《左傳》説是"大歸",永遠回歸了娘家。讓她傷心欲絕的是,娘家齊國竟依然不加干涉,齊惠公聽任魯國殺了兩個外甥,而且,還在宣公即位之後,立即同意他"喪娶"了穆姜!

成公成年後,仍娶姜姓,雖然齊姜是成公的嫡妻,但爲成公生下襄公的卻是定姒,于是,到了成公這一輩,再演了一幕捨嫡立庶,齊姜對此是否有怨言,未知其詳。

這樣,從魯孝公到魯成公,幾乎代代都有齊國姜姓女子嫁到魯國做魯國夫人,從惠公到襄公,她們幾乎代代可以是下一代國君的嫡母,但是,她們卻不能夠代代是下一代國君的生母,這種生母異代異姓,可以是通過血腥冷酷的殺嫡立庶來實行，也可以是和諧平靜地捨嫡立庶，而莊公哀姜則因爲試圖顛覆這一儲君生母的倫序，竟使莊公一脈斷絕，另由成季立僖公承繼桓公。儲君生母異代異姓的倫序，已如上言，高于嫡庶的名分。至于同姓不婚的禁忌，更是直接可以決定儲君轉移到服從這一禁忌的宗支。被立幼棄長上位的昭公，因爲竟然和姬姓吳國通婚，自然就直接失去了傳位已出的資格，結果就有了定公以長兄繼位爲魯公，并與祖父成公一樣，娶了姒姓的定姒，生了哀公。

後　　記

　　本書是我的碩士論文《商周用爵制度的提出及初步研究》的擴充和再研究。我在復旦大學文博學院讀碩士的時候,榮幸地成爲先師馬承源先生的門生,從先師學《中國青銅器學》。中國青銅時代的最基本的特徵就是青銅禮器化,而最早的青銅禮器就是青銅爵,所以,先師教授《中國青銅器學》從青銅爵講起,説爵是中國青銅器學的入門。關于爵的命名,先師根據《説文解字》鬯部爵字條,認爲爵字是一個象形兼會意的字。許慎説爵:“禮器也。象爵之形,中有鬯酒,又,持之也。所以飲器象爵者,取其鳴節節足足也。”許慎是把西周晚期出現的鳥(雀)形圈足爵和早期的爵混爲一説,故説“所以飲器象爵者,取其鳴節節足足也”,爵雀古音同,器象爵者,就是器象雀者。西周中期之前的象雀之爵尚未發現,即使自銘“金爵”的伯公父爵作圈足淺杯寬尾長柄型,也没有鳥飾件而作“象雀”。但是,伯公父爵及其銘文的發現,解決了爵形器從三足器到圈足器的器形演變的問題,許慎説爵的前一句(象爵之形,中有鬯酒,又,持之也)是説爵這個字分爲三個部分:一是“象爵之形”的字符,這個字符在篆文裏作 𤭢 ,在伯公父爵的 𤭢 中作 𣥏 ,而在早期的圖形金文文字作 𣎼 。許慎的後一句(所以飲器象爵者,取其鳴節節足足也)其實是對爵形器演變到象雀之形的補充。而許慎説爵字象爵之形是説爵字的古義,這一點被圖形

267

文字的 🜚 也作 🜚 所證明。爵字的第二個字符是鬯,許慎説是會意“中有鬯酒”,金文作 🜚 ,篆文作 🜚 ,今字作艮,艮顯然是鬯字的訛變。第三個字符是又,“持之也”,這個會意持之的又在圖形文字 🜚 字已經有了,也就是説,用許慎的解釋讀 🜚 字, 🜚 是“象爵之形”;没有鬯的會意;又是“持之也”。用來讀 🜚 ,則 🜚 是象爵形之省,省卻了 🜚 之形的足部象形; 🜚 ,會意,“中有鬯酒”;又,仍是“持之也”。所以三足爵形器和圈足爵形器都是爵,從三足爵起,它的器名是爵,這是有古文字學的依據的。

爵不僅是最早的青銅禮器,也是作爲禮器時間最長的青銅禮器,到了殷墟時期,爵更是貴族人人都有的青銅禮器,它和其他器類的關係是禮器組合。單件爵見于二里頭三期,已經有大型爵,説明已經作爲青銅禮器,二里頭的青銅爵有傳世使用的特點,各種尺寸、不同大小的青銅爵出現在一個遺址。最早的禮器組合在二里崗上層的鄭州商城遺址發現有一爵一斝。在中國青銅時代,爵作爲青銅禮器,佔據了很長的歷史,認識爵的發展歷史,是學青銅器學的入門。到了商代晚期,青銅爵成了人人都有的禮器,用來表示身份之貴,説明是存在著相關的禮器使用制度的①,正如周代有同鼎制度一樣,商代漫長的用爵歷史也應該有它的用爵制度。

爲了讓我和許若允同學對青銅爵和青銅斝的容量有第一手的認識,先師指導我們對上海博物館收藏的幾百件青銅爵和青銅斝進行容量測試。上海博物館所藏的青銅爵,時間跨度可以説是從先于二里頭和盤龍城的早期三足青銅爵一直到西周晚期的圈足青銅爵,貫穿了整個中國青銅時代。先師指導我們根據測量爵和斝的容量,得到了青銅爵和青銅斝不存在容量比例制度的結論。古文獻關于爵一升、觶二升、斝三升之類酒器容量之比的記載并不與實際測量的結果相符,爵形器和斝形器本身存在容量大小的差異,而且差異很大,從二里頭時期開始,爵形器就開始有容量大小不同的差異,隨著青銅時代的發展,這種同一器形容量的差異日益加大,證明不同容量和尺寸不影響爵形器的命名,各個時期的爵形器和

---

① 摘自馬承源師《中國青銅器學》講課筆記(1985 年 9 月 24 日)。

觚形器都存在不同大小、製作工藝不同水平的同種器類并存的現象,説明青銅禮器從一開始就有傳世的特徵,這需要深入的研究。先師指導我關注爵的使用制度,教導我比較商周青銅器的禮器制度,我遵從師囑,選了"商周用爵制度的提出及初步研究"作爲碩士論文題目。

在作碩士論文的過程中,先師指導我從爵形器的定名入手,特別是注意爵字從古文到今字的演變過程,收集各個時期的甲骨文、金文和篆字等的爵字的字形變化,我看到爵字從甲骨文到金文有過一個器形象形字符從三足象形到圈足象形的變化過程,完全符合先師關於青銅爵存在有一個從三足爵到圈足爵變化的過程。先師説:"三足的青銅爵至西周中期大體上退出了禮器的行列個別地出現了爵的演化形式,容器部分似低的圈足杯,其後有寬的長把手可執,似鳥尾,自名爲金爵。春秋時代,這種爵的前腹飾有鳥頭,并有羽翼,則這種器就是雀了。雀爵是同音字,這樣看來,雀作爲爵也是名實相符的。"①先師指導我將早期甲骨文和金文的爵字和西周晚期的毛公鼎以及伯公父金爵的爵字進行比較,我循先師教誨,得到了如次的看法:"爵字的演變,從殷代到漢代,基本保持了表示器種的(象形):□、□→□→□,而在表示足部的文字符號方面,則有一個三足到圈足的演變。即……有一個 □→□→□ 的演變,這演變的結果就是只保留表示器種的上部,而形成從皀、從寸(又)的伯公父爵之□,和篆文之□……爵字的這一演變是不是隱示著西周中後期的爵形器的形制有所變化,并影響到了人們的造字過程呢?"②我的這個看法得到先師的肯定,認爲這爲爵從三足器到圈足器的演變,提供了古文字學的依據。

1987 年我在先師的悉心指導下,順利通過了論文答辯。1990 年陳克倫學兄和吳浩坤老師組織編寫《文博研究論集》,我的《商周用爵制度的提出及初步研究》忝列論集,1992 年 1 月上海古籍出版社出版了這個論

---

①　馬承源《中國古代青銅器》。

②　張持平《商周用爵制度的提出及初步研究》,載《文博研究論集》,上海古籍出版社,1992 年,第 47 頁。

集。在克倫學兄的牽綫下,由上海古籍出版社出版《文博研究論集》實際上使本書的前身和上海古籍出版社結下了緣分。三十五年之後,我終于在瘟疫肆虐造成的提前退休的"閑空"之中,再對用爵制度重做研究,完成了這部小書。我打開當年的《中國青銅器學》的筆記,先師教誨的音容笑貌歷歷在目,内心油然生起對先師的緬懷之情,我將此書獻給馬承源師,感謝先師深過父愛的教誨之恩。

我把本書呈給克倫學兄斧正,克倫學兄對我的研究作了充分的肯定,也對拙作存在的資料不夠新穎的問題提出了意見,并應允我寫成之後,一定予以推薦。我在克倫學兄的鼓勵下,對本書作了大量的修訂和補充,最後寫成了現在的樣子。克倫學兄立即爲我四處奔走推薦,學兄之情,感人至深。克倫學兄和上海古籍出版社谷玉先生聯繫,落實了出版事宜,使我得以和上海古籍出版社再續書緣,謹在此向克倫學兄表示衷心的感謝。向谷玉先生以及編輯曾曉紅女士表示誠摯的敬意和感謝。

承馬承源師的生前摯友范季融先生的鼎力贊助,這部書才能夠如願付梓出版,在此特别向范季融先生表示由衷敬意和萬分感謝!

2022 年 3 月 15 日于多倫多

圖書在版編目(CIP)數據

商周用爵制度論 / 張持平著. —上海：上海古籍
出版社，2024.4
ISBN 978-7-5732-1037-1

Ⅰ.①商… Ⅱ.①張… Ⅲ.①官制—研究—中國—商
周時代 Ⅳ.①D691.42

中國國家版本館 CIP 數據核字(2024)第 051720 號

商周用爵制度論

張持平　著

上海古籍出版社出版發行

（上海市閔行區號景路 159 弄 1-5 號 A 座 5F　郵政編碼 201101）

（1）網址：www.guji.com.cn

（2）E-mail：guji1@guji.com.cn

（3）易文網網址：www.ewen.co

常熟市文化印刷有限公司印刷

開本 635×965　1/16　印張 17.25　插頁 7　字數 240,000
2024 年 4 月第 1 版　2024 年 4 月第 1 次印刷
ISBN 978-7-5732-1037-1

K·3545　定價：78.00 元

如有質量問題，請與承印公司聯繫